SAPIENTIA

SERVIÇO SOCIAL DO COMÉRCIO
Administração Regional no Estado de São Paulo

Presidente do Conselho Regional
Abram Szajman
Diretor Regional
Danilo Santos de Miranda

Conselho Editorial
Ivan Giannini
Joel Naimayer Padula
Luiz Deoclécio Massaro Galina
Sérgio José Battistelli

Edições Sesc São Paulo
Gerente Marcos Lepiscopo
Gerente adjunta Isabel M. M. Alexandre
Coordenação editorial Cristianne Lameirinha, Clívia Ramiro, Francis Manzoni
Produção editorial Antonio Carlos Vilela, Simone Oliveira
Coordenação gráfica Katia Verissimo
Produção gráfica Fabio Pinotti
Coordenação de comunicação Bruna Zarnoviec Daniel

SAPIENTIA
uma arqueologia
de saberes
esquecidos

Christoph Wulf
Norval Baitello Junior
[orgs.]

© Christoph Wulf e Norval Baitello Junior, 2018
© Edições Sesc São Paulo, 2018
Todos os direitos reservados

Tradução Claudia Dornbusch (textos dos autores Birgit Althans e Eckhard Fürlus) e Doris Buchmann (textos dos autores Bettina E. Schmidt, Christoph Wulf e Hajo Eickhoff)
Preparação Viviane Zeppelini
Revisão Elen Durando, Tatiane Godoy
Capa, projeto gráfico e diagramação Tereza Bettinardi

Dados Internacionais de Catalogação (CIP)

W955s   Wulf, Christoph
        Sapientia: uma arqueologia de saberes esquecidos / Christoph Wulf; Norval Baitello Junior; Tradução de Claudia Dornbusch; Doris Buchmann. – São Paulo: Edições Sesc São Paulo, 2018. –
        304 p. il.: fotografias.

        Referências bibliográficas

        ISBN 978-85-9493-097-2

1. Ciências humanas. 2. Filosofia. 3. Antropologia. 4. Sabedoria. I. Título. II. Baitello Junior, Norval. III. Dornbusch, Claudia. IV. Buchmann, Doris.

CDD-120

Edições Sesc São Paulo
Rua Cantagalo, 74 – 13º/14º andar
03319-000 – São Paulo SP Brasil
Tel. 55 11 2227-6500
edicoes@edicoes.sescsp.org.br
sescsp.org.br/edicoes
/edicoessescsp

Sumário

7 APRESENTAÇÃO
A sabedoria e o excesso
Danilo Santos de Miranda

9 PREFÁCIO
Para despertar a sabedoria adormecida
Maria da Conceição de Almeida

23 INTRODUÇÃO
Sabedoria: a unidade múltipla
Christoph Wulf e Norval Baitello Junior

33 **É possível educar para um mundo mais sábio?**
Renato Janine Ribeiro

43 **Sabedoria: a redescoberta de um saber esquecido**
Christoph Wulf

61 **Sabedoria e o significado da vida: uma crítica antropológica**
Bettina E. Schmidt

85 **A sabedoria frente à economia**
Muniz Sodré

101 **Dar o que não se tem: ressonâncias transculturais da cobiça?**
Birgit Althans

135 **Sofrer para imergir na profundeza da alma**
Waldemar Magaldi Filho

151 *This is the end*: **imaginações do Apocalipse**
Eckhard Fürlus

187 **O apagamento da genealogia e a fúria do futuro**
Norval Baitello Junior

203 **Corpos da sabedoria: a prudência de deixar que as coisas aconteçam quando agimos juntos**
Hajo Eickhoff

227 **Som, silêncio e saberes da música**
Tiago de Oliveira Pinto

257 **Os fogaréus da alma: a sabedoria do coração**
Malena Contrera

269 CONCLUSÃO
Educar para a sabedoria
Bernd Fichtner

285 Relação de imagens
287 Referências
301 Sobre os autores

APRESENTAÇÃO
A sabedoria e o excesso
Danilo Santos de Miranda
Diretor Regional do Sesc São Paulo

Nas últimas décadas, o conceito de informação adquiriu uma posição de destaque nas discussões que envolvem a sociabilidade. Com o dinamismo dos *meios digitais* e sua presença tentacular, habituamo-nos com esse termo em nosso cotidiano de modo a quase naturalizar sua importância um tanto enigmática, sintetizada na fórmula "quanto mais, melhor".

Talvez essa tendência revele mais do que uma marca de nossa época, indicando propriamente um mecanismo que alimenta a disposição reiterada para o excesso. Não é à toa que, entre as muitas formas de conhecimento implicadas na experiência humana, sobressaiam aquelas que dispõem de aspectos quantificáveis, calculados no curto prazo e passíveis de instrumentalização.

Ao debruçar-se sobre a conjugação das formas do saber e do ser contemporâneos, este livro surge como contraponto a essa disposição, suspendendo questões cujas respostas apontam muito mais para complexidades do que para soluções. Para isso, a sabedoria é debatida em sua interação com outros conceitos substantivos, como educação, moral, afetos, tempo, entre outras relações.

O livro conta com textos de intelectuais brasileiros e alemães, reunidos sob a curadoria dos professores Norval Baitello Junior e Christoph Wulf, refletindo junto com o leitor sobre um tema negligenciado pelas dificuldades de toda hora, mas que permeia a própria natureza da vida humana.

PREFÁCIO
Para despertar a sabedoria adormecida
Maria da Conceição de Almeida

Se, pelo artifício mitológico de congelar a história, pudéssemos escolher um tempo para habitar, certamente este tempo seria o da sabedoria. Sem se limitar a um fluxo do passado, mas restituindo o sentido grego da palavra *arché* como o que é originário, anterior e permanente, a sabedoria diz respeito a um saber que pulsa vivo, em incubação e permanente metamorfose.

Como o nutriente de uma lagoa — ora flutuando como plâncton na superfície, ora amalgamado no subsolo, como solo submerso —, procedamos nós, no presente, a uma arqueologia de saberes capazes de reabilitar emergências de humanidades tão adormecidas hoje. Esse é o nosso desafio como espécie.

Minhas ideias particularmente guardam um débito enorme com as bases originais e criativas das provocações de Norval Baitello Junior e Dietmar Kamper, pensadores que constituem uma orquestra de múltiplos instrumentos que, com frequência, alimentam, ordenam, desordenam e desestabilizam o mundo noológico e sensível que tenho construído.

Sublinho, de forma lacunar e incompleta, as múltiplas abordagens a serem cuidadosamente expostas nesta obra pelos colegas alemães e brasileiros. Todos tocam em camadas arqueológicas que suscitam uma reflexão complexa sobre a *sapientia*, a sabedoria. Não capturável pelo conceito e muito menos pela definição (lembro aqui Kamper, para quem definir é uma forma de matar), a sabedoria é, certamente, mais e menos do que tudo o que possamos conceber sobre ela ontem, hoje e amanhã.

Não se reduzindo ao conhecimento, muito menos às milhares de informações de nossa sociedade-rede, a sabedoria ultrapassa os saberes técnicos e funcionais, mesmo que não abra mão deles. A sabedoria é, nas palavras de Christoph Wulf, "um grau mais elevado de conhecimento marcado pela transcendência, um saber para o qual o não saber é essencial". Norval Baitello Junior, por sua vez, pergunta: "ela nasce do interior ou do exterior do indivíduo? Requer maturação? É possível mensurá-la? É uma aprendizagem que emerge dos insucessos? Está no corpo? É material?".

Essas provocações, como se por ressonância mórfica, desdobram-se aos poucos em um ardor inacreditável. Alguns mais paradigmáticos, outros mais pragmáticos, todos os textos deste livro se distanciam das metálicas e fáceis palavras de ordem, das verdades induzidas, dos discursos de poder do saber, das ortodoxias ou, em uma expressão, da *monocultura da mente*, conforme Vandana Shiva.

No jogo próprio da sedução e do encantamento, a sabedoria se deixa tocar nesta obra por nossos corações e nossas mentes, mas isso se dá apenas em parte, nunca completamente, já que ela guarda seus segredos e mistérios. Ela se mostra em parte quando Maquiavel, Hegel, Marx e outros pensadores são aqui revisitados com o propósito de restituir uma leitura menos simplificadora desses clássicos do passado.

O que tem a ver a sabedoria com a prudência? Faço referência aqui a Edgar Morin, em seu livro *Amor, poesia e sabedoria*. Logo nas primeiras páginas, ele pergunta se é possível manter sempre a prudência dada e a importância das experiências da consumação e do êxtase. É nesse sentido que ele caminha, na tentativa de compreender o intercâmbio e a indissociação entre amor, poesia e sabedoria. Muitas das abordagens aqui presentes têm a ver com a relação entre sabedoria, prudência, consumação e êxtase.

Mas cabe também questionar: o que a sabedoria tem a ver com a ética de vida? Com a prática política? Com a gestão da vida do sujeito? A sabedoria é um fluxo de dinâmica da cultura? Ela é acética, limpa, pura, passada na autoclave? Ela é dócil, inofensiva? O que é, afinal, a sabedoria? Isso é muito bem problematizado nessas páginas pelos domínios da filosofia, da arte, da poética, da técnica, da política, da educação.

Ultrapassar o lugar e o estado de ser que configuram a zona de conforto do entendimento de nós próprios, dos outros e do mundo é talvez uma estratégia importante para ascender ou submergir — ora como alpinistas, ora como escafandristas — ao exercício e à aprendizagem da sabedoria. Essa experiência, ao mesmo tempo física e metafísica, supõe aceitar o fluxo indissociável entre realidade e imaginação. Talvez ninguém com tanta simplicidade e clareza tenha problematizado essa simbiose como Estamira, uma catadora de lixo do bairro Jardim Gramacho, em Duque de Caxias, no Rio de Janeiro. No cartaz do documentário homônimo, exibido nas portas das salas de cinema, as palavras de Estamira soam como um exemplo de sabedoria viva: "tudo que é imaginário é real e existe".

O movimento pendular entre real e imaginário, a potência das verdades sentidas e nunca enunciáveis, a zona de tensão entre pulsões arquetípicas e vivências culturais, tudo isso é aqui discutido. São analisadas tanto as potências das técnicas corporais quanto as potências das cosmogonias noológicas. Uma verdadeira aeróbica dos neurônios, capaz de induzir e acionar polos distintos e complementares do espírito, é compartilhada aqui com estética, cumplicidade e amizade.

O que existe de incitamento à sabedoria por parte de nossos *daímôns*? Daquelas forças obsessionais que nos movem e nos fazem viver? Como um fenômeno físico e, ao mesmo tempo, espiritual, como o da possessão, pode ser um exemplo para acessar uma compreensão sábia das coisas do mundo? Qual é a relação entre violência, dor, sofrimento e sabedoria?

A autoconsciência é necessária nesse processo de reconstituição de um pensar mais ligado à teia da vida. Mas a autoconsciência por si só é suficiente como uma chave da sabedoria?

De outra parte, a copulação entre alteridades parece ser uma estratégia — como um aliciador — do estado de ser humano da sabedoria. David Bohm já falava isso de outro modo, quando advogava a necessidade de suspendermos as crenças.

Também precisamos nos valer da experiência afetiva e emocional quando imaginamos construir sabedoria. A hibridação (não só a mestiçagem) entre espírito-moral-intuição--afeto de alguma forma transversalizou nossos diálogos. A complementaridade entre o que é contraditório é uma das estratégias para problematizar a questão da sabedoria.

A importância do papel da narrativa ganhou centralidade: a questão sobre o dizer do mundo, outorgar ou suprimir a existência das coisas. Quais são o papel e os limites das narrativas nesse processo de compreensão do que é sabedoria? O que há de imaginário no real? O que há de real no imaginário? O que há de transcendente e imanente? De acaso e necessidade? De algum modo, todos esses questionamentos recebem uma reflexão ou uma resposta no decorrer destas páginas.

Discorre-se também sobre o poder das metáforas. Mesmo que alguns pensadores mais analíticos da ciência advoguem ser a metáfora um pensamento preliminar impreciso, ela parece ser a única condição de não matar o fluxo e a dinâmica dos fenômenos dos quais tratamos. O uso abundante das analogias e das metáforas imprime aos textos um desenho do pensamento criativo.

Considerando a força mobilizadora da ficção e da obra de arte, Eckhard Fürlus dedica-se ao tema do Apocalipse: qual é a importância da tragédia? Como é possível articular antropofagia real, metafórica e simbólica para compreender o magma arcaico da sabedoria? Como, juntas, essas dimensões permitem acessar/recriar/imaginar as faces claras e escuras dos saberes esquecidos pelas ciências da fragmentação?

Como tudo o que é aqui tratado, uma metanarrativa da sabedoria está em permanente *flutuação* (para usar um termo de Ilya Prigogine). Não há o propósito de decifrar o mistério nem a parte silenciosa e secreta da sabedoria — sendo assim, foi mantida a distância da decifração perversa e da ilusão do demiurgo da ciência que, por vezes, supõe explicar as coisas como elas são.

Há aqui, também, um afastamento da grande ilusão que adormece o pensamento. Se é verdade, como coloca Werner Heisenberg no livro *A ordenação da realidade,* que a natureza tem sua própria história e se constitui e se configura como regiões de especialidades (cenários no interior dos quais emergem a religião, a ideologia, a ciência e a política), também a sabedoria tem sua própria história, mesmo que em grande parte inacessível.

Cada vez que dizemos "as coisas são assim", elas parecem que já não são mais. As coisas têm vida própria e metamorfoseiam-se física e noologicamente. Daí a importância de restituir a lembrança, de recriar a memória e de criar o mundo pelas palavras, pelas metáforas, pelos fluxos de emoções.

Não é demais relembrar que somente os humanos dizem "era uma vez". Isso porque assumimos o lugar de narradores e construtores da história de todos os outros seres e fenômenos ao falarmos no lugar de todos eles: da pedra, do movimento das placas tectônicas, das dores físicas e da alma, enfim, de toda a natureza.

Esse talento do *antropos*, que é um modo de restituir a alma do mundo (ou de criá-la), parece fazer sentido para Norval Baitello Junior. O propósito aqui é oferecer de presente à sabedoria um cardápio de nossas projeções sobre ela, para que, assim, seduzida, ela tome assento entre nós — como se disséssemos à sabedoria: "toma essa história de presente, faz com ela por ora o que quiser". Ainda que saibamos da importância do esquecimento como obstáculo de difícil remoção, o otimismo de Norval, como o de Prigogine, permitirá fazer nossas apostas marcadas pela incerteza.

Compreender que é preciso viver o presente é uma dessas apostas. Traçar veredas, espirais e labirintos de futuro são consequências da atuação no presente. Deixar que o fluxo de um coração encarnado na vida assuma o lugar de artesão do mundo é outra aposta. Malena Contrera aborda isso em seu texto ao juntar fragmentos de uma narrativa da sabedoria e assumir o risco criativo que se encerra em uma recursividade perigosa, guardado na incompletude, no paradoxo, na ambiguidade, no não saber e na impossibilidade do próprio conhecer.

A sabedoria não é sinônimo de conhecimento, e este não se reduz à informação. Não é verdade que vivemos em uma sociedade do conhecimento. Para repor o estoque de sabedorias arcaicas construído pela nossa história humana, é necessário se opor à acepção de que as formações científica e acadêmica são suficientes para nos tornar mais felizes, imaginativos e responsáveis por nossos destinos.

É preciso questionar, e mesmo se opor, ao engodo contido na ideia de que vivemos hoje na "sociedade do conhecimento". Todas as sociedades foram, são e serão sempre sociedades do conhecimento. O que caracteriza a nossa época é apenas uma quantidade imensurável de informações, mas a essa cultura da hiperinformação não corresponde a magnitude do potencial conhecimento e da sabedoria. Não que devamos cuspir no próprio prato. Claude Lévi Strauss estava correto quando afirmava que a civilização ocidental moderna se assemelha a uma criança mimada que julga que o mundo existe para ser usado por ela.

No que diz respeito às universidades e à ciência, é preciso proceder a uma autocrítica, para incitar ou reaver espaços de resistência que favoreçam a expressão do bom pensamento, ou seja, acionar os polos da imaginação, da criatividade e da ousadia de pensar além do estabelecido. Para tal, é preciso se nutrir da doçura, da calma, da persistência e da sedução sincera. Deve-se ser incendiário, sim, mas na condição de provocar incêndios como "fogo de monturo" — aquele que vai queimando aos poucos, por baixo, até chegar à superfície.

Somos nós que devemos fazer a autocrítica acadêmica porque é a esse lugar que dedicamos parte substancial de nossas vidas. Se for possível pensar ainda em uma metamorfose da ciência, deveríamos começar por mudar seu nome — não oficialmente, nem nos protocolos da tecnoburocracia, mas entre nós, que acreditamos ser possível a existência de uma ciência sábia. "Ternura investigativa", expressão criada pela matemática, teóloga e artista portuguesa Teresa Vergani, poderia ser o novo nome para a ciência.

Esse seria como um nome íntimo e afetivo da ciência que faz amor com a sabedoria. Nessa nova dicionarização do conhecimento e dos saberes, o intelectual — palavra tão gasta e cheia de armadilhas — poderia ser chamado de nômade do pensamento. A inspiração aqui é mais uma vez Norval Baitello Junior: "como o nômade não acumula objetos, é o seu próprio corpo (seu cérebro, suas vísceras, seu esqueleto e seus músculos, bem como sua própria pele) que guarda experiências, vivências e associações, memórias e projeções".[1]

Para tratar da mudança da palavra "intelectual" e de seu sentido, tomemos o artifício narrativo da trajetória de um viajante imaginário em seu deslocamento e metamorfose. Esse viajante refaz seu mapa à medida que se desloca. São cinco os seus mapas refeitos. O último deles tem como foco o intelectual como um nômade[2]. Do mapa que tenho em mãos, diz o viajante, conservarei sobretudo as palavras de Bruno Latour:

> [...] continuamos acreditando nas ciências, mas ao invés de encará-las na sua objetividade, sua frieza (sua extraterritorialidade) — qualidades que só tiveram um

---

[1] Norval Baitello Junior, *O pensamento sentado: sobre glúteos, cadeiras e imagens*, São Leopoldo: Unisinos, 2012, p. 34.

[2] Maria da Conceição Almeida, "Da ciência como território à ciência como nomadismo", *Esferas - Revista Interprogramas de Pós-Graduação em Comunicação do Centro-Oeste*, Brasília: 2015, v. 4, pp. 89-98.

dia devido ao tratamento arbitrário da epistemologia —, iremos olhá-las por meio daquilo que elas sempre tiveram de mais interessante: sua audácia, sua experimentação, sua incerteza, seu calor, sua estranha mistura de híbridos, sua capacidade louca de recompor os laços sociais. Apenas retiramos delas o mistério de seu nascimento e o perigo que sua clandestinidade representa para a democracia[3].

Ao contrário da ciência como território, uma ciência do nomadismo supõe, requer e impõe deslocamento, atenção às singularidades, enfraquecimento do controle e da arrogância, consciência do imponderável e da dificuldade de predição. O princípio da incerteza é a ferramenta política do nômade. Isso porque, se o futuro não está determinado, podemos — e devemos — fazer nossas apostas, projetar novos mundos, novas práticas acadêmicas, outros modos de pensar e fazer ciência. De viver. Surpresas, criatividade, invenção: essas são as linhas pontilhadas e, portanto, descontínuas e a serem preenchidas por uma cartografia da ciência nômade.

Ao território corresponde a prosa; ao nomadismo corresponde a poesia. Fazer copular essas duas estratégias de pensar é urgente. "Sentir e somente depois compreender", "imitar e somente depois compreender": esses poderiam ser os obstáculos epistemológicos construídos por nós próprios para serem, também por nós, ultrapassados — mesmo que não suprimidos.

Reintrodução do sujeito no conhecimento, fugas das linguagens estabelecidas, invenção, criação, imaginação; consciência da parcialidade das narrativas científicas, uma

---

3 Bruno Latour, *Jamais fomos modernos*, São Paulo: Editora 34, 1994, p. 140.

vez que tudo que dizemos de um problema, um tema, uma coisa, um fenômeno tem as marcas de um sujeito impregnado por seu tempo e sua história. Curiosidade por espaços disciplinares desconhecidos; abertura para a autoformação permanente; desejo de rotas de fuga; compromisso ético com o que é dito e pronunciado sobre o mundo. A palavra cria a coisa, não esqueçamos Michel Foucault.

O *princípio responsabilidade*, sugerido por Hans Jonas, encaixa-se muito bem aqui. O nômade sabe que a palavra cria a coisa; que toda descrição já é, em si, uma interpretação. Impregnado pela "resistência à crueldade do mundo" e movido pela potência do otimismo, ele escolhe e anuncia palavras, fórmulas, axiomas e interpretações grávidas de fluxo de vida, regeneração e deslocamento. Para inaugurar uma semântica política da responsabilidade da ciência diante da sociedade, o pensador nômade sabe que é necessário levantar da cadeira, sair da sombra de uma árvore, jogar-se à errância do pensar em movimento.

Em seus dois livros *A serpente, a maçã e o holograma* e *O pensamento sentado*, Norval Baitello Junior problematiza os descaminhos de uma vida em sociedade marcada excessivamente pelas tecnicidades e pelo imobilismo. De forma direta, ele questiona a vida que vivemos. Tendo como interlocutores Aristóteles, Goethe e Nietzsche, mas também pensadores inaugurais e pouco lidos nas universidades, como Aby Warburg, Dietmar Kamper, Harry Pross, James Hillman, Tetsuro Watsuji e Vilém Flusser, Baitello Junior expõe e desdobra uma tese central que tem como metáfora o número excessivo de cadeiras por habitante do planeta, aludida por Dietmar Kamper. O sedentarismo e o consumo das imagens comprometem a arte do bom pensamento, uma ecologia da ação e o cultivo de talentos propriamente humanos, como o afeto e o contato corporal.

De fato, a redução de nossas mais humanas habilidades e talentos tem comprometido uma crítica social mais radical. As aptidões para o pensamento nômade e criativo, os deslocamentos corporais e imaginativos, a arte de pensar para além do que está posto, a condição de *flâneur* que permite aos humanos desenhar sempre novos caminhos, enfim, as reservas de complexidade estão cada vez mais adormecidas por uma sociedade impiedosamente utilitária e consumista.

As ideias de Baitello Junior encontram ecos vibrantes nas reflexões do filósofo italiano Giorgio Agamben, que nos expõe uma nova concepção de mundo que ultrapassa os limites temporais e históricos. Contemporâneo é o sujeito que tem a maestria de ler e compreender a vida e a sociedade a partir das sombras e da escuridão. "Pode dizer-se contemporâneo apenas quem não se deixa cegar pelas luzes do século e consegue entrever nessas a parte da sombra, a sua íntima obscuridade"[4]; ou, ainda, "o contemporâneo é aquele que percebe o escuro do seu tempo como algo que lhe concerne e não cessa de interpretá-lo, algo que, mais do que toda luz, dirige-se direta e singularmente a ele"[5].

O mesmo fluxo de ressignificar as palavras e noções aparece em Félix Guattari em relação ao nomadismo. Catalisador e operador existencial, o nomadismo é, ao mesmo tempo, um método, uma política de subjetivação e uma estética de viver e construir saberes inaugurais. "O ser humano contemporâneo é fundamentalmente desterrito-

---

[4] Giorgio Agamben, *O que é o contemporâneo? E outros ensaios*, Chapecó: Argos, 2009, p. 63.

[5] *Ibidem*, p. 64.

rializado", um nômade, mas não se trata do nomadismo das sociedades do passado, e mesmo se afasta dele. É crucial ultrapassar um falso nomadismo.

> Um falso nomadismo que, na realidade, deixa-nos no mesmo lugar, no vazio de uma modernidade exangue, para aceder às verdadeiras errâncias do desejo, às quais as desterritorializações técnico-científicas, urbanas, estéticas, maquínicas de todas as formas, nos incitam[6].

Favorecer uma sensibilidade mais plena do sujeito diante de si e do mundo talvez seja um dos princípios fundamentais a resguardar para fazer nascer outro modo de conhecer da ciência, em busca da sabedoria esquecida. É preciso, porém, dizer que a abertura de vetores de sensibilidades mais plenos não advirá — principalmente, nem preferencialmente — das reformulações teóricas, conceituais, axiomáticas e metodológicas.

Essa abertura certamente emergirá de sujeitos que se cobrem uma autoeco-organização, ou seja, que se exercitem como sujeitos implicados no mundo, na teia da vida, no conjunto social, na construção mítica, nos desmandos da civilização, na poética da natureza, no destino da espécie, na servidão dos despossuídos das benesses do progresso, nas reminiscências dos torturados dos campos de concentração nazistas, na curiosidade das crianças, no perigo de extinção das espécies, na barbárie e nas violências de nosso mundo atual e na obstinação de projetar e fazer acontecer uma verdadeira convivência humana.

---

6 Félix Guattari, *Caosmose: um novo paradigma estético*, São Paulo: Editora 34, 1992, pp. 169-70.

Desadormecer a sociedade do Diazepam e da sonolência do pensamento criativo talvez seja a lição maior que esta obra permite exercitar. Se nos deixarmos instigar por nossos *daímôns*, assumirmos a incerteza e aceitarmos o desafio de nos deslocar das zonas de conforto das verdades e das malditas analíticas das métricas, nós, como arqueólogos ou, mais ousadamente, como geólogos, sentiremos e compreenderemos a fenda geológica que somos todos nós. Então — e depois de visitar o interior de nosso interior — saberemos, como crianças, acionar, incitar, provocar o ressurgimento ou o despertar da sabedoria que está viva e, de alguma forma, pulsa em todos nós.

INTRODUÇÃO
Sabedoria: a unidade múltipla
Christoph Wulf e
Norval Baitello Junior

O tema da sabedoria é de grande importância social e cultural. Apesar de ser um conhecimento humano valioso, sua relevância é pouco percebida ou apreciada nas sociedades modernas. Há muitas razões para isso. A sabedoria parece andar na contramão das principais tendências das sociedades capitalistas. Ela não pode ser instrumentalizada, por exemplo, como acontece com o conhecimento científico.

As raízes da sabedoria estão nas experiências do corpo e no conhecimento prático, e ela está intimamente ligada às perguntas fundamentais da existência humana, à sociabilidade e à solidariedade. Além disso, em muitas culturas, a sabedoria leva a uma maior presença da transcendência também na vida diária. Algumas vezes, essa transcendência é chamada de "Deus"; em outros casos, fala-se apenas do desenvolvimento de estados superiores de consciência.

Até por ter essa referência ao além, é difícil explorar mais a fundo a sabedoria: ela remete aos limites do conhecimento racional, funcional e utilitário, e faz o ser humano se lembrar de que bem-estar e felicidade não podem ser reduzidos a ações objetivas nem a comportamentos deliberados. Ela está mais relacionada a deixar que as coisas aconteçam; a estar sempre aberto a outros seres humanos, aos animais e à natureza; a alinhar-se de forma não violenta com o mundo. Não está ligada a *status* social, poder, inteligência ou riqueza. Pode ser encontrada tanto em culturas indígenas e africanas como nas maiores culturas asiáticas e ocidentais.

Por se basear em experiências, a sabedoria é difícil de ser entendida ou expressa de forma analítica ou linguística. Isso não significa que seja irracional — ao contrário, é uma das formas mais elevadas do conhecimento humano. A sabedoria se mostra no amor e na solidariedade com outros seres vivos. É um saber silencioso, que não se manifesta em grandes gestos públicos ou midiáticos.

A sabedoria é outro tipo de conhecimento, que também inclui o não saber. Apresenta ainda algumas restrições ao estudo sistemático: quando se trata de sabedoria, uma abordagem direta traz menos resultados do que aproximações mais cuidadosas.

A sabedoria é uma parte valiosa do estilo de vida e da arte de viver, e deve merecer maior atenção também quando se trata de educação. Ela pode ser adquirida provavelmente menos por transmissão direta do que por uma abertura à vida e a suas experiências — muitas vezes dolorosas. A sabedoria se realiza mais em experiências e relações concretas do que por meio de uma compreensão geral.

Por esses motivos, não se trata de um tema fácil. Ele talvez até seja inacessível sem uma certa dose de insanidade ou abandono da razão comum e das previsibilidades mais evidentes. Sociedades arcaicas, por exemplo, souberam encontrar sabedoria também na insanidade. Assim, partimos de muitas questões para delinear os contornos deste livro e do seminário que o precedeu. Algumas delas elencam-se a seguir:

- A sabedoria nasce em nosso interior, nas vísceras e nos músculos, como disse Nietzsche, e nos movimentos, como disse Viktor von Weizsäcker? Ela é endógena? Ou é exógena, fruto das aquisições e conquistas da cultura humana? Está, portanto, na memória cultural e social, deve ser cultivada e transmitida?
- É uma somatória de informações e dados que cada vez mais são cultuados em nossa civilização como *big data*? Ou seria uma grandeza da ordem dos afetos, dos sentimentos, das emoções, dos rastros (*Spuren*, em alemão[1]) e sinais sutis, do sentir (*spüren*)?
- Ela é da ordem da velocidade, da aceleração, da otimização do tempo? Ou da ordem das coisas que refutam, resistem e rejeitam as respostas e reações intempestivas e velozes? Haveria uma *fast wisdom*, como há o *fast food*, ou a sabedoria requer maturação e tempo lento?
- É possível mensurar e quantificar a sabedoria, da mesma forma que se quantifica a produtividade? Há alguma sabedoria nas grandes escalas quando elas se referem ao humano? Ou a sabedoria é uma grandeza incomensurável?
- A sabedoria pode estar no ruído em vez de estar na informação?

---

[1] Como esta obra é uma coletânea de ensaios de autores do Brasil e da Alemanha, alguns termos em alemão aparecerão no decorrer dos textos entre parênteses, após sua correspondente tradução para o português. [N.E.]

- Ela é abundante, exuberante e onipresente ou se esconde na esporádica aparição? Há formas de cultivá-la ou evocá-la e torná-la mais presente?
- A sabedoria se associa ao conceito contemporâneo de sucesso? Ou haveria mais sabedoria nos pequenos tropeços e fracassos do dia a dia?
- Há uma sabedoria do corpo e sua presença? Ou ela diz respeito às imaterialidades, às abstrações e às ausências?
- Há uma sabedoria no caráter jovem e alegre (*jung und heiter*), no caráter destrutivo diagnosticado por Benjamin? Ou ela só emerge com a maturidade e a experiência?
- Ela é um culto ao passado e às origens e raízes ou deve ser voltada para as projeções e os projetos futuros?
- Ela demonstra preferências pela razão ou estaria voltada ao coração?
- Há sabedoria nas sociedades entômicas, ou seja, nas comunidades de milhões de indivíduos que se aglomeram como se fossem insetos e modelo pelo qual a civilização humana aparentemente optou? Ou há mais sabedoria na vida de pequenos núcleos urbanos, segundo o modelo dos outros primatas?

Possivelmente, nenhuma das questões anteriores será excludente de seu oposto, demonstrando que a sabedoria sempre pressupõe e inclui o outro. O outro do corpo, o outro da razão, o outro do passado e do futuro, o outro da maturidade, o outro da rapidez e da velocidade, sem se esquecer de que o eu também é um outro.

O desenvolvimento das ciências no século XIX e a primazia da ciência e da tecnologia no século XX resultaram em relativa desvalorização de outras formas de saber nas economias do conhecimento. Tal processo levou a uma redução de complexidade em muitas áreas, e ela precisa ser corrigida.

Outras formas de conhecimento importantes para a sociedade, mas não suficientemente valorizadas, são, por exemplo, o saber do corpo (*Körperwissen*) e o saber prático. Tais formas de saber são altamente relevantes na vida diária, no entanto, seu valor não é adequadamente reconhecido nas economias de conhecimento, que adotam um conceito muito restrito do que seria ciência.

Há muitas razões para essa relação distorcida entre importância e valorização do conhecimento. Uma delas é o uso de critérios inadequados de avaliação. Os critérios usados para medir o conhecimento científico são claramente inapropriados para captar a natureza e a importância de outros tipos de conhecimento essenciais para o indivíduo e a sociedade. A sabedoria é uma das formas de conhecimento pouco respeitada em sociedades modernas, tampouco pode ser plenamente captada por critérios aplicados às ciências tradicionais.

No ramo da ciência, são frequentes e acirradas as discussões sobre o que seria válido do ponto de vista científico. Um exemplo é a discussão que opõe, de um lado, as ciências quantitativas e, em certo grau, experimentais e, de outro, as ciências qualitativas e, em certo grau, etnográficas. Embora os dois lados afirmem sem grande convicção que reconhecem a importância do outro, há uma alegação insistente de que o modelo deve ser quantitativo, experimental e possível de se repetir para ser considerado método "científico". A pesquisa qualitativa serviria apenas para desenvolver hipóteses que devem, então, ser verificadas de forma científica, ou seja, comprovadas ou falsificadas. Segundo as considerações do racionalismo crítico e as práticas da pesquisa quantitativa, só é considerado ciência o que for resultado de um método específico e de sua aplicação a diversas áreas de estudo.

Em meados do século xx, a teoria crítica da Escola de Frankfurt se opôs a tal redução da ciência a um único método a partir do debate sobre o positivismo. Seus defensores dizem que reduzir a ciência a um método é pouco confiável. Valeria mais considerar a própria criação de temas de pesquisa como parte importante da ciência. Assim, o uso do conhecimento também seria tema de reflexão científica. A ciência não se limitaria a desenvolver teorias de médio alcance; seriam necessárias teorias e interpretações abrangentes da realidade social e cultural. A ciência deveria se ocupar da melhoria das condições de vida humana. Nessa linha, alguns conceitos centrais da Escola de Frankfurt foram a crítica ao capitalismo, o esclarecimento, a emancipação, a reificação, a sociedade, o discurso e a relação entre teoria e prática.

A teoria crítica pretendia explorar a relação entre capitalismo e sociedade, entre estruturas internacionais de globalização e a exploração de grande parte da humanidade. Em obras como *Dialética do esclarecimento*, de Max Horkheimer e Theodor W. Adorno; *Dialética negativa*, de Theodor W. Adorno; *Ideologia da sociedade industrial*, de Herbert Marcuse; *Erkenntnis und Interesse* (*Conhecimento e interesse humano*), de Jürgen Habermas, mostra-se que os objetivos da pesquisa e do conhecimento científico continuam definidos pelo paradigma do racionalismo crítico e da pesquisa empírica. Hoje, há silêncio sobre as posições e os argumentos da teoria crítica. O paradigma da pesquisa científica domina nosso tempo, roubando espaço das outras formas de saber. Entre as formas de conhecimento relegadas ao esquecimento, estão o conhecimento do corpo, tão importante para a vida humana; o conhecimento prático, essencial para a vida diária; e o conhecimento chamado de sabedoria, que desempenha um papel fundamental em todas as culturas, mas escapa aos critérios científicos dominantes.

O debate sobre o que é conhecimento científico mostra que a dominância de algumas formas de ciência em nossas sociedades não é fruto do acaso, e que sua origem advém das estruturas elementares da própria sociedade e de sua cultura. A escolha das formas de conhecimento e cultura a serem aceitas é uma questão de poder.

Atualmente, o conhecimento científico é predominante e suprime outras formas de conhecimento. A etiqueta "conhecimento científico" é, muitas vezes, desonestamente usada para fins políticos. Poderíamos nos perguntar, por exemplo, por que alguns pontos da pesquisa educacional Pisa (Programme for International Student Assessment) conquistam tanto reconhecimento internacional e aceitação como padrão de qualidade na educação, mesmo partindo de um tipo de entendimento muito restrito do que precisamente seriam a educação e a formação.

Seguindo esse raciocínio, os melhores sistemas educacionais seriam os de Singapura, Hong Kong e Coreia — isso, claro, se aceitarmos que os resultados obtidos por alunos nos testes Pisa confirmam o quesito qualidade da educação e da formação.

Tais afirmativas são facilmente questionáveis, bem como o viés antropológico e cultural em que se baseiam. As dimensões importantes de educação e formação ignoradas pelos testes Pisa são muitas: educação política e cultural, ação social, processamento dos conteúdos aprendidos e criatividade — apenas para citar algumas delas.

Alinhar educação a resultados de testes como esse é altamente problemático. O conhecimento deve ser considerado e avaliado dentro de seu contexto cultural e social. A dominância do conhecimento científico e a supressão da sabedoria na consciência pública são partes emblemáticas desse quadro.

O que entendemos por sabedoria? Cada cultura oferece uma resposta diferente a essa pergunta. O denominador comum entre elas é o fato de a sabedoria tratar da complexidade. O surgimento de riscos globais e das estruturas intrincadas de globalização promove o entendimento da diversidade e garante o trabalho criativo com ela.

A complexidade não é, pois, apenas resultado da conexão linear de problemas diversos. Nela está imbricada uma *unitas multiplex*, uma unidade na diversidade. Um problema complexo apresenta inúmeras dimensões interligadas entre si. Sabedoria é justamente saber lidar bem com essas muitas dimensões — muitas vezes, inclusive, contraditórias — que constituem a unidade do problema.

Por um lado, uma questão simples é fácil de entender e pode ser solucionada com uma ação objetiva e deliberada; por outro lado, problemas complexos são difíceis ou até impossíveis de serem compreendidos. Agir, nesse contexto, implica lidar com o que é pouco compreensível e com a inevitável incerteza que isso traz.

A sabedoria, então, demanda mais que linearidade e objetividade. Fazem-se necessárias uma postura serena e uma ação adequada à complexidade do tal problema. Nesses casos, a intuição, as decisões espontâneas e a voz interior desempenham um papel bem mais importante do que se acreditava.

Ao incluir diferentes formas de comportamento, a sabedoria apresenta-se como um conceito abrangente. Agir com sabedoria é relacional e possível apenas na relação e na interação de diversos fatores. Trata-se de uma forma de agir em situações concretas, mostrando-se dificilmente passível de generalizações. É uma forma de agir complexa, revelada somente em situações controversas e paradoxais. Um exemplo muito conhecido é a solução do rei Salomão no caso da disputa entre duas mulheres envolvendo um recém-nascido:

> Duas mulheres vieram a ter com o rei e se puseram diante dele.
>
> Uma delas diz: "Senhor, eu e essa mulher moramos na mesma casa, e eu dei à luz em sua presença. Depois de três dias ela também pariu uma criança. Estávamos juntas, não havia mais ninguém na casa. O filho dessa mulher morreu durante a noite, ela se deitou sobre ele em seu sono. Ela levantou no meio da noite, roubou meu filho enquanto esta sua serva dormia, deitou meu filho a seu lado, e deitou sua criança morta a meu lado. Quando levantei pela manhã para amamentar meu filho, ele estava morto. Mas olhando bem à luz do dia, vi que não era a criança que eu havia dado à luz.
>
> Disse a outra mulher: "Não, meu filho está vivo e o seu está morto!". A primeira mulher refutou: "Não, seu filho está morto, e o meu, vivo!".
>
> Ambas continuam brigando mesmo na presença do rei.
>
> O rei se pronuncia: "Esta mulher diz: minha criança está viva e a sua morreu! Aquela diz: a sua morreu e a minha está viva!".
>
> O rei continua: "Tragam-me uma espada!" Ele sentencia: "Cortem a criança em duas, e deem metade a cada uma!".
>
> A mãe da criança viva, movida pelo amor materno, pede ao rei: "Senhor, rogo que dê a ela a criança viva, não a mate!".
>
> A outra mulher grita: "A criança não fica nem comigo nem com ela. Cortem-na ao meio!".

> O rei, então, ordena: "Deem a criança viva a esta mulher e não a matem, pois ela é a verdadeira mãe" (Reis 3, 16-28).

Sem nos aprofundarmos em uma interpretação da sentença, notamos que a solução da disputa surge quando o rei não se prende à questão direta de quem é a mãe da criança, mas a leva a um plano superior, a quem mostrará o amor materno: essa foi a base de sua sentença.

Até hoje, essa decisão é considerada sábia. Ao considerar os opostos — de um lado, o amor e a vida e, do outro, o desejo de prevalecer a qualquer custo e a morte –, a solução salomônica ainda é tomada como a expressão da mais alta sabedoria pelos séculos.

Desse modo, esta obra se debruça sobre temas centrais ligados à sabedoria, indo desde o que se entende por sabedoria e como podemos nos educar para ela, até a relação entre vida e sabedoria e entre sofrimento e sabedoria, o papel do tempo e a necessidade de não saber para um entendimento mais profundo e complexo da sabedoria. A obra se encerra abordando a relação entre amor e sabedoria e como é essencial que esse saber silencioso volte a emergir para o desenvolvimento da humanidade.

É possível educar para um mundo mais sábio?

Renato Janine Ribeiro

Vou focar este texto na ideia de sabedoria de Maquiavel e o que ela significa para a construção da política moderna[1].

Por que Maquiavel? Trata-se de um dos filósofos mais mal interpretados e desconhecidos da história. Tais fatos são como mantras para todos os que lidam com filosofia política desde o começo do século xx. Durante quatrocentos anos, de 1500 a 1900, a visão dos acadêmicos sobre esse filósofo foi exatamente a mesma dos não acadêmicos. Ele era visto como um personagem que encarnava o mal na política.

Desde o começo do século xx, em boa parte graças a Max Weber[2], nossa visão de Maquiavel se sofisticou — porém, apenas entre os acadêmicos. Ele adquiriu ares de um pensador que, longe de se consagrar ao mal, intentou valorizar o que era específico da política.

---

1 Nicolau Maquiavel, *O príncipe*, São Paulo: Companhia das Letras, 2010.
2 Max Weber, *Ciência e política: duas vocações*, São Paulo: Cultrix, 2011.

Essas duas visões são indissociáveis, e o notável trabalho de Claude Lefort[3] sobre Maquiavel faz-se interessante por demonstrar como uma visão remete à outra. Emblemático dessas mudanças é o prefácio do ex-presidente Fernando Henrique Cardoso para a tradução de *O príncipe*, da editora Martins Fontes[4], no qual opta-se pelo Maquiavel da ciência política, deixando de lado o "Maquiavel do bem", aquele que nós, acadêmicos, podemos elogiar. Mas deixa de lado também o Maquiavel para quem "os fins justificam os meios" — frase que, aliás, ele nunca disse nem escreveu.

Por que Maquiavel? Porque, no final de *O príncipe*[5], ele diz que temos metade das nossas ações governadas pela fortuna, que pode ser grosseiramente entendida como o acaso, positivo ou negativo. A outra metade é guiada pela *virtù*, termo italiano que hoje prefere-se não traduzir, evitando ser confundido com a virtude no sentido tradicional. Prevalece, então, a ideia de que essa *virtù* tem mais a ver com o termo latino *vir* — homem, varão, pessoa viril que, em sua vida inteira, coloca toda sua energia em algo — do que com o sentido mais tradicional, das virtudes religiosas ou morais, ao qual Maquiavel não dá muita atenção.

Ao afirmar que, por intermédio da *virtù*, temos que vencer a fortuna, no sentido de limitá-la, Maquiavel diz que o ser humano possui duas formas de ser. Uma é a cautela e a outra é o arrojo. Há diferentes traduções para esse pensamento, e é um erro traduzir cautela por prudência.

---

3 Claude Lefort, *Le Travail de l'oeuvre: Machiavel*, Paris: Gallimard, 1986.
4 Fernando Henrique Cardoso, "Maquiavel eterno", em: Nicolau Maquiavel, *O príncipe*, São Paulo: Companhia das Letras, 2010, pp. 11-22.
5 Nicolau Maquiavel, *O príncipe*, *op. cit.*

Na verdade, para Maquiavel, a prudência consiste em saber quando se deve ser cauteloso e quando se deve ser arrojado. De modo mais amplo, a sabedoria — "sapiência" e "prudência" são termos, muitas vezes, intercambiáveis — consiste em aprender em qual momento deve-se agir de uma maneira ou de outra.

Retomemos, desse modo, a ideia grega muito antiga da oportunidade, representada pelo termo *kairós*. É necessário ser capaz de perceber um determinado momento e saber como agir de acordo com ele. Há momentos em que um governante deve ser mais duro e, em outros, mais manso.

O grande exemplo está na máxima de fazer o bem aos poucos, mas o mal de uma vez só. O tempo de repressão, em geral imediatamente após a conquista, é adequado para destruir o inimigo, cortá-lo pela raiz. Já o bem é feito aos poucos, porque o tempo da consolidação do poder é um período que demanda uma oferta lenta dos aspectos a serem guardados como graduais aquisições positivas na memória das pessoas.

No entanto, há uma limitação em toda essa ideia: ninguém consegue ser cauteloso *e* arrojado. Pode-se fazer uso de todas as demais qualidades, porém, uma pessoa arrojada jamais mostra cautela, da mesma forma que uma pessoa cautelosa não mostra arrojo.

O filme *Kagemusha, a sombra do samurai*, de Akira Kurosawa[6], é uma ótima representação dessa ideia na produção cultural recente. Na obra, o general agonizante diz para seu sósia — a sombra —, a quem está contratando, para sempre ficar parado como a montanha, e não atacá-la,

---

6 Akira Kurosawa, *Kagemusha, a sombra do samurai*, Japão: Kurosawa Production Co., 1980.

pois todos os outros que atacam a montanha são justamente vencidos por ela em razão de sua imobilidade. Melhor exemplo de cautela não existe. O filho do general morto, quando finalmente consegue o poder, realiza o ataque. Ele é arrojado — e, por isso, é destruído. Maquiavel dá o exemplo contrário, do papa que, de tão arrojado, vence aquilo que estava parado. Nenhum dos modos de ser — arrojado e cauteloso — vale sempre.

Em última análise, chega-se a um ponto intransponível. Nenhum governante conseguirá ser arrojado se for de natureza cautelosa, nem poderá ser cauteloso, caso seja naturalmente arrojado. Nesse ponto, esbarra-se na essência, natureza, caráter de cada pessoa. Assim, onde está a sabedoria?

A sabedoria estaria na capacidade — impossível — de ir além. Impossível, sim, mas que esbarra no dito de Ptolomeu, mencionado no círculo de Maquiavel enquanto este escreve *O príncipe*. Ptolomeu dissera que o *vir sapiens* — *virtù* (o varão) e *sapientia* (a sapiência, a prudência) — dominará os astros[7].

Isso quer dizer que, em uma sociedade na qual a astrologia, a que se refere a fortuna, controla as pessoas, a *virtù* pode vencer a fortuna desde que munida da sapiência. O *vir sapiens* controlará os astros, ou seja, a fortuna. Pode-se

---

7 "[...] il contesto da cui nasce la domanda, che Niccolò rivolge nel 1504 all'astrologo Bartolomeo Vespucci, utilizzando il detto attribuito a Tolomeo, secondo cui *vir sapiens dominabitur astris*" ("[...] o contexto a partir do qual surge a questão, que Nicolau aborda em 1504 com o astrólogo Bartolomeo Vespucci, usando o atributo dado a Ptolomeu, segundo o qual *vir sapiens dominabitur astris* [um homem sábio dominará as estrelas]"). Fabio Frosini, "La 'prospettiva' del prudente. Prudenza, virtù, necessità, religione in Machiavelli", *Giornale Critico della Filosofia Italiana*, Firenze: jan. 2013, v. 92, n. 3, p. 521.

acoplar essa ideia à de um elemento firmemente ligado à astrologia na época: a medicina hipocrática, para a qual cada um dos quatro temperamentos existentes, do colérico ao melancólico, liga-se a um determinado tipo de elemento. Por exemplo: o melancólico é frio e seco. Define-se, então, toda uma terapia. Para um melancólico, o que é quente e líquido (uma sopa e um chá) deve fazer bem. Por outro lado, a melancolia tem seu auge ao pôr do sol; assim, esse horário é ruim para o melancólico, que deve se resguardar.

Com isso, o que nós temos como desfecho? O *vir sapiens* seria o homem saudável, com o pleno equilíbrio dos quatro humores, ou seja, dos quatro elementos. Nele, a melancolia, a cólera e os outros temperamentos estariam cada um em seu lugar e em equilíbrio. Esse homem, diziam alguns médicos da tradição hipocrática, não adoeceria nem morreria.

É um universo em que a sapiência se desdobra, é almejada, mas é impossível, já que ninguém é plenamente equilibrado do ponto de vista dos quatro temperamentos. Ninguém tem essa saúde plena. Somos todos mortais. Isso vale tanto para o cidadão, indivíduo comum, como para o governante, que toma decisões.

Por que a sapiência se tornou particularmente importante nos tempos mais recentes? A resposta pode ser antevista ao se considerar que o príncipe de Maquiavel deixa de ser um personagem isolado no poder. Ao longo do século xx, o que Maquiavel disse deixou de ser pertinente apenas para o governante e se fez fundamental para todas as pessoas em uma sociedade marcada pelo imprevisto.

O príncipe de Maquiavel não é caracterizado apenas por seu poder, mas por não ter acima de si uma tabela do certo e do errado. Ele toma decisões sem qualquer segurança ou certeza, justamente por ser soberano. Não há controle algum que diga: "se você cumprir a lei, você irá bem;

se violar a lei, será punido; se seguir os preceitos cristãos, salvará não só sua alma, mas seu Estado; se violar os princípios cristãos, perderá sua alma e também seu Estado".

Maquiavel observa o que ocorreu nos séculos anteriores e identifica uma doutrina, que é particularmente forte em São Tomás de Aquino, a do bom rei, do rei justo — é justo porque é cristão e tem êxito porque faz o bem. Mas ele constata que a história refuta completamente tal doutrina.

Para Maquiavel, o príncipe mais bem-sucedido é Fernando de Aragão, marido da rainha Isabel e, assim, um dos reis católicos que anexaram o Novo Mundo (embora as Índias, isto é, a América, tenham sido sempre de Castela). Fernando de Aragão, ainda de acordo com o filósofo, traiu o quanto pôde, violou os princípios cristãos o quanto pôde e foi o mais bem-sucedido. César Bórgia, que fica num modesto segundo lugar nessa olimpíada, não conseguiu ser tão capaz disso quanto Fernando de Aragão.

De um século para cá, a liberdade crescente do indivíduo também nos deixa sem normas precisas. Não há uma lei que diga: "se você cumprir todas as normas e for obediente, tudo dará certo; se a mulher se confinar em seu papel subordinado, se o negro aceitar ser discriminado, se os pobres acatarem a posição de subordinação, tudo dará certo para eles".

O que ocorre é exatamente o contrário. Não subsiste sequer um contrato tão forte como era o de casamento no passado. Tal qual o príncipe, andamos num chão ensaboado, sem ter certeza do resultado de nossos atos, o que torna as escolhas da vida atual muito difíceis e caracterizadas por um risco extraordinário.

Nesse contexto, onde se encaixa a questão da sapiência? Tendemos a colocá-la mais próxima da cautela. Por isso, ocorrem erros quando se traduz *O príncipe*. Ao pensar em sabedoria, muitos imaginam cautela. Existe, na linguagem corrente, a inclinação para se pensar que a pessoa sábia ou prudente é a que anda devagar, é comedida e examina os prós e contras, tendendo a moderar-se. Tal visão é errada, porque, às vezes, a atitude sábia é atacar.

Ao longo da história do século xx, a cautela foi às vezes a atitude menos prudente. Um exemplo precede imediatamente a Segunda Guerra Mundial: a anexação dos Sudetos e, por consequência, a dominação da Tchecoslováquia. Os aliados ocidentais (franceses e ingleses) agiram com cautela extraordinária, porque, dada a devastação que fora a Primeira Guerra Mundial, temiam um novo conflito e, assim, cederam tudo. Foi chocante saber, depois, que a Segunda Guerra fora vencida pelos aliados e que os generais alemães estavam dispostos a depor Hitler se ele insistisse nessa anexação, pois não viam condições de vencer uma guerra naquele momento. Um blefe de Hitler, portanto, permitiu sua vitória. Além disso, a cautela excessiva dos aliados entregou assim a importante indústria tcheca aos nazistas. Finalmente, por sua posição geográfica, incrustada na Alemanha, a Tchecoslováquia teria um papel importante quando o conflito eclodisse. A possibilidade de não ter ocorrido uma segunda guerra mundial foi sacrificada por um excesso de cautela que se revelou uma absoluta imprudência.

Na verdade, Daladier e Chamberlain[8], que cederam os Sudetos, foram tudo, exceto sábios e prudentes. Poderiam eles reconhecer isso naquela época? A resposta é não.

---

8 Édouard Daladier e Neville Chamberlain, primeiros-ministros da França e da Inglaterra, respectivamente, quando da assinatura do Acordo de Munique, que entregou os Sudetos (e, como consequência, a Tchecoslováquia) à Alemanha nazista.

Há que se acrescentar — o que é bem interessante em uma discussão sobre ética e ação — que essa análise pode estar errada; ou, de outro modo, é óbvia, de certo ponto de vista, e errada, de outro.

Em outubro de 1938, a declaração de guerra por conta da região dos Sudetos seria totalmente impopular na França e na Inglaterra. Caso os governos tivessem dado esse passo, convocando gente, mobilizando tropas e enviando um corpo expedicionário (porque não podiam adivinhar que Hitler seria deposto), não teriam o apoio de seu povo. Um ano depois, ao verem Hitler quebrar sua palavra em relação ao restante da Tchecoslováquia e às reivindicações em relação à Polônia, as opiniões públicas inglesa e francesa mudaram.

Do ponto de vista da sustentabilidade política, os aliados ocidentais só poderiam fazer a guerra quando ela viesse, o que ilustra bem a dificuldade de ação e de escolha.

Inversamente, nas décadas que se seguiram à Segunda Guerra Mundial, no Ocidente se brandiu várias vezes o fantasma de Munique, para se dizer que era preciso conter a União Soviética e a China Popular. Isso levou a várias, mortíferas e com frequência injustas e mesmo fracassadas, guerras coloniais. Décadas de massacres na Indochina foram conduzidas para não entregá-la aos comunistas. Foi um crime, uma tolice, até porque, no final das contas, o comunismo ruiu, como na URSS, ou aderiu ao capitalismo, como na China.

Não sabemos, ao agir, qual caminho dará certo ou errado. *A posteriori*, é possível dizer que Munique foi um erro de excessiva timidez. À época, porém, os povos nas duas grandes democracias que fariam a diferença durante a guerra não estavam preparados para dar seu apoio político. Essa questão leva à reflexão sobre o apoio político dado a uma medida amarga e difícil.

No Brasil de 2017, vive-se um momento dessa ordem — embora em escala muito menor –, de medidas extremamente difíceis e não consensuais. A sociedade está tão dividida que muitos setores preferem criar impasses a tentar ceder e encontrar uma solução. Não se conhece o resultado, pois um traço muito forte da política e da ética é esse não conhecimento antecipado da consequência das ações.

O que Maquiavel demonstra bem é a proximidade entre a ética e a política. Durante muito tempo, ele foi visto como um pensador da política que negava a ética. No entanto, se seguirmos nossa linha de pensamento, a política se torna, em certa medida, um paradigma para a ética.

Atualmente, nossa ação individual é tão insegura quanto a ação do governante, um indivíduo que manda no Estado. Nossa ação, por meio da qual controlamos poucas coisas (nosso destino, nosso cônjuge, nossos filhos e as escolhas que fazemos são algumas dessas coisas), ainda é insegura. Um dos pontos importantes a serem pensados, com sabedoria, é como assumir a insegurança do provável resultado de nossas ações.

A defesa de uma ética de princípios não maquiavélica é um grande erro, assim como também o é apresentar a ética maquiavélica como a do político, contrapondo a ela uma ética de princípios, que seria a do cidadão comum. Este não age pela ética de princípios, considerando somente o valor de uma decisão e esquecendo a sua consequência possível ou provável. Um trabalhador, por exemplo, diante de uma ofensa ética, entrega seu cargo.

No jornalismo, isso é muito comum, pois é uma área em que, eventualmente, um profissional pode ser colocado diante da condição de aceitar o que seu empregador pede ou perder o emprego. Nos dias atuais, em que os jornais têm pouco jornalismo e muito juízo de valor, esse tipo de situação é bastante presente. Antes de entregar seu cargo, o profissional provavelmente pensará em seu sustento e no de sua família. É o mesmo caso do príncipe de Maquiavel: não é uma situação de indivíduos moralmente puros *versus* uma impureza característica do político.

Na verdade, a tentativa de os cidadãos se dizerem puros, jogando a impureza para os políticos, que são um espelho deles próprios, parece ser um traço muito forte do nosso tempo. Falei em espelho porque a lógica da escolha do político é parecida com a do jornalista. Obviamente, a corrupção pode ser muito maior no âmbito político, mas a relação entre o bem e o mal não se caracteriza pelo bem atrelado ao indivíduo e o mal, ao político.

Sabedoria: a redescoberta de um saber esquecido
Christoph Wulf

A sabedoria é um conceito firmemente ancorado na história de nossa cultura, cujo significado se traça menos por definições que por exemplos, aproximações miméticas e reflexões. Do ponto de vista metódico, são movimentos que buscam aproximar-se dela; descrevem algumas de suas dimensões mais importantes, sem, no entanto, tentar definir o que devemos entender por sabedoria. A definição de fenômenos, prática amplamente adotada no meio científico, não consegue captar-lhe a essência por sua multiplicidade de dimensões e complexidade. Assim, esboço a seguir dez importantes dimensões da sabedoria como forma de nos aproximarmos dela, sem, contudo, restringi-la a uma definição.

Não saber como premissa

A sabedoria se constitui nas fronteiras do conhecimento humano. É um "saber silencioso", que só se revela em parte, quando o acesso acontece por via racional ou pelo uso da linguagem.

Na história da cultura ocidental, o conceito de sabedoria surge na Antiguidade grega e no cristianismo. Como seu marco de referência surge nessa época, devemos começar por nossa primeira aproximação. Para os antigos gregos, a sabedoria é um conhecimento extraordinário que se alimenta da experiência e tem, ao mesmo tempo, origem divina. A sabedoria está intimamente ligada à filosofia. Sócrates, considerado pelo oráculo de Delfos o mais sábio ser humano, responde que só pode ser considerado mais sábio aquele que, como ele próprio, "reconheceu que, na verdade, ele não tem nenhum valor no que tange à sua sabedoria"[1]. O não saber aparece, então, como semente da sabedoria. Sábio seria, segundo o filósofo Platão, aquele que, como interessado na sabedoria, vive em permanente estado de tensão entre a busca da sabedoria como o bem maior e a certeza de que a sabedoria não poderá jamais ser atingida pelo ser humano. A sabedoria é divina, pois Deus é quem detém a maior sabedoria, e esta tem como objeto o divino.

A sabedoria é considerada a forma mais elevada de saber e tem como função fornecer a estrutura para as outras formas de conhecimento. Tal saber não se busca por sua própria utilidade. Daí vem sua importância para a autonomia e a arte de viver — ela cria a possibilidade de uma vida feliz. Cícero acentua a relação entre sabedoria e vida, dizendo que é "impossível levar uma boa vida sem viver de forma sábia, decente e justa, ou levar uma vida sábia, decente e justa sem viver bem"[2].

Com o cristianismo, surgem novas dimensões associadas ao conceito de sabedoria. No pensamento de Bernhard

---

[1] Platon, *Apologie des Sokrates*, Reinbek: Rowohlt, 1984, p. 23.
[2] Cicero, *De finibus bonorum et malorumm*, Stuttgart: Reclam, 1989, I, 18, 57.

von Clairvaux[3], ela é resultado da experiência afetiva de união com Deus, da experiência direta de sentir Seu amor e ter-Lhe temor. Quem a procura e a encontra passa a ser feliz. A sabedoria é devoção, é servir a Deus, que é fonte da máxima sabedoria. Para Meister Eckhard[4], ela está ligada a voltar-se ao ser interior, em cuja alma brilha a luz divina que nunca se apaga. E surge sempre associada à ação correta, do ponto de vista moral, e à justiça.

De forma geral, é preciso identificar quais dimensões e constelações da sabedoria são determinadas pelas condições sociais e culturais de hoje. Ao fazê-lo, veremos que a busca da sabedoria nos dias atuais está mais próxima da dúvida e do não saber de Sócrates do que da certeza da religião cristã.

Aceleração e desaceleração do tempo

A tremenda aceleração do tempo no presente e a dinâmica daí resultante se opõem ao surgimento da sabedoria.

Jean Baudrillard e Paul Virilio[5] apontaram que uma das premissas da globalização é a aceleração de todos os processos. Isso se mostra de forma especialmente marcante nos meios eletrônicos — televisão e *internet*. Acontecimentos são disseminados simultaneamente a todo o mundo, em imagens e texto, e podem assim ser percebidos e influenciados. A aceleração do tempo nos transportes, nas trocas

---

3 Bernhard von Clairvaux, *Sämtliche Werke,* Innsbruck: Tyrolia, 1990.
4 Meister Eckhard, *Selected Writings,* London: Penguin Classics, 1994.
5 Jean Baudrillard, *Simulacres et Simulation,* Paris: Galilée, 1981, e Paul Virilio, *Vitesse et Politique: essai de dromologie,* Paris: Gallimard, 1977.

comerciais e na comunicação está ligada à dinâmica do capitalismo global, que define as estruturas da sociedade mundial. O objetivo é maximizar a velocidade de todos os processos de trabalho e comunicação, de forma a aumentar sua funcionalidade e rentabilidade. A aceleração do tempo se torna um meio de aproveitamento, ou seja, uma exploração abusiva dos recursos humanos. A cronocracia, ou domínio do tempo, ordena todos os acontecimentos em uma sequência linear, como se fossem anotações em uma agenda. O tempo "otimizado" se torna instrumento de dominação. A cronocracia dita que a ação deve obedecer à racionalização e à busca capitalista por maior eficiência. Os acontecimentos não são mais classificados por sua importância ou valor. O objetivo é sempre a aceleração de todo e qualquer acontecimento. Outras formas de vivenciar o tempo, como o tempo cíclico, parte constitutiva de todos os processos de vida na natureza e nos seres humanos, e o momento fértil, *kairós,* perdem sua importância. Além da aceleração dos processos de vida e interação, a cronocracia submete os seres humanos a uma engrenagem temporal à qual é praticamente impossível resistir na vida profissional. Fenômenos como estresse e síndrome de *burnout* são as consequências.

Sob essas condições de aceleração e adensamento de tempo, é difícil desenvolver sabedoria. A sabedoria requer outra forma de lidar com o tempo. Somente sua desaceleração permite ao ser humano interagir com coisas, pessoas ou consigo mesmo, sem visar a um objetivo específico. A sabedoria só surge quando nos damos o tempo necessário, sem seguir permanentemente a lógica temporal e produtiva do capitalismo. De tempos em tempos, é preciso desligar-se da roda viva e dar-se o tempo de entrar em contato com fenômenos e com outros seres humanos.

Essa pausa também leva a uma conscientização sobre a temporalidade e a efemeridade da vida — e, com isso, a um acesso mais intensivo ao presente. A frase de Johann Wolfgang Goethe[6], que pede ao momento que pare e fique, já que "és tão formoso", expressa a experiência de vivenciar o momento, vivendo, assim, de forma consciente. Ao tomarmos consciência da finitude da vida humana e da importância do presente para uma vida plena, cresce a possibilidade de adotar uma forma diferente de lidar com o mundo, com os outros e consigo mesmo. A desaceleração do tempo nos permite outra forma de liberdade, uma nova cultura de vida e uma nova alegria nas coisas.

Sofrimento, experiência e despertar

A experiência do sofrimento, indesejada, porém inevitável, pode gerar sabedoria.

A sabedoria se cria ao enfrentar o sofrimento. O filósofo grego Menander refere-se a isso ao escrever: "O homem que não é maltratado não é educado"[7]. Essa ideia é desenvolvida de maneira ainda mais clara no budismo, que vê na experiência do sofrimento a força que pode levar o ser humano a uma forma superior de consciência, ao despertar, ao *bodhi*[8]. A lenda de Sidarta, mais tarde conhecido como Buda, diz que, ao deixar o palácio de seus pais, viu

---

6 Johann Wolfgang Goethe, *Faust 1*, Frankfurt: Deutscher Klassiker, 1994, pp. 1699-702.

7 Menander, 342-291a, *apud* Johann Wolfgang Goethe, "Dichtung und Wahrheit", em: *Goethes Werke*, v. 9, Stuttgart/Tübingen: Cotta'sche Buchhandlung, 1833, p. 1.

8 No budismo, esse termo significa "iluminado" ou "desperto". [N.E.]

um ancião aleijado, um homem que sofria com febre, um cadáver putrefato e um iogue. Esses encontros mostraram a ele que a velhice, a doença, a morte e a dor são condições inevitáveis da vida humana. O sofrimento e a dor nos afligem no plano do corpo e dos sentimentos. Também nos causa sofrimento e dor saber que todas as coisas e os seres vivos são passageiros. E, por último, o sofrimento vem da ignorância e do desconhecimento da natureza e da verdade da vida.

Depois de tentar chegar a um nível superior de consciência como iogue, por meio do ascetismo, da autoflagelação e do jejum, Sidarta se distancia de comportamentos e exercícios radicais e desenvolve a ideia de *caminho do meio*. Um fator decisivo para chegar a tal ideia foi o encontro com o sofrimento, que levou ao desenvolvimento da compaixão e da empatia para com todos os seres vivos e à experiência de unidade com todos os seres vivos.

Para Buda, a causa de todo o sofrimento é o desejo, a cobiça ou a ambição, tão central ao egocentrismo. Para diminuir o sofrimento, é preciso trilhar o nobre caminho óctuplo. Em tal caminho, aprende-se a entender o que é certo, pensar o que é certo, falar o que é certo, agir de forma certa, conseguir na vida o que é certo, esforçar-se pelo que é certo e ter a atenção e a concentração certas. Cumprir tais tarefas leva a ser metódico e deliberado e a ter concentração e atenção na vida diária. Se conseguir realizar essas formas de viver corretamente, o ser humano alcançará a sabedoria. O caminho óctuplo, que de certa forma lembra o imperativo categórico de Immanuel Kant[9], leva não só o indivíduo a "despertar": ele também pode levar toda uma comunidade ou sociedade à sabedoria.

---

9 Immanuel Kant, *Kritik der praktischen Vernunft*, Hamburg: Meiner, 2003.

Diversidade cultural: alteridade como desafio

A sabedoria se forma e se mostra na forma de lidar com outros seres humanos, em especial com aqueles que são culturalmente diferentes, ou seja, na interação com o outro, com a alteridade.

As culturas europeias desenvolveram três estratégias para medir o que é diferente, usando valores e expectativas que lhes são conhecidas, as quais servem para evitar perceber sua alteridade. Essas estratégias são o logocentrismo, egocentrismo e etnocentrismo europeus[10].

No mundo globalizado, existe a necessidade de se lidar de forma diferente com o outro, o estrangeiro, já que nos confrontamos cada vez mais com pessoas de outras culturas. Isso muitas vezes coloca em xeque o que achávamos normal e óbvio — a partir desse contato com a alteridade, as certezas passam a ser mais relativas. Agir com sabedoria, nesse caso, significa perceber e reconhecer a própria heterogeneidade. Isso pode ser muito difícil, como mostram os conflitos violentos na África e na Ásia Menor. Uma forma de nos prepararmos para reconhecer o que é diferente está na descoberta de nossa própria alteridade, algo que muitas vezes nos escapa. Por exemplo: perceber sua própria violência é a premissa essencial para uma interação não violenta com outros seres humanos. No mundo globalizado, as interações devem reconhecer e valorizar a alteridade, e o pensamento deve ser heterológico, ou seja, devo ter o outro como ponto de partida do meu pensamento. Uma postura aberta ao que é diferente e estrangeiro nos permite ver refletida,

---

10 Christoph Wulf, *Anthropologie kultureller Vielfalt*, Bielefeld: Transcript, 2006; Idem, *Antropologia: história, cultura, filosofia*, São Paulo: Annablume, 2014.

como num espelho, nossa própria particularidade cultural e individual. Isso pode ampliar nosso leque de possibilidades, ao termos de lidar com a alteridade e a complexidade.

Violência e sabedoria

Um dos maiores desafios da sabedoria é criar uma forma mais pacífica de lidar com as diferentes formas de violência.
Muitas vezes, o insucesso, ao lidar com a alteridade, leva à violência, que é justamente um dos maiores desafios para a sabedoria. Como podemos evitar a violência, como reagir a ela, como transformá-la em comportamento construtivo? Não existem respostas fáceis para essas perguntas fundamentais. O não reconhecimento da alteridade, a ambição por poder e o desejo de realização do eu frequentemente desembocam em violência. Em pesquisas sobre a paz e os conflitos, faz-se a diferença entre a violência manifesta, que fere ou destrói o corpo de outros seres humanos; a violência estrutural, ancorada nas estruturas das instituições sociais; e a violência simbólica, que se mostra, por exemplo, na linguagem e em imagens. É preciso encontrar formas construtivas de enfrentar o desafio das três formas de violência. De modo mais claro: é preciso saber lidar com outros seres humanos sem usá-la, como fizeram, por exemplo, Mahatma Gandhi, Martin Luther King e Nelson Mandela — isso é comportar-se com sabedoria.

A sustentabilidade como desafio atual à sabedoria humana

A violência não é praticada somente contra outros seres humanos. Também a natureza e outros seres vivos, ou mesmo coisas materiais, são objeto de violência manifesta ou sutil por parte da humanidade. É preciso desenvolver uma forma sábia e não violenta de lidar com a natureza, ou seja, é preciso desenvolver a sustentabilidade.

Se a humanidade quiser sobreviver, vai precisar mudar radicalmente sua relação com a natureza[11]. A mudança climática e a ameaça de escassez de muitos recursos naturais são claros sinais de que as coisas não podem continuar como estão. Em poucos anos, seremos 8 bilhões de habitantes humanos em nosso planeta. O padrão de vida de um número cada vez maior de pessoas vem exigindo um uso cada vez mais intensivo de recursos. Quanto tempo devem durar os recursos para que as próximas gerações possam ter uma vida digna? Um dos grandes desafios é a necessidade de estabelecer a sustentabilidade como princípio de vida. Se partirmos do princípio de que a sustentabilidade deve ser um estilo de vida permanente, é necessário adotar um comportamento mais que estratégico. Face à complexidade do desafio da sustentabilidade, é preciso encontrar novas formas de lidar com todas as áreas da vida humana. Para isso, é preciso sabedoria.

Com base nessa situação, a comunidade internacional decidiu estabelecer as metas de sustentabilidade para

---

[11] Edgar Morin e Christoph Wulf, *Planeta: a aventura desconhecida*, São Paulo: Unesp, 2003; Isabel C. Gil e Christoph Wulf (orgs.), *Hazardous Future: Disaster, Representation and the Assessment of Risk*, Berlin: De Gruyter, 2015.

os próximos 15 anos, conforme definidas pelo Open Working Group for Sustainable Development. Entre o total de 17 metas, citamos: a eliminação da pobreza e da fome; a expansão do sistema de saúde; o desenvolvimento de educação contínua, inclusiva, justa e de alto valor; a igualdade de gêneros, o fornecimento universal de água limpa e energia; a redução da desigualdade; o desenvolvimento de cidades e consumo sustentáveis; o combate à mudança climática e à destruição dos oceanos; a manutenção dos ecossistemas no campo; o desenvolvimento de sociedades pacíficas; e a cooperação global para atingir o desenvolvimento sustentável[12].

Para poder atingir, ainda que de maneira parcial, essas metas profundamente transformadoras, são necessárias formas sábias de agir nos planos macro, meso e microestrutural. "Sabedoria", nesse caso, significa ter a capacidade de "lidar (de forma bem-sucedida) com problemas complexos, conciliando espírito e palavra, pensamento e ação, real e planejado — com alto grau de correspondência e coerência entre todos eles"[13].

Mimese e estética

A sabedoria visa a uma interação não violenta, mimética e cuidadosa em relação aos outros seres humanos, à natureza

---

12 United Nations, "Open Working Group Proposal for Sustainable Development Goals", Nova York: United Nations, 2014, disponível em: <https://sustainabledevelopment.un.org/focussdgs.html>, acesso em: nov. 2017.
13 Gert Scobel, *Weisheit: über das, was uns fehlt*, Köln: DuMont, 2008, p. 158.

e também aos objetos. Essa forma de interação pode ser praticada tanto na vida social como na arte[14].

Mimese não é simples imitação, no sentido de fazer cópias. Dizemos que uma ação é mimética quando, por meio da imaginação, a pessoa se assemelha a algo do mundo exterior, criando assim algo novo — tanto em si mesma como no mundo exterior[15]. Na percepção mimética de comportamentos sociais e estéticos, acontece uma assemelhação e, por meio dela, uma apropriação do que foi percebido. Os diferentes processos de assemelhação mimética fazem com que o mundo exterior seja recriado na imaginação e no imaginário do ser humano. Em processos miméticos, repete-se uma série de ações sociais, porém sem referência ao pensamento teórico, já que a repetição é realizada de forma estética com a ajuda dos sentidos e/ou da imaginação. Tais processos são, em geral, livres de violência e podem ser condições importantes para um comportamento sábio. O sábio se assemelha a outras pessoas e coisas, ou seja, ele as percebe em seu imaginário e, com isso, enriquece seu conhecimento de mundo. Ele não busca subordinar pessoas e coisas às suas próprias intenções, mas lhes dá espaço para que possam florescer em seu imaginário.

---

[14] Gunter Gebauer e Christoph Wulf, *Mimese na cultura*, São Paulo: Annablume, 2004; Christoph Wulf, *Homo Pictor: imaginação, ritual e aprendizado mimético no mundo globalizado*, São Paulo: Hedra, 2013; Norval Baitello Junior e Christoph Wulf, *Emoção e imaginação: os sentidos e as imagens em movimento*, São Paulo: Estação das Letras e Cores, 2014.

[15] Christoph Wulf, *Antropologia: história, cultura, filosofia, op. cit.*; Idem, *Antropologia do homem global*, São Paulo: Annablume, 2017.

Sabedoria como orquestração de mente, moral e intuição

Essa aproximação se baseia em abrangente estudo sobre a sabedoria realizado por Karl Ulrich Mayer e Paul Baltes[16], além de outras considerações sobre a importância da intuição e das decisões instintivas na ação sábia.

Entende-se aqui a sabedoria como possibilidade de se levar uma vida de bem e com sentido. Ela seria o conhecimento sobre as limitações e as incertezas da vida, o que nos levaria a evitar, na medida do possível, agir de forma precipitada e apressada. A sabedoria também poderia ser definida como um conhecimento complexo, capaz de integrar diferenças e levar à criatividade em diferentes contextos. Segundo a pesquisa, a sabedoria abrange um saber prático com base na moral e cria condições para que haja a tolerância. Ela cria uma conexão flexível entre conhecimento e valores morais, associando, assim, o bem-estar próprio ao bem-estar dos outros.

Uma das dificuldades de se analisar a sabedoria reside no fato de que é fácil reconhecer um comportamento sábio, mas é muito difícil descrever regras gerais sobre sua origem e sua aplicação. Nas palavras de um mestre zen, quem "vê a sabedoria, não a reconhece. E quem a reconhece, não precisa vê-la"[17]. A sabedoria é um conhecimento prático que desafia conceitos fixos; é um saber implícito e desempenha um papel importante em muitas situações da vida.

---

16 Karl Ulrich Mayer e Paul B. Baltes (orgs.), *Die Berliner Altersstudie*, Berlin: Akademie, 1999.

17 Cf. Gert Scobel, *Weisheit, op. cit.*, p. 139.

Trata-se de um conhecimento silencioso, e sua complexidade não pode ser totalmente decifrada apenas por meio da linguagem e da racionalidade. Daí a importância de se investigar, como fez Gerd Gigerenzer[18], o papel desempenhado pela intuição em ações e comportamentos sábios. Segundo ele, a intuição é muito importante para se chegar à decisão "certa". Muitas vezes, sabemos bem mais do que nos damos conta. É normal que as pessoas façam diversas considerações ao tomarem decisões sem perceberem conscientemente que o fazem. Já incorporaram experiências que lhes permitem tomar decisões com segurança, mesmo que não consigam explicar suas razões. Quando tentamos tomar decisões puramente com base no pensamento racional, o resultado muitas vezes é pior, pois cria-se uma redução artificial da complexidade da questão. As decisões intuitivas e instintivas, às quais Gigerenzer chama de *Bauchentscheidungen* (algo como "decisões com base no que a barriga diz"), seguem sua própria dinâmica, na qual o conhecimento prático tem um papel importante.

Egocentrismo e serenidade

A serenidade é uma condição fundamental para a sabedoria. Nela, dissolve-se o egocentrismo e, a partir daí, o ser humano pode se abrir e permitir que algo aconteça. A ênfase não está mais em agir diretamente, mas em deixar-se acontecer.

Uma premissa para a serenidade é a desativação da cronocracia e das atividades com objetivos definidos.

---

18 Gerd Gigerenzer, *Risk Savvy: How to Make Good Decisions*, New York: Penguin, 2013.

A serenidade surge com a desaceleração do tempo. O importante é ter tempo e aprender a aceitar a vida com o que ela tem de difícil e de bonita. Deixar que a vida aconteça, sem querer forçá-la a seguir em uma direção, sem querer excluir tudo que não a leve na direção desejada — estas são, pois, condições essenciais para a serenidade.

Essa atitude mental cria um distanciamento do egoísmo, do colocar-se no centro do mundo, podendo levar o ser humano a sentir-se cada vez menos abalado pelos acontecimentos e também mais sereno, chegando ao que Epicuro chamava de ataraxia[19]. Essa postura de aceitação dos ritmos da vida também leva a aceitar o processo de envelhecimento, a transitoriedade da vida humana e a transição da idade da agilidade para a da fragilidade. Não se deixar abalar por esses processos é um aspecto importante da sabedoria. A serenidade abrange a capacidade de se conformar com as mudanças da vida, adaptando-se às situações e aceitando o que não pode ser mudado.

A serenidade, como dimensão central da sabedoria, surge quando há disposição para se viver não só com as alegrias, mas também com o sofrimento, mantendo a leveza e o senso de humor. O comportamento do Dalai Lama serve como um bom exemplo disso.

Outra possibilidade de chegar à serenidade é a forma de se lidar com a morte. Será que a tradição cristã, com todas as suas promessas de vida no além, ainda nos atende ou essas profecias já perderam seu valor? Ter uma relação consciente com a morte é importante para desenvolver uma atitude mais desprendida de si próprio, poder viver mais intensamente e aceitar que sua própria vida é limitada.

---

19 Epicuro, *Briefe, Sprüche, Werkfragmente*, Stuttgart: Reclam, 1986.

Há quem diga, talvez por inspiração do budismo, que a alma humana continua viva como energia presente em outras formas. A morte seria, portanto, apenas uma transição de uma forma de energia para outra. Quaisquer que sejam os mitos e narrativas sobre a morte a que nos apeguemos, eles serão sempre importantes, por mostrarem a finitude da vida humana e inspirarem a humildade. A serenidade e a humildade transformam a relação com o eu e com a necessidade imperativa de se impor.

Meditação e sabedoria

Em muitas culturas, a meditação, sob diferentes nomes, é vista como caminho para a sabedoria. Existe um amplo espectro de formas de meditação, que passa pela religião, terapia, estética e educação. Em cada uma dessas áreas, a meditação tem abordagens e processos diferentes[20].

A meditação é um exercício de consciência que gira em torno da concentração e do desapego. Meditar é voltar a atenção para o presente e tentar esvaziar a consciência de pensamentos e da imaginação. Com a ajuda da meditação, é possível desenvolver formas de consciência que constituem condições para a sabedoria. Poderíamos diferenciar as diversas formas de consciência meditativa, como fez Gernot Böhme[21]:

---

20 Almut Barbara Renger e Christoph Wulf, *Meditation in Religion, Therapie, Ästhetik, Bildung*, Berlin: Akademie, 2013.
21 Gernot Böhme, "Meditation als Erkundung von Bewusstseinsformen", *Paragrana*, Berlin: 2013, v. 22, n. 2, pp. 88-99.

1. *Consciência não intencional* é o objetivo da meditação. Trata-se de uma experiência, uma consciência das qualidades ou *qualia*, "que existem na consciência sem portador, pois nada são além das qualidades da consciência em si, que até certo ponto dão cor a ela"[22]. Um exemplo dado pelo autor David Loy pode ajudar a entender a afirmativa. O observador foca um vaso azul até que não haja mais o vaso e somente a consciência do azul. Essa percepção do azul não pode ser descrita como "eu vejo azul". O "azul" não é mais percebido como o objeto da visão, mas sim quase como se fosse uma coloração da própria visão. Para chegar a tal percepção, a premissa indispensável é que o eu do observador seja praticamente esquecido quando ele se entrega de maneira plena à meditação[23].

2. *A meditação visa a um vazio de consciência, o não pensar.* Essa consciência vazia não é fácil de atingir, já que nela não existem nem qualidades, como, por exemplo, o azul: em outras palavras, não existe mais o *como*. Cria-se, no fluxo de consciência, um estado de alerta, como pausas nas quais a atenção está em estado de espera, que também é uma experiência do nada.

3. *Presença, consciência corporal.* Presença significa ter consciência da presença das coisas. É ter consciência de como as coisas são, mas não de sua utilidade ou funcionalidade para a ação humana. Essa consciência tem algo a ver com a consciência do presente do "eu sou", com um *kairós*. Experiências da corporeidade, autoconsciência e sensação de

---

22 *Ibidem*, p. 94.
23 *Ibidem*.

sua própria corporeidade estão associadas a essa modalidade de consciência.

4. *Não dualidade.* A não dualidade representa um tipo de consciência no qual não há mais opostos, especialmente a polaridade entre sujeito e objeto. Na fenomenologia, o correspondente à experiência da não dualidade seria a observação consciente da existência de um objeto, a *epoché*. O objetivo é experimentar a unidade total, uma experiência mística de anulação de opostos.

5. *Autoconsciência.* Diferentemente da definição de si próprio como identidade de uma pessoa, essa consciência se refere a um *eu mais profundo,* o eu interior que serve de base para o sujeito consciente.

Conforme Böhme:

> Assim, Nietzsche fala de *Leib* (corpo) como o eu mais
> profundo. Freud diz que o psíquico é inconsciente
> em si, e Goethe vê uma enteléquia como pano de
> fundo da sequência biográfica do indivíduo, algo que
> o organiza, apesar de ele não ter consciência desse
> objetivo. Em práticas meditativas do Oriente, o objetivo
> é frequentemente descrito como chegar ao seu eu mais
> profundo, chamado de *jiko*, em japonês. Também aqui,
> quando falamos de autoconsciência, não nos referimos à
> consciência de identidade pessoal, mas sim de um estado
> de consciência em que esse eu interior e profundo
> emerge parcialmente ao nível consciente[24].

---

24 *Ibidem*, p. 97.

Por exemplo, as diferentes formas de consciência, que podem ser experimentadas na arte zen de simplesmente permanecer sentado (chamada *sazen*), são consideradas condições importantes para alcançar a sabedoria. O praticante é levado a desenvolver uma nova relação com seu corpo, com si mesmo, com a alteridade, com os objetos e o mundo, e essa relação transformada é definida como premissa essencial para a sabedoria.

Conclusão

Embora a sabedoria resida em ter consciência das limitações do conhecimento humano, ela é, ao mesmo tempo, uma forma de conhecimento superior e de grande importância para a vida. E exige uma desaceleração da vida apressada, levando à serenidade e a um entendimento mais complexo de formação e educação. Em relação à natureza, é um caminho para realizar a sustentabilidade.

Sabedoria implica em interação livre de violência com outros seres humanos, com animais e com a natureza. Uma formação e uma educação mimético-estéticas e a meditação são caminhos para a sabedoria, esse saber extraordinário que os direitos humanos têm como fundamento moral.

Sabedoria e o significado da vida: uma crítica antropológica
Bettina E. Schmidt

Introdução

A pergunta sobre o possível valor econômico da sabedoria pode ser analisada por vieses diversos. Como antropóloga, vejo com ceticismo questões sobre utilidade econômica. Duvido que seja possível medir, por exemplo, a utilidade da religião por meio de valores monetários.

No momento, tenho me debruçado sobre pesquisas relacionadas à possessão, em especial em religiões afro-brasileiras e espíritas. Há circulação de dinheiro também em rituais de possessão, mas seu valor normalmente é pouco significativo. O dinheiro é necessário para fazer decorações, comprar trajes ou oferendas para os orixás, que precisam ser compensados pelos conselhos dados.

Em geral, não é estipulado um valor a ser doado, pois o importante é o conteúdo da mensagem, e não o valor do dinheiro. Delineia-se aí um exemplo a ser seguido pelas ciências, que não podem desistir de buscar fundos para suas pesquisas, mas que não tornam este o aspecto mais importante.

Neste capítulo, quero tecer uma crítica à linha cada vez mais claramente materialista das ciências. Pretendo mostrar, por meio das minhas pesquisas sobre a possessão no Brasil, que a medição de correntes elétricas cerebrais e outras medidas físicas tratam muito pouco da real utilidade da possessão — elas nem podem explicar o motivo pelo qual, em pleno século XXI, pessoas que vivem em uma metrópole global e ultramoderna como São Paulo ainda se apegam à prática da possessão.

Aqui, ressalvas devem ser feitas à redução simplista, que considera apenas a dimensão material, mas, de maneira nenhuma, sugiro que devam ser abolidas pesquisas materialistas. A interpretação da prática da possessão deve adquirir uma dimensão material, mostrando-se mais abrangente e holística.

Ainda como estudante universitária, pude perceber que tocar um objeto muitas vezes nos diz muito mais do que sua descrição em um livro ou em um filme. Mais tarde, em minhas pesquisas, percebi repetidamente que o encontro com o outro, diferente e/ou estrangeiro, tem um efeito ainda mais poderoso. O que eu aprendo participando de rituais e conversas supera em muito qualquer outro tipo de experiência ou aprendizado. Enfim, essa é a única forma de descobrir quais práticas são importantes para as pessoas, e por que. Assim, meu argumento é também o de que participar da vida tem utilidade em si.

Ao mesmo tempo, verifico, neste trabalho, a existência de uma lógica fundamental, que se quer uma racionalidade global expressa pelo mito da "realidade de um só mundo". No lugar de estruturas universais, minha pesquisa foca padrões específicos de cada cultura. Com o exemplo da possessão, demonstro que é possível definir um significado específico à cultura e, ainda, referenciar uma dimensão transcultural.

Possessão como prática dêitica

Minha pesquisa sobre a possessão[1], realizada em sua maior parte na cidade de São Paulo (SP), enfrentou problemas desde o início, por conta da controvérsia sobre o próprio conceito de possessão. Por um lado, existe a crítica à ontologia das entidades sobrenaturais que as pessoas possuem e, por outro, lidamos com as divergências sobre o entendimento êmico de tal prática.

Primeiramente, em minhas entrevistas, era preciso descobrir os nomes atribuídos por cada comunidade religiosa à sua prática. Tais discussões se fizeram uma valiosa introdução ao significado êmico das práticas agrupadas pela ciência sob o conceito genérico de "possessão por espíritos". Isso porque, mesmo que as ciências se baseiem em categorização e generalização, um olhar mais cuidadoso mostra que a diversidade da possessão no Brasil escapa a tal generalização.

No candomblé, por exemplo, o conceito de possessão é rejeitado por duas razões. Em primeiro lugar, orixás, entes supernaturais no centro do candomblé, não são espíritos, mas deuses cuja essência é descrita como forças da natureza. Assim como é impossível ser possuído por um relâmpago, um trovão ou um furacão, não é possível ser possuído por um orixá: sua força destruiria o frágil corpo humano. Na visão dos candomblecistas, o corpo humano não tem condições para incorporar um deus. A segunda objeção é que o conceito descreveria a experiência de ser tomado por uma entidade externa ao corpo humano. Uma melhor descrição,

---

[1] Bettina E. Schmidt, *Spirit and Trance in Brazil: Anthropology of Religious Experiences,* London: Bloomsbury, 2016.

segundo eles, seria que os orixás, ancorados no corpo humano durante a iniciação, sobem do interior até a cabeça e assumem o controle do médium humano por algum tempo.

Desse modo, a incorporação no candomblé está intimamente ligada a uma visão específica de corpo e é, portanto, contrária à divisão entre espírito e corpo, que prevalece no pensamento ocidental.

Barros e Teixeira[2] argumentam que, no candomblé, a alma tem uma dimensão material; o corpo, por sua vez, possuiria uma dimensão espiritual, não material. Berkenbrock[3] enumera quatro elementos que formam o corpo humano: corpo, respiração/sopro (*emi*), consciência (*ori*) e um elemento divino. Segundo a sua visão, o corpo material, que se desfaz em pó após a morte, enche-se de vida por meio de *emi*; *ori* traz a inteligência. Juntos, esses dois elementos dão ao corpo o pensamento, a imaginação e a personalidade. Contudo, no entendimento do candomblé, sem o quarto elemento, que vem do criador divino Orum, o corpo permanece incompleto[4]. Esse quarto elemento faz a ligação entre um indivíduo e os orixás, sendo um ponto central para a compreensão da possessão no candomblé.

Cada ser humano nasce com uma ligação ao divino. Essa conexão inicial, contudo, é frágil e, somente com a iniciação do filho ou da filha de santo, ela pode ser ancorada mais firmemente ao corpo. Oferendas e outros rituais

---

2 José F. Pessoa de Barros e Maria L. Leão Teixeira, "O código do corpo: inscrições e marcos dos orixás", em: Carlos Eugênio Marcondes de Moura, *Candomblé: religião do corpo e da alma. Tipos psicológicos nas religiões afro-brasileiras*, Rio de Janeiro: Pallas, 2004, pp. 103-38.

3 José Volney Berkenbrock, *A experiência dos orixás: um estudo sobre a experiência religiosa no Candomblé*, Petrópolis: Vozes, 1998.

4 *Ibidem*, pp. 285-6.

auxiliam nesse fortalecimento. A iniciação leva, portanto, a uma transformação do corpo.

Goldman[5] chega a descrever a iniciação como o ponto final da criação. Trata-se de quando uma parte do orixá fica no corpo, beneficiando e aperfeiçoando o ser humano permanentemente, tornando-se parte da personalidade do indivíduo. Para ele, um não iniciado é ser incompleto[6], pois sua criação somente pode ser concluída com a união com os orixás. A cada novo transe, essa ligação é fortalecida e fixada. Sete anos após a iniciação, a transformação estará totalmente concluída.

Logicamente, isso não significa que a pessoa se tornará um orixá. Eles são seres ainda mais superiores e podem inclusive "aperfeiçoar" de forma individual e simultânea um grande número de indivíduos.

Na umbanda, na qual os orixás também ocupam uma posição central no cosmos, é mais comum falar de possessão. Ela também guarda uma diferenciação ontológica dos orixás. Em uma visão mais superficial, poderíamos inclusive dizer que são os mesmos orixás — pois a umbanda se desenvolveu a partir do candomblé.

Como no candomblé, também a umbanda acredita que um médium não pode ser possuído por um orixá, já que deuses são poderosos demais para um corpo humano. No entanto, a umbanda explica que, no início dos tempos, os deuses teriam surgido a partir de criaturas humanas primordiais, que teriam espíritos. Mesmo que um médium da umbanda não possa incorporar um orixá, ele poderia

---

5 Marcio Goldman, "A construção ritual da pessoa: a possessão no Candomblé", *Religião e Sociedade*, São Paulo: 1985, v. 12, n. 1, pp. 22-55.
6 *Ibidem*, p. 111.

incorporar um espírito que remonta a seres humanos dos primórdios míticos, do qual o orixá descende[7].

Além dos orixás, o cosmos da umbanda contém um grande número de outros seres supernaturais. São os chamados "guias", a saber: Pretos Velhos, Caboclos, Boiadeiros, Marinheiros, Baianos, Crianças, Pombajiras e Exus. Embora sejam subordinadas aos orixás no cosmos religioso, essas criaturas ficam no centro dos rituais de possessão. Portanto, a possessão serve sobretudo como meio de comunicação com os guias e seu objetivo é ajudar as pessoas. Um médium incorpora um espírito para que este possa falar às pessoas. A possessão seria assim, de certa forma, uma prestação de serviço à comunidade, disponível ao público em geral.

Essa abertura ao público encoraja a produção de inúmeras pesquisas sobre a umbanda, embora o candomblé ainda fascine etnólogos, especialmente na América do Norte. A maioria dos estudos sobre umbanda e candomblé têm como foco a dominância das mulheres e enfatiza a estratificação social das comunidades ou clientes, além de sua postura social e especialmente política. Nas últimas décadas, por exemplo, vimos algumas tentativas de organizar e até de institucionalizar a umbanda como meio de maximizar a influência política, como no caso da Faculdade de Teologia Umbandista, em São Paulo. Tais tentativas, porém, normalmente fracassam, em razão do grande número de terreiros e da inexistência de uma hierarquia de sacerdócio.

Assim como acontece na umbanda, no espiritismo brasileiro, a comunicação com os espíritos está a serviço

---

7 Bettina E. Schmidt, "Spirit Possession in Brazil: the Perception of the (Possessed) Body", *Anthropos*, Sankt Augustin: 2014, v. 109, n. 1, p. 138.

de todos. No entanto, a maioria dos espíritas rejeita veementemente o conceito de possessão por espíritos. "Não existe isso", disse-se com firme convicção um entrevistado espírita.

O que observamos, no espiritismo, pode ser descrito como um grande número de variantes que lidam com a possessão de formas diferentes. A experiência é caracterizada como uma técnica na qual uma pessoa (médium) serve como veículo de comunicação. Apesar da existência de igrejas espíritas, no espiritismo brasileiro predomina a ideia de que não se trata de uma religião, mas de um tipo de ciência.

É verdade que essa forma de comunicação se baseia na crença de que existem espíritos e de que é possível comunicar-se com eles — o que não deixa de ser um sistema de crenças. As formas de comunicação também são múltiplas e abrangem a escrita psicografada até a percepção (audição, visão) e incorporação de espíritos.

Como regra, a pessoa que é médium tem consciência do que acontece e se coloca voluntariamente à disposição dos espíritos para que a comunicação ocorra. O objetivo é ajudar ao próximo e, ao fazê-lo, também aperfeiçoar-se espiritualmente.

Os espíritas acreditam que todas as pessoas têm a capacidade básica de se comunicar com espíritos, mas tal capacidade precisa ser desenvolvida. Daí justamente o ponto central das reuniões (geralmente semanais) ser o desenvolvimento dessas habilidades para o bem da comunidade.

O espiritismo brasileiro criou ainda uma forma especial de cura, que chama a atenção de observadores externos, embora se trate de um aspecto relativamente marginalizado do ensinamento espírita: trata-se da cura realizada sob influência de espíritos. Existem incontáveis relatos sobre o Dr. Fritz, cujo espírito é incorporado pelos curandeiros que realizam intervenções cirúrgicas ou outros tipos de cura.

Embora muitos espíritas rejeitem esse costume, existem casas de cura espiritual espalhadas pelo Brasil todo.

No outro extremo do espectro, estão as igrejas pentecostais, que também acreditam em espíritos, mas os definem como demônios, que devem ser expulsos das pessoas, para que elas recebam, então, o Espírito Santo. Em sua visão de mundo, todo o mal vem dos demônios, que são associados aos orixás e a criaturas sobrenaturais de outras religiões. Assim, não é suficiente acreditar em Deus e no Espírito Santo: é preciso primeiro limpar o corpo humano de todas as influências negativas para, então, receber o Espírito Santo e a salvação. Portanto, cura e redenção passam pela expulsão do mal — entendida como libertação.

Em sua pesquisa sobre a Igreja Universal do Reino de Deus (IURD), Pimentel[8] faz referência ao papel da mulher na expulsão do mal. É dever de todos intervir e expulsar os demônios deste mundo, mas cabe especialmente às mulheres proteger suas famílias e combater o mal que aflige seus familiares.

A IURD rejeita os conceitos de incorporação e possessão, já que defende que corpo e alma formam uma só unidade, que não pode ser controlada por demônios. No entanto, sua teologia dá grande importância à possessão por demônios, bem como à expulsão deles: é a chamada "despossessão", passo importante no processo de cura. A mulher pode aliviar o sofrimento de seus familiares ao incorporar o demônio em seu corpo, para que ele seja identificado e expulso.

---

8 Fernanda da Silva Pimentel, *Quando o psiquê liberta o demônio: um estudo sobre a reação entre exorcismo e cura psíquica em mulheres na Igreja Universal do Reino de Deus*, 262f., dissertação (mestrado em ciências da religião), Pontifícia Universidade Católica de São Paulo, São Paulo, 2005.

A experiência de comunhão com o Espírito Santo, muito pelo contrário, não é descrita como possessão: membros de todas as igrejas cristãs, e não só da IURD, rejeitam radicalmente qualquer possível associação entre o Espírito Santo e a possessão por espíritos.

Esse breve resumo introdutório mostra que a experiência de possessão aparece sob diversas formas no Brasil, sendo entendida de diferentes maneiras entre a população de crentes. Os diversos significados ontológicos explicam o mal-estar de meus entrevistados diante da classificação científica "possessão por espíritos", que eles consideram muitas vezes pejorativa e discriminadora, ou simplesmente errada.

As interpretações funcionalistas dominam a pesquisa científica, estando frequentemente associadas a um questionamento específico de gênero. Desde Landes,[9] na década de 1930, até o estudo cognitivo de Cohen[10], os cientistas buscam, por exemplo, explicar a predominância de mulheres na mediunidade. O candomblé exerce grande fascinação desde os tempos de Pierre Verger[11]. Ao mesmo tempo, a umbanda é amplamente estudada por etnólogos[12], enquanto sociólogos voltam seu olhar à crescente popularidade da IURD e de outras igrejas neopentecostais.

Esses estudos analisam detalhadamente a estratificação social das comunidades religiosas e de outros fatores. Falta, no entanto, atentar ao entendimento religioso da

---

9 Ruth Landes, *The City of Women*, New York: Macmillan, 1947.

10 Emma Cohen, *The Mind Possessed: the Cognition of Spirit Possession in an Afro-Brazilian Religious Tradition*, Oxford: Oxford University Press, 2007.

11 Pierre Verger *apud* Roger Sansi, *Fetishes and Monuments: Afro-Brazilian Art and Culture in the 20th Century*, London: Berghahn Books, 2007.

12 Diana Brown, *Umbanda: Religion and Politics in Urban Brazil*, Ann Arbor: UMI Research Press, 1986.

possessão. Embora as pessoas envolvidas na prática regular rejeitem categoricamente a ideia de possessão por espíritos, tal conceito persiste até hoje no discurso científico[13]. Para substituí-lo, os envolvidos falam de incorporação ou mediunidade, ou até de visão divina.

Cada um desses quatro exemplos do Brasil apresenta uma elaborada ontologia das criaturas sobrenaturais, além de uma percepção bem trabalhada do corpo humano, contradizendo a concepção simplista de possessão por espíritos. Eu vejo, portanto, a possessão como uma prática dêitica, cujo significado depende do respectivo contexto.

O conceito linguístico da dêixis indica que a função de algumas palavras só pode ser entendida em um contexto. Um exemplo muito simples pode ser dado com os advérbios "aqui" ou "agora", ou com os pronomes "este" ou "aquele". Sem contexto, é impossível entender o significado dessas palavras.

No campo religioso, já em 1940, Evans-Pritchard[14] se referiu a diferentes níveis de conceitos em seu livro sobre a religião dos Nuers. O escritor usou os Nuers como um exemplo típico da importância de se fazer uma tradução cultural. Michael Lambek[15] vai um passo além e mostra que Evans-Pritchard não percebera que até conceitos como *kwoth* só podem ser entendidos de forma dêitica entre os Nuers. Enquanto Evans-Pritchard

---

13 Paul Christopher Johnson, "An Atlantic Genealogy of 'Spirit Possession'", *Comparative Studies in Society and History,* Cambridge: 2011, v. 53, n. 2, pp. 393-425.

14 Edward Evan Evans-Pritchard, *The Nuer,* Oxford: Oxford University Press, 1940.

15 Michaek Lambek, "Provincializing God? Provocations from an Anthropology of Religion", em: Hent de Vries (org.), *Religion: Beyond a Concept,* New York: Fordham University Press, 2008, pp. 120-38.

traduz *kwoth* como Deus, Lambek insiste que o significado de *kwoth* depende do contexto. Segundo este, a tradução leva a um erro de interpretação da religião dos Nuers, até na definição se seria monoteísta ou politeísta.

Lambek ainda argumenta que, no passado, muitos encontros com outras religiões foram marcados por tais erros de interpretação, não só em termos da concepção de Deus.

Conforme o contexto ou o sistema referencial, podem existir diferentes significados. Não há, portanto, o "significado correto", como se pretendeu por muito tempo no século XX. Nesse sentido, Lambek[16] defende a provincianização da religião e expõe a importância da dêixis. Isso porque uma palavra dêitica é aberta e abrangente. Enquanto no mundo ocidental costumamos trabalhar com uma lógica dualística ("isto ou aquilo"), as palavras dêiticas nos desafiam a pensar em termos de uma lógica que envolve "tanto isto como aquilo". Lambek acredita que o ponto central das pesquisas deve se deslocar da crença à prática:

> a atenção à dêixis implica colocar a prática adiante da crença, apoiando assim um distanciamento de perspectivas "neo-Tylorianas" na religião, com sua ênfase na explicação e na racionalidade, e uma aproximação a relatos foucaultianos, de disciplina e cultivações neoaristotélicas das virtudes[17].

---

16 *Ibidem*.

17 "[...] attention to deixis implies putting practice ahead of belief; it thus supports a turn away from 'neo-Tylorean' perspectives in religion, which emphasizes explanation and rationality, toward Foucauldian accounts of discipline and neo-Aristotelian cultivations of the virtues". *Ibidem*, p. 137.

A provincianização da religião descrita por Lambek[18] se estende ao relativismo cultural, demonstrando que outras culturas têm o mesmo direito a reconhecimento. Ele nos convida a respeitar a diversidade cultural de um mundo globalizado, permitindo que pontos de vista divergentes coexistam lado a lado, mas critica, em última análise, a pretensão do mundo ocidental contida na alegação de que existiria uma lógica fundamental, uma racionalidade global, como parte do mito de uma "mentalidade-de-um-só-mundo".

Nesse sentido, também vejo a possessão por espíritos como um conceito dêitico, cujo significado depende do contexto e do sistema referencial dos praticantes.

Lambek[19] advoga a provincianização do conceito de Deus, e eu defendo a provincianização de experiências religiosas, como a possessão.

Para entender o que é possessão, devem ser consideradas as características locais. A ideia espírita de comunicação com espíritos é diferente do que existe no candomblé, no qual o mundo dos orixás se sobrepõe ao dos seres humanos no momento do transe. Por sua vez, a ideia da incorporação na umbanda é diferente da de possessão demoníaca nas igrejas pentecostais, ou até da união com o Espírito Santo. Tais diferenças não significam que uma interpretação seja menos válida que outra. Ao contrário, cada uma dessas ideias tem valor e importância semelhantes.

Vejo também muitos níveis no discurso ético. As análises de cunho funcionalista, estruturalista ou até cognitivo do candomblé, da umbanda e de outras religiões podem nos revelar informações sobre as comunidades, o quadro. Nesse

---

18 *Ibidem.*
19 *Ibidem.*

ponto, eu defendo a bricolagem de ideias, pois acredito que mesmo interpretações contraditórias da possessão por espíritos, por terem origem em diferentes teorias, podem nos mostrar algo sobre o significado da prática — desde que consideremos a experiência como dependente do contexto.

A sociedade brasileira passou por transformações radicais ao longo do século xx e neste começo de século xxi. Hoje, o país tem um dos maiores mercados globais e um papel político internacional importante, não só no âmbito da América Latina, como mundial. As estruturas sociais experimentaram mudanças fundamentais, que refletiram também nas estruturas religiosas do país. Tais transformações sociais, políticas e econômicas influenciam também nas práticas religiosas e têm impacto até no significado da possessão. Isso pode ser claramente visto nas estruturas de gênero das comunidades e também na estratificação étnica e social.

Em paralelo à crescente diversificação das comunidades, há uma impressionante intelectualização: são numerosas as publicações de sacerdotes e de evangélicos que buscam estudar mais sobre o assunto ou até cursar uma faculdade relacionada à religião. Enquanto na Europa ou nos Estados Unidos a pesquisa sobre a própria religião é alvo de desaprovação, os colegas brasileiros consideram esse crescimento um fator positivo para as ciências — e com razão: afinal, o interesse inicial pode servir como porta de acesso a outras formas de conhecimento científico.

A possessão como forma de sabedoria transcultural

Nos últimos anos, os estudos realizados sobre a possessão

por espíritos visaram aprofundar o conhecimento sobre as estruturas universais subjacentes e, até certo ponto, sua dimensão transcultural. Não se trata de uma direção totalmente nova, mas os pesquisadores da linha cognitiva se orgulham do que seria uma abordagem inovadora. Whitehouse[20], para citar um exemplo, argumenta que o estudo de formas universais, como a possessão, permitiria que pesquisadores cognitivos da religião definissem quais aspectos são biológicos e quais são culturais. Ele afirma que uma das responsabilidades da pesquisa cognitiva da religião seria mostrar "que características significativas do conteúdo, da organização e da disseminação de fenômenos religiosos podem ser explicadas em termos das formas como são ativados mecanismos psicológicos pan-humanos, decorrentes da evolução"[21].

Pesquisadores cognitivos como Whitehouse[22] defendem que fenômenos religiosos não devem mais ser interpretados somente no contexto cultural e histórico. Isso porque a religião não seria tão variável e dinâmica como até então se acreditava. Embora estudos etnológicos tenham coletado um assombroso volume de dados sobre a possessão, Whitehouse argumenta que apenas estudos cognitivos seriam capazes de mostrar que "a mente humana se desen-

---

20 Harvey Whitehouse, "The Cognitive Foundations of Religiosity", em: Harvey Whitehouse e Robert N. McCauley (orgs.), *Mind and Religion*, Walnut Creek: Alta Mira, 2005, pp. 207-32.

21 "[...] that significant features of the content, organization, and spread of religious phenomena can be explained in terms of the ways in which panhuman, evolved psychological mechanism are activated". *Ibidem*, p. 207.

22 Harvey Whitehouse, "Cognitive Evolution and Religion: Cognition and Religious Evolution", em: Joseph Bulbulia *et al.* (orgs.), *The Evolution of Religion*, Santa Margarita: Collins Foundation Press, 2008, pp. 19-29.

volve basicamente de forma semelhante em todo o mundo, embora o contexto cultural apresente grande variação"[23].

Essa hipótese da universalidade de certos fenômenos não é nova. O que mudou é que atualmente contamos com novas tecnologias, como imagens escaneadas e outras medições de correntes elétricas do cérebro, que trouxeram novas formas de coletar e analisar dados.

A fenomenologia já tinha como objetivo chegar ao cerne do universal. James[24] definiu quatro características universais da experiência mística (qualidade noética, inefabilidade, transigência e passividade), enquanto Otto[25] as descreveu como *mysterium tremendum et fascinans*. Por outro lado, os fenomenólogos repudiam as linhas materialistas da ciência, como a pesquisa cognitiva, por vê-las como reducionistas. Eles argumentam que, se abrirmos mão de nosso preconceito e nos aproximarmos de forma empática, poderemos investigar e entender melhor a racionalidade básica do fenômeno, como, por exemplo, a possessão.

Estudiosos da fenomenologia religiosa, como o próprio Otto[26], defendem uma abordagem essencialista da religião, com ênfase na experiência interior do divino — nomeada de *Numinos* por ele. Aqui chegamos a um dos problemas que também se aplica à pesquisa da possessão. Muitos

---

23 "[...] human minds develop in fundamentally similar ways the world over, even though cultural settings differ widely". *Ibidem*, p. 19.

24 William James, *The Varieties of Religious Experience: a Study of Human Nature*, Rockville: Arc Manor, 2008.

25 Rudolf Otto, *Das Heilige: über das Irrationale in der Idee des Göttlichen und sein Verhältnis zum Rationalen*, München: Beck, 1986.

26 *Ibidem*.

de nós, inclusive Proudfoot[27], apontam o fato de que não é possível ter acesso científico à essência mística da experiência: só podemos estudar os relatos que as descrevem. Apesar de incontáveis descrições e lembranças, em última análise, as experiências permanecem subjetivas. Não há provas objetivas e empíricas para confirmar que relatos muito diferentes entre si realmente descrevem a mesma experiência.

Com base nessas premissas, Sharf[28] rejeita a hipótese de tal cerne perpétuo e perene e afirma que é impossível separar a experiência em si da descrição da experiência — esta é determinada pela cultura. Retomo minha visão geral da possessão: também aqui tudo depende do contexto. Sharf, ao se referir de forma geral a experiências religiosas, afirma que sua importância está "nos significados aos quais eles supostamente se referem"[29].

É preciso considerar o entorno da pessoa, ou seja, seu contexto cultural, sua história pessoal, as concepções da crença, a formação e a educação etc.[30] Sharf destaca que o conceito da experiência é frequentemente apresentado de forma retórica como contra-argumento a uma abordagem materialista da religião, que seria reducionista e, portanto, não aceitável. Com isso, dados subjetivos e pessoais adquirem uma autoridade superior em relação aos dados "objetivos" ou "empíricos"[31].

---

27 Wayne Proudfoot, *Religious Experience*, Berkeley: University of California Press, 1985.
28 Robert Sharf, "Experience", em: Mark Taylor, *Critical Terms for Religious Studies*, Chicago: Chicago University Press, 1998, pp. 94-116.
29 "[...] in the signifieds to which they allegedly refers". *Ibidem*, p. 103.
30 *Ibidem*, pp. 97-8.
31 *Ibidem*, p. 94.

Enquanto os estudiosos empíricos insistem em provar a alegada verdade de forma científica ou empírica, os fenomenólogos argumentam que é preciso superar nossos preconceitos por meio da experiência vivida dentro das comunidades religiosas. No entanto, onde estaria o limite? Sharf, novamente, ilustra o problema de maneira muito clara com o exemplo das assim chamadas abduções por extraterrestres[32]. É consenso entre os cientistas que tais eventos não ocorrem realmente, ou seja, a lembrança das abduções é falsa, pois não se baseia em acontecimentos reais. Entretanto, se fizermos uma leitura das experiências como relatos religiosos, argumenta Sharf, não haveria razão para considerá-los menos críveis que os relatos de xamãs, místicos ou mestres de meditação.

O debate entre experiência e abordagem empírica revela um problema adicional: a relação de poder entre as pessoas que vivem a experiência e aquelas que escrevem sobre ela. Taves apresenta que categorizar e dar nome a algo estabelece uma forma de poder do pesquisador sobre as pessoas que vivem a experiência, especialmente quando os sujeitos rejeitam a categorização científica[33]. Isso leva a autora a defender que as pessoas que viveram a experiência devem ser incluídas e envolvidas na análise. Não se trata, diz ela, apenas de assegurar uma combinação de posições êmicas e éticas, mas de se incluir um caminho do meio, que, na mesma linha que James[34], ela chama isso de "tradição mediadora"[35].

---

32 *Ibidem*, p. 109.

33 Ann Taves, *Fits, Trances & Visions: Experiencing Religion and Explaining Experience from Wesley to James*, Princeton: Princeton University Press, 1999.

34 William James, *The Varieties of Religious Experience: a Study of Human Nature*, op. cit.

35 Ann Taves, *Fits, Trances & Visions: Experiencing Religion and Explaining Experience from Wesley to James*, op. cit., p. 348.

Em seu próprio estudo de experiências religiosas de protestantes anglo-americanos, Taves mostra que as pessoas que passaram pela experiência desempenham um papel ativo no discurso sobre sua experiência e não vivem isoladas. "Os mediadores acreditavam que a forma pela qual acessavam a religião era científica e não simples questão de fé, e que o caráter de seus métodos legitimava a realidade religiosa que descobriram como resultado de seu método"[36].

O ponto de vista dessas pessoas deveria ser considerado dentro da análise. Essa postura seria também apropriada em relação aos espíritas e a outros praticantes da possessão no Brasil, que acreditam que a comunicação com os espíritos é uma técnica secular e que contribuem para o discurso sobre o espiritismo de forma ativa, com publicações, materiais didáticos, palestras etc. Em paralelo, existe um número crescente de estudos sobre curas espirituais e outras formas de terapia ligadas à possessão, nos quais o ponto central não é a experiência religiosa em si, mas o sucesso terapêutico.

Tais estudos, realizados em cooperação com alguns centros espíritas e outras comunidades religiosas, também pertencem a essa terceira categoria, já que, em regra, ignoram a questão da crença. No entanto, será possível investigar a utilidade terapêutica sem considerar o conteúdo ontológico do ser supernatural no centro do sistema de crenças?

Em cada um dos quatro exemplos, há uma definição diferente da essência do ser supernatural sob cuja influência aconteceria a cura. Até que ponto a definição ontológica

---

[36] "The mediators believed that the way in which they accessed religion was scientific rather than simply a matter of faith and that the character of their methods legitimated the religious reality of that which they discovered as a result of their method". *Ibidem*, p. 349.

seria decisiva para a cura? No Brasil, existem inúmeras misturas de crenças, as pessoas se deslocam entre um sistema e outro ou até praticam diversas religiões ao mesmo tempo. Essa flexibilidade caracteriza, em parte, o mercado brasileiro de religiões, mas confere imprecisão aos estudos sobre a utilidade terapêutica.

Conclusão

Manuel Vásquez, em seu livro *More than Belief: a Materialist Theory of Religion* ou, em uma tradução livre, *Mais que crença: uma teoria materialista da religião*[37], faz uma veemente defesa da linha materialista para as ciências religiosas. Não que ele sugira abandonar de forma radical a interpretação simbolista da religião, tão enriquecedora para a pesquisa nas últimas décadas. Para ele, importa entender que a religião não consiste só em crença, mas é também prática. Seria então necessário ampliar as pesquisas, evitando reduzir a religião a escrituras e doutrinas, abarcando o lado performático das práticas religiosas.

A possessão, em especial, é um fenômeno performático que escapa aos limites impostos pelo conhecimento descrito nos livros (*Buchwissen*). Por meio da música (normalmente de tambores) e da dança, bem como na preparação conjunta e no consumo compartilhado da refeição, ela toca uma série de emoções e dimensões (sons, cheiros, gostos, corpo e cinética) que precisam ser incluídas no estudo para uma melhor compreensão[38].

---

37 Manuel Vásquez, *More than Belief: a Materialist Theory of Religion*, Oxford: Oxford University Press, 2011.

38 *Ibidem*, p. 2.

No catolicismo, também a devoção aos santos não pode ser entendida sem que se estudem a romaria ou a peregrinação, os ícones e os altares nas casas. A experiência corporal da peregrinação, os pés cheios de bolhas e joelhos ralados, a falta de sono e a fome nos dão um quadro bem mais eloquente da devoção do que a leitura das Escrituras Sagradas.

No lugar de ver a religião apenas como sistema particular de crenças, que se manifesta externamente de forma pouco confiável, por meio de símbolos, rituais e instituições, Vásquez[39] nos convida a considerar todo seu contexto histórico e materialista. Ele afirma que essa é a única maneira de conseguir "descolonizar" a pesquisa religiosa, pois somente assim conseguiríamos entender a complexidade da religião. Ao mesmo tempo, adverte sobre os perigos de se reduzir a pesquisa religiosa a uma linha materialista. Ele se refere a Talal Asad[40] ao falar sobre um "materialismo não reducionista", por meio do qual entendemos a religião como um produto aberto de práticas discursivas e não discursivas:

> O tipo de materialismo que eu gostaria de promover aborda a religião como o produto aberto de práticas discursivas e não discursivas de indivíduos incorporados, ou seja, indivíduos que existem em tempos e espaços específicos. Tais indivíduos estão inseridos em natureza e cultura, e usam seus recursos ecológicos, biológicos,

---

39 *Ibidem.*
40 "non-reductive materialism". Cf. Talal Asad, *Genealogies of Religion: Discipline and Reasons of Power in Christianity and Islam*, Baltimore: Johns Hopkins University Press, 1993, p. 36.

psicológicos e socioculturais para construir múltiplas identidades e práticas, entre as quais algumas virão a ser designadas, muitas vezes por contestação, como religiosas em certos momentos da história[41].

Nesse sentido, vejo a possessão também como a intersecção entre religião, corpo e sociedade. Argumento, por fim, que uma pesquisa que privilegie apenas um ponto de vista, como as ideias subjetivas sobre a crença, as funções sociais ou a medição física de processos corporais, trará resultados muito limitados. Enfim, minha crítica se dirige à pesquisa materialista que coloca a dimensão material como protagonista, ignorando os outros níveis. Em última análise, defendo a vida como prática, e não como produto de valor material.

O conhecimento relacionado à possessão não pode de forma alguma ser considerado "conhecimento oferecido na forma de conselho" (*Ratgeberwissen*), algo que pode ser simplesmente consumido. Trata-se de um conhecimento prático subjacente, detido pelos curandeiros e por seus pacientes, que pode, ocasionalmente, ser ativado por meio da possessão[42].

---

[41] "The sort of materialism I would like to advance approaches religion as the open-ended product of discursive and nondiscursive practices of embodied individuals, that is, individuals who exist in particular times and spaces. These individuals are embedded in nature and culture, and drawing from and conditioned by their ecological, biological, psychological, and socio-cultural resources, they construct multiple identities and practices, some of which come to be designated, often through contestation, as religious at particular junctures". Cf. Manuel Vásquez, *More than Belief: a Materialist Theory of Religion*, op. cit., p. 8.

[42] Sidney M. Greenfield, *Spirits with Scalpels: the Cultural Biology of Religious Healing in Brazil*, Walnut Creek: Left Coast Press, 2008.

Até que ponto seria um "conhecimento comprovado cientificamente" (*wissenschaftlich gesichertes Wissen*)? É fato que acontecem curas. Seria, porém, apenas um efeito placebo? Em última análise, isso não importa, assim como não importa a questão da autenticidade dos espíritos. O que importa é o conhecimento transmitido por meio da experiência de possessão.

De fora, a possessão soa simbólica. Do ponto de vista êmico, quer vista como transformação, incorporação ou mediunidade, ela confirma a existência de forças divinas, ou pelo menos sobrenaturais, e prova sua visão do mundo[43]. O conhecimento ligado a essas diferentes formas, embora específico de uma cultura, é amplamente disseminado, por meio da televisão, música, livros e arte[44].

Essa forma de sabedoria não se baseia em experiências. Trata-se de um conhecimento indefinido, escalonado em muitos níveis. Apesar disso, influencia as decisões de muitas pessoas em seu dia a dia, especialmente no que tange ao bem-estar e à saúde. Qualquer sistema de crenças, quer seja de uma religião oficial ou de uma crença marginalizada, faz parte do bem-estar mental[45]. Defendo que o conhecimento que vem da vida (*Lebenswissen*) deve ser

---

[43] Aditya Malik, "Is Possession Really Possible? Towards a Hermeneutics of Transformative Embodiment in South Asia", em: Fabrizio M. Ferrari (org.), *Health and Religious Rituals in South Asia: Disease, Possession and Healing*, Londres: Routledge, 2011, pp. 17-32.

[44] Mona Suhrbier, "Candomblé and the Brazilians: the Impact of Art on a Religion's Success Story", em: Carole M. Cusack e Alex Norman (orgs.), *Handbook of New Religions and Cultural Production*, Leiden: Brill, 2012, pp. 463-94.

[45] Alexander Moreira-Almeira, Francisco Lotufo Neto e Harold Koenig, "Religiousness and Mental Health: a Review", *Revista Brasileira de Psiquiatria*, São Paulo: 2006, v. 28, n. 3, pp. 242-50.

colocado acima de valores econômicos. A sabedoria deve ser vista como bricolagem, que não vem só do conhecimento teórico dos livros (*Buchwissen*), pois abrange a sabedoria vivida.

A sabedoria frente à economia
Muniz Sodré

"Os filósofos limitaram-se a interpretar o mundo de diversas maneiras; o que importa é modificá-lo"[1]. Dessa afirmação, que é uma versão dada por Engels à frase original de Marx, desprende-se um detalhe interpretativo relativo à suposta negação que Marx teria feito da filosofia, ao abordar a questão da sabedoria diante do poder da economia. Embora o subjuntivo corrente de *kommen* seja *kämme*, há leituras segundo as quais Marx intentava a ideia subjuntiva, isto é, não expressava certeza, mas sim dúvida ou desejo. Ele acentuava o imperativo da passagem da interpretação à ação, sem necessariamente recusar a interpretação filosófica.

A negação da filosofia aparece na versão de Engels ("es kommt *aber* darauf an"[2]), por efeito da adversativa "mas" (*aber*) e do verbo no indicativo presente (*kommt*), em vez do

---

[1] "Die Philosophen haben die Welt nur verschieden interpretiert, es kommt darauf an, sie zu verändern". Karl Marx, "Thesen über Feuerbach", em: Karl Marx e Friedrich Engels, *Marx-Engels Werke*, Berlin: Dietz, 1969, p. 533.

[2] *Ibidem*.

original. Essa é, aliás, a versão escolhida, quase um século depois, por Heidegger, ao criticar a posição marxista. Isso porque, de fato, o marxismo subsequente recusou qualquer atribuição de sistematicidade histórica da filosofia, argumentando que esta, como a moral e a religião, não tem história. A ciência seria, pois, a própria realidade, ou seja, a revelação da vida material do ser humano.

Vê-se aí o que se pode chamar de "um certo marxismo", ao passo que é também possível, conforme dissidências no interior de um campo filosófico, argumentar que a obra de referência central da ciência da história — *O capital*[3] — reserva aos fenômenos socioeconômicos um estatuto ontológico diferente da positividade científica. Desse modo, o caminho fica aberto para a interpretação e a consequente inscrição dessa suposta ciência na esfera clássica da filosofia.

Nesse embate, diferem-se o sentido de *sophos* atribuível a Marx[4] e o outro que pretende fixá-lo no lugar da ciência da história. Em termos estritamente epistemológicos, há uma distância entre o sábio e o filósofo "gerador de ciência". Este último localiza a verdade em um "todo" conceitual, ou seja, a verdade não é parte, e sim totalidade. É o caso de Hegel, para quem o valor de verdade de uma filosofia também está em um todo que se desdobra dialeticamente a partir do conceito (*Begriff*), que, como um visgo passarinheiro, consiste na fixação que impede o voo do passarinho, mas funda a ciência.

---

3 Karl Marx, *O capital*, 4 v., Rio de Janeiro: Civilização Brasileira, 2008.
4 *Ibidem*.

Para Kojève, sábio é o homem de carne e osso que realiza, por sua ação, a sabedoria ou a ciência[5]. Trata-se de uma forma do espírito (*Gestalt des Geistes*), uma forma concreta. Permanece, porém, a distinção entre uma pessoa real, uma subjetividade particular, um indivíduo humano e uma realidade objetiva (*Wirklichkeit*), diferente da realidade subjetiva. Ao se alcançar o conceito, a verdade (*Wahrheit*) coincide com a certeza subjetiva (*Gewissheit*). A totalidade do real é revelada pelo saber, cujo acesso é dado pela sistematicidade do filósofo, alguém que pesquisa o real em um elevado plano analítico-racional, e não apenas por um "amante da *sophon*" ou um "sábio", passíveis de serem conduzidos por uma certeza subjetiva.

O pensamento pré-socrático é animado por sábios, para quem o plano elevado era o "todo", o qual eles objetivavam conhecer por intuição direta. Já o raciocínio pós-socrático, no entanto, consiste em uma busca "segundo o todo" (*kat holu*). Aristóteles[6] distingue Sócrates de seus predecessores exatamente pelo primeiro conduzir o espírito da diversidade dos fenômenos à unidade do conceito.

Sócrates é o grande limiar. Antes dele, pensadores como Heráclito, Anaximandro, Pitágoras, Parmênides, Zenão e inclusive ele próprio, Sócrates, são propriamente sábios. Depois dele, o pensamento torna-se "filosofia", com Platão, que se define menos como sábio do que como "amante da sabedoria".

Com Sócrates, na visão aristotélica[7], não mais se trata de refletir sobre o todo ou a origem. Trata-se de pensar

---

5 Alexandre Kojève, *Hegel: eine Vergegenwärtigung seines Denkens. Kommentar zur Phänomenologie des Geistes*, Frankfurt: Suhrkamp, 1996.

6 Aristóteles, *Metafísica*, São Paulo: Edipro, 2012.

7 *Ibidem*.

"segundo o todo", o que implica conceito e universalidade. No plano do pensamento tido como "elevado", o aqui e agora da sensação individual é ultrapassado pelo juízo universal do conceito.

Entende-se que ciência, no sentido moderno, não corresponde à filosofia, mas ainda convém ao espírito do racionalismo instrumental partir da tradução do grego *episteme* (a esfera do *logos*, pensado pelo *nous*, o intelecto) como "ciência", para distingui-la da *phrónesis* (a sabedoria prática, que lida com o particular), à qual se atribui apenas a percepção (*aisthesis*). No entanto, essa interpretação cientificista de uma passagem aristotélica[8] perde qualquer vezo peremptório se contraposta à asserção que vê na percepção particular (portanto, na *aisthesis*) um meio de ponderar o pensamento, atribuindo-lhe parâmetros maleáveis — nessa percepção se encontra o sensível, oposto à abstração dos objetos de conhecimento.

À luz da historiografia conhecida, uma distinção peremptória entre sabedoria e racionalidade filosófica também não encontra apoio na figura do próprio Sócrates. Esse sábio não reivindicou a posse de nenhuma *episteme* e deixou claro, às vésperas de sua morte, que falava como mensageiro dos deuses[9] — de fato, ele preferia morrer a deixar de repercutir no espaço público a voz interna de seu *daímôn*.

No limite, filosofia é tão só outro nome para o pensamento que desce às raízes da paixão da vida, um pensamento *radical*: a paixão da filosofia como espelhamento crítico da paixão da vida. A filosofia não é, então, um sistema privatista, suscetível de servir ideologicamente à

---

[8] Aristóteles, *Ética a Nicômaco*, São Paulo: Edipro, 2014.
[9] Platão, *Apologia de Sócrates/Críton*, Belém: Edufpa, 2015.

reprodução das formas de produção do sistema em vigor, mas trata-se de uma prática de pensar na abertura de um encontro — com o amor, com a arte, com a política e com a vicissitude da vida.

Nesse sentido, Karl Marx era certamente filósofo. Sua pesquisa, porém, centrava-se no domínio exercido pela economia no interior do modo de produção capitalista. Justifica-se, assim, o julgamento de Engels, ao considerar que o exclusivo plano analítico-racional do pensamento marxista seria a lógica econômica. Muito antes, Hegel distinguira história universal filosófica da subjetividade do *Besserwisser*, o sabe-tudo. Com a totalidade dos pontos de vista como princípio intelectual, a objetividade seria mantida. Ao mesmo tempo, porém, Hegel incentivava o julgamento partidário em benefício do essencial, sustentando que "sem julgamentos, a história perde interesse".

A tomada de partido em favor do essencial não se faz ato de ciência, mas de sabedoria e filosofia. Marx não era economista. Era filósofo e militante. Sua frase sobre a transformação do mundo é da ordem do sensível e converge para a prática humana. Trata-se, pois, de uma tomada de partido — daí o subjuntivo, que exprime desejo, de que falávamos inicialmente. Seu julgamento era a favor da classe histórica, a saber, a classe operária, em oposição do domínio do capital, mais precisamente, do dinheiro, que fez-se lei de organização das trocas no mundo.

Já na segunda metade do século XIX e bem antes de *O capital*, Marx constitui clara distinção filosófica entre as formas de presença do dinheiro no capital:

> O *dinheiro como capital* é diferente do *dinheiro como dinheiro*. A determinação nova tem de ser desenvolvida. Por outro lado, o *capital enquanto dinheiro* parece a

regressão do capital a uma forma inferior. Mas é somente o seu pôr em uma particularidade que já existia antes dele como não capital e constitui um de seus pressupostos. O dinheiro reaparece novamente em todas as relações posteriores; mas aí já não funciona mais como simples dinheiro [...]. Trata-se aqui da determinação universal do capital[10].

Nesse juízo quanto à determinação universal do capital, Marx[11] revela-se profético com relação ao capital-mundo, ou seja, o capital financeiro, que é hoje predominante no centro hegemônico do poder mundial. Não se trata apenas de uma descrição positiva da realidade econômica, mas de um sábio *insight* sobre a magia social da dominação pelo dinheiro.

É bem verdade que já se reconhecia essa tendência desde fins do século XIX ou, pelo menos, como contraparte oferecida pelo capital financeiro aos grandes conglomerados industriais. Ainda na primeira década do século XX, Georg Simmel[12] assinalava a centralidade exercida pelo dinheiro na vida social moderna, com consequências inclusive na aceleração do tempo, o que se tornaria evidente na integração contemporânea entre finanças e comunicação eletrônica.

Polanyi[13], por sua vez, ao considerar a formação da economia capitalista de mercado, chama a atenção para a inexistência de qualquer pesquisa mais ampla sobre a "instituição misteriosa", que corresponde ao sistema bancário no século XIX. Ele faz uma ressalva, porém, à sua importância:

---

10 Karl Marx, *Grundrisse*, São Paulo: Boitempo, 2011, p. 193.
11 *Ibidem*.
12 Georg Simmel, *Philosophie des Geldes*, Frankfurt: Suhrkamp, 2014.
13 Karl Polanyi, *A grande transformação*, Rio de Janeiro: Campus/Elsevier, 2012.

A *haute finance*, uma instituição *sui generis*, peculiar ao último terço do século xix e ao primeiro terço do século xx, funcionou nesse período como o elo principal entre as organizações política e econômica do mundo. Ela forneceu os instrumentos para um sistema internacional de paz, que foi elaborado com a ajuda das potências, mas que essas mesmas potências não poderiam ter estabelecido ou mantido[14].

As altas finanças exibiam, então, sua independência diante de governos particulares e, mesmo não sendo pacifistas, foram capazes de evitar a guerra generalizada entre as grandes potências, em um momento em que isso prejudicaria seus negócios.

Somente depois dos anos 1960, em meio à crise das velhas bases liberais da hegemonia norte-americana, os sistemas de regulação nacional dos capitais começaram a ruir, e emergiram os sistemas cambiais flexíveis, responsáveis pela globalização financeira. Apresentava-se, assim, o novo modo de ser da riqueza. O que se conhece hoje como globalização nada tem a ver com a diversidade humana, mas está atrelado à reorganização capitalista do mundo, em função exatamente dos interesses financeiros. Globalização e finanças são a mesma coisa.

No âmbito geral do neoliberalismo econômico, esse modo de ser é caracterizado por uma ideologia privatista e de desregulamentação diante do Estado. Não adquire muita importância o fato de a desregulamentação ter sofrido um forte abalo desde o fim da primeira década deste milênio, em consequência da grande crise financeira e dos percalços atravessados pelo centro capitalista mundial.

---

14 *Ibidem*, p. 10.

A ideologia mantém-se firme, elegendo sempre a eficácia produtiva e o sucesso pessoal como os maiores valores sociais, já usuais da moralidade do capital produtivista, mas hoje intensificados pelas formas socionarcisistas de produção das subjetividades. Essa nova forma econômica opõe o regime de acumulação flexível (que incrementa a valorização do capital, tanto na esfera da produção quanto do consumo, por meio da velocidade dos processos de circulação das mercadorias e das finanças) às formas centralizadas, responsáveis pela sobreacumulação capitalista, que levou à crise dos anos 1970.

A crítica marxista, vista de maneira mais aberta e menos cientificista, certamente prestaria mais atenção à condição de "sábio" de Marx, transparente em suas intervenções ético-políticas, em suas intuições proféticas e em termos relevantes, como "capital fictício" e "fetichismo" do dinheiro. Ele levava a sério os aspectos mágicos da dominação e, assim, curiosamente, reencontra-se com outro grande sábio e educador da pátria alemã: Goethe[15].

Cabe aqui retomar alguns argumentos apresentados em um livro fascinante, *Dinheiro e magia: uma crítica da economia à luz do Fausto de Goethe*[16]. Hans Christoph Binswanger, economista alemão e autor do livro, encontra, no segundo livro *Fausto*, elementos para afirmar que a obra máxima (a *opus magnum* alquímica) no campo da economia é a criação de um valor monetário artificial, ou seja,

---

15 Johann Wolfgang von Goethe, *Fausto*, 2 v., São Paulo: Editora 34, 2004 (v. 1) e 2007 (v. 2).
16 Christoph Hans Binswanger, *Dinheiro e magia: uma crítica da economia moderna à luz do Fausto de Goethe*, Rio de Janeiro: Zahar, 2011.

criação de valor por meio de fatores que não são atribuíveis ao esforço humano e não podem, portanto, ser explicados de maneira causal, em termos econômicos. É por isso uma criação de valor que se baseia na bruxaria ou na magia[17].

A magia de que fala Binswanger é propriamente a alquimia, que teve largo curso na Europa até o século XVIII, quando os reis costumavam cercar-se de astrólogos e alquimistas em suas cortes. Estes tinham forte ingerência nas questões de governança e principalmente (no caso dos alquimistas) trabalhavam com vistas à obra máxima, ou seja, a pedra filosofal, que supostamente transmutaria chumbo em ouro, resolvendo os problemas financeiros dos monarcas. Aos olhos do racionalismo iluminista, a alquimia era um esforço inútil — senão um embuste.

Goethe, porém, diz o contrário, ao diagnosticar um núcleo alquímico na economia moderna, aquilo que lhe dá até hoje, segundo Binswanger, "uma força de atração tão imensa que pouco a pouco suga todas as áreas da vida para seu vórtice".[18] Enquanto a economia política clássica sustenta que a riqueza é obtida apenas por meio do trabalho, que se transforma em capital, Goethe aventa o argumento de que, mesmo não sendo possível negar a importância do trabalho, há uma magia que cria valores excedentes inexplicáveis pelo esforço humano. Essa magia cria "alquimicamente" o "ouro" desejado pelos monarcas, isto é, cria o papel-moeda.

---

17 *Ibidem*, p. 79.
18 *Ibidem*, p. 62.

No *Fausto* de Goethe[19], é Mefistófeles que submete ao Imperador, em nome de Fausto, o plano de criar papel-moeda. Nas palavras de Binswanger:

> É um projeto para emitir notas de dinheiro que serão lastreadas pelos recursos em ouro enterrados, legalizadas pela assinatura do Imperador. O plano dá certo: todos se dispõem a aceitar notas como dinheiro, e o Imperador se livra de suas dívidas. A criação do dinheiro é explicitamente chamada de "química", outra expressão para a alquimia[20].

Dessa maneira, surge a questão: quais são as forças mágicas acionadas por essa operação?

> A imaginação, que torna possível a transformação de valores minerais enterrados em (papel) moeda (isso cria a ideia de lastrear o papel-moeda com o ouro enterrado); a impressão produzida pelo poder do Estado, que legitima a moeda (de papel); as paixões humanas associadas à conquista da propriedade (violência, cobiça e avareza); a expansão da esfera de movimento do homem por meio do transporte (a multiplicação da velocidade); a expansão das forças de produção mediante energia não humana (a multiplicação do trabalho); o poder da invenção e do progresso tecnológico[21].

---

19 Johann Wolfgang von Goethe, *op. cit.*
20 Christoph Hans Binswanger, *op. cit.*, p. 63.
21 *Ibidem*, p. 79.

Merecem atenção as forças de multiplicação da velocidade, do trabalho e da invenção tecnológica, pois elas estão no centro da armação informacional do mundo. Isso porque, para nós, capitalismo financeiro e informação constituem no mundo globalizado atual um par indissolúvel. O capitalismo contemporâneo é, ao mesmo tempo, financeiro e midiático (financeirização e mídia são as duas faces de uma moeda chamada sociedade avançada).

Há quem prefira contornar as expressões "financeirização" e "capitalismo financeiro", indicando a categoria de "capital fictício", trabalhada por Marx[22] como chave para a correta compreensão do fenômeno. O capital comporta frações distintas, que oscilam em termos de correlação de forças. Capital produtivo, por exemplo, é aquela fração que gera riquezas palpáveis ou tangíveis, movimentando a cadeia da produção e, assim, o Produto Interno Bruto (PIB) nacional. Outra fração é a do capital financeiro, que consiste na troca (não produtiva) à base de títulos de crédito (fenômeno conhecido como "securitização"). Esse capital de empréstimo, que se amplia com uma parte do lucro obtido pela fração produtiva, foi chamado por Marx de "fictício", porque é, de fato, uma ficção: trata-se da imagem de um capital não efetivamente realizado.

Todo esse cenário descrito conflui para *um novo modo de ser da riqueza*, que pode ser chamado de "financeirização" e que requer o concurso historicamente inédito da comunicação e da informação. Ficcionalizando ou virtualizando o real em função da atualidade histórica do capital, o par comunicação/informação contribui para naturalizar o mercado financeiro como base da aceleração

---

22 Karl Marx, *O Capital, op. cit.*

do desenvolvimento econômico e como fonte da ideologia capitalista do bem-estar humano na atual etapa da penetração da lei estrutural do valor (o capital) em todos os espaços existenciais dos indivíduos.

O mercado financeiro descrito como fictício comporta, assim, um aspecto da luta de classes, na qual a modernização neoliberal acarreta o desmantelamento do Estado de bem-estar social e da tradicional organização das forças produtivas, em favor da precarização do trabalho — com vistas ao aumento de rendimentos do capital também fictício.

Evidentemente, não se trata de uma teoria do dinheiro ou das operações financeiras inédita na lógica do capital. Ela existe desde sempre para garantir a emissão, a coleta, a circulação e as trocas dos diferentes meios de pagamento e de financiamento. No entanto, o plano lógico da moeda é maior do que isso: ele pressupõe capacidade de correspondência a toda uma diversidade de objetos, desde os desejáveis até aqueles que afetam o metabolismo social.

A novidade apresentada aqui é o deslocamento do peso hegemônico do setor industrial para o das chamadas "altas finanças", graças às economias nucleares do capitalismo. Essa mudança implica um novo regime de acumulação, caracterizado pela flexibilidade, que se estende da esfera da produção até os mercados de trabalho e de consumo. A velocidade circulatória dos processos em todas as instâncias do *socius*, agora imerso em fluxos, conexões e redes, incrementa a valorização do capital pela flexibilidade.

A intuição marxista transforma-se hoje em uma nova realidade, detectada inclusive fora dos muros acadêmicos, no âmbito da própria mídia contemporânea — na qual a sabedoria às vezes também está presente. Um arguto cronista do cotidiano pode concluir que

> [...] a narrativa acabou, a riqueza se acumula entre poucos e beneficia ainda menos, e o dinheiro, desobrigado de fazer sentido e de seguir qualquer espécie de roteiro, só produz monstros [...]. A grande narrativa do capitalismo foi excitante enquanto durou. Revolucionou a vida humana e, junto com suas barbaridades, fez coisas admiráveis [...]. Mas nem Marx previu que seu fim seria este: no meio de um mundo em decomposição, o dinheiro falando sozinho[23].

De um modo geral, a narrativa prometeica do capitalismo, expressa na épica dos *tycoons* ou construtores de impérios industriais, abandona a mitologia do ilimitado progresso universal e transforma-se no monólogo da circulação monetária secundado pela informação — na verdade, o progresso, definido em termos quantitativos, é capaz de transformar o crescimento do PIB em um fetiche. Crise nenhuma afeta realmente a elevação da riqueza financeira privada, ao passo que faz aumentar o exército de reserva dos desempregados no mundo inteiro.

O poder financeiro potencializa a abstração nas relações sociais e intersubjetivas (daí as metáforas sociológicas "da multidão solitária", da "máscara do anonimato" e da modernidade líquida", ou as filosóficas do tipo "mundo transformado em imagens" etc.). É, aliás, a nova forma do dinheiro que se encontra por trás da conhecida especulação filosófica de Deleuze sobre a "sociedade de controle" como substituta contemporânea da "sociedade de vigilância",

---

[23] Luis Fernando Verissimo, "A narrativa do dinheiro", *O Globo*, Rio de Janeiro, 23 ago. 2012. Disponível em: <https://goo.gl/C1W7×A>, acesso em: nov. 2017.

caracterizada pelo confinamento dos indivíduos em formas arquitetônicas e largamente analisada por Foucault.

Sob a regência das modalizações financeiras do dinheiro, os agentes sociais são mais permeáveis ao domínio das abstratas interpelações ideológicas da informação. Informação e comunicação integram a lógica da sociabilidade financeira, com o pensamento de Hegel e Marx, segundo o qual a lógica é "o dinheiro do espírito", conquistando pleno sentido.

De algum modo, a sabedoria marxiana antecipa essa realidade. Segundo Lorenz von Stein, "é possível prever o futuro, desde que não se queira profetizar cada coisa em detalhe". "Do ponto de vista da história do espírito, pode-se enxergar nessa afirmação uma espécie de secularização das profecias cristãs apocalípticas", ilustrou Reinhart Koselleck[24]. Na verdade, o que está em jogo nesse tipo de antecipação é a própria dinâmica da história moderna, averiguada por meio de um diagnóstico sábio, que deve intuir por análise, mas também por captação subjetiva da inquietação civilizatória.

Marx antecipou as novas e inquietantes formas humanas de ser, todas elas compatíveis com o novo modo de ser da riqueza. São inquietantes por representarem um abalo no solo social em que pisamos, atingindo nosso sentido de pertencimento ao mundo e ao sistema de valores do que consideramos "próprio". É um abalo de longa data ou longa maturação, que Nietzsche, ainda no século XIX, nomeou de "niilismo", um terremoto latente nas dobras do racionalismo ocidental.

---

24 Reinhart Koselleck, *Futuro passado: contribuição à semântica dos tempos históricos*, São Paulo: Contraponto, 2010, p. 79.

Essa movimentação e a tal reorganização, acionadas pela velocidade das ondas eletromagnéticas, apontam para o cerne da questão: a onda de choque da cultura eletrônica, contraparte da ficção econômica antecipada por Goethe, em que Mefistófeles, para ajudar Fausto, inventa o papel-moeda. Tratava-se, de fato, de uma alquimia, mas o mágico consiste apenas na "aceleração" da experiência. A compressão do espaço pela aceleração do tempo é igualmente a magia e a razão últimas de nosso deslocamento global. Essa magia é hoje aparentemente mais mefistofélica do que divina. No entanto, vale também meditar sobre a frase de Giorgio Agamben: "Deus não morreu. Ele tornou-se dinheiro"[25]. Igualmente, sobre Marx: "*Es kömmt darauf an, sie zu verändern*"[26].

---

25 Entrevista de Giorgio Agamben concedida a Peppe Salvà, São Leopoldo: Instituto Humanitas Unisinos, 30 ago. 2012. Disponível em: <https://goo.gl/fKDuQ>, acesso em: nov. 2017.

26 "[...] o que importa é modificá-lo". Karl Marx, "Thesen über Feuerbach", em: Karl Marx e Friedrich Engels, *op. cit.*, p. 533.

Dar o que não se tem: ressonâncias transculturais da cobiça?
Birgit Althans

A questão da sabedoria pareceu-me quase esquecida ao longo do tempo na filosofia ocidental e, especialmente, na história da transmissão do saber. Digo mais: não apenas essa questão foi esquecida como também foi considerada de categoria inferior, sendo relegada à margem. Isso porque, desde Platão, ocupa o centro a questão da verdade e do acúmulo de saberes, bem como sua legitimação argumentativa.

Os processos tradicionais da descoberta da verdade e da acumulação de saber — pelo menos é isso o que a história da formação sugere — parecem sempre muito mais associados ao sofrimento de uma busca torturante pela verdade e menos à fruição do conhecimento ou da experiência de sabedoria na relação pedagógica.

Sócrates e Hegel são dois filósofos sempre associados ao termo "sabedoria" ou descritos como "professores de sabedoria" pelo discurso da filosofia ocidental (ou eurocêntrica)[1]. Ambos descreviam explicitamente, em

---

[1] George Steiner, *Der Meister und seine Schüler*, München: Hanser, 2004.

suas respectivas filosofias, a figura do pensar e do ensinar — lembrada no título deste capítulo como "dar o que não se tem"[2]: em Sócrates, esse paradoxo correspondia à sua forma de ensinar e de instruir; em Hegel, era o constructo da consciência de si humana.

Dar o que não se tem descreve uma ação em execução, no momento de seu surgimento — e de seu desaparecimento. Isso, por sua vez, corresponde à perspectiva do performativo, tal como estabelecido por Austin[3] e Butler[4], no campo da filosofia, e também pelas teorias do teatro[5] e pela área da educação[6].

Desse modo, adotaremos uma perspectiva performativa em relação à transmissão de sabedoria, que começa com Sócrates e Hegel. Em seguida, abordaremos algumas experiências da filosofia antevistas por um "vivenciar e sofrer a sensação de ser estrangeiro" e um "observar e descrever o ser estrangeiro", tal qual um processo de conhecimento transcultural. Tais experiências levaram a transformações do próprio pensamento e do procedimento científico dos autores, bem como a reflexões sobre a relação entre transmissão oral de conhecimento e a forma escrita. Ao fim das contas, se acreditarmos nas palavras

---

2 Essa fórmula encontra-se no *Seminário XII* do psicanalista francês Jacques Lacan, fazendo referência à "transmissão", em seu comentário ao *Simpósio de Platão*: "Amor é dar o que não se tem a alguém que não quer nada disso" (Lacan *apud* Roudinesco, 1996, p. 380).

3 John Langshaw Austin, *Zur Theorie der Sprechakte*, Stuttgart: Reclam, 1975.

4 Judith Butler, *Das Unbehagen der Geschlechter*, Frankfurt: Suhrkamp, 1991.

5 Erika Fischer-Lichte, *Ästhetik des Performativen*, Frankfurt: Suhrkamp, 2004.

6 Christoph Wulf, Michael Göhlich e Jörg Zirfas (orgs.), *Grundlagen des Performativen: eine Einführung in die Zusammenhänge von Sprache, Macht und Handeln*, Weinheim: Juventa, 2001.

finais de Lévi-Strauss em *Tristes trópicos*[7], essas questões possibilitam experiências explícitas de sabedoria. Como tais, elas repercutiram nos contextos histórico e científico, a partir do qual Claude Lévi-Strauss[8] e Vilém Flusser[9] articularam-se. Encerraremos com uma forma popular de executar o saber prático e implícito, um "dar o que não se tem" que se esquiva da linguagem e, mesmo assim, abre "espaços coletivos de ressonância"[10] que possibilitam vivenciar a identidade cultural, a saber, o futebol.

A sabedoria enquanto "saber que nada sei" e/ou expressão da consciência plena de si em Sócrates

Sócrates (469-399 a.C.) é até hoje associado à constatação que também descreve seu método pedagógico. Em *Teeteto*[11], ele descreve a "maiêutica", a "arte de parteiras", por meio da qual ajuda seus alunos exclusivamente masculinos e suas "almas em trabalho de parto" a

> [...] conhecer de pronto se o que a alma dos jovens está na iminência de conceber é alguma quimera e falsidade ou fruto legítimo e verdadeiro [...]. Não sou sábio, não havendo um só pensamento que eu possa apresentar

---

7 Claude Lévi-Strauss, *Traurige Tropen*, Frankfurt: Suhrkamp, 2015.
8 *Ibidem*.
9 Vilém Flusser, "Brasilien oder die Suche nach dem neuen Menschen. Für eine Phänomenologie der Unterentwicklung", em: Vilém Flusser, Stefan Bollmann e Edith Flusser (orgs.), *Kommunikologie*, Mannheim: Bollmann, 1994.
10 Hartmut Rosa, *Resonanz: eine Soziologie der Weltbeziehung*, Frankfurt: Suhrkamp, 2016, p. 422.
11 Platon, *Theätet*, Stuttgart: Reclam, 2003.

como tendo sido invenção de minha alma e por ela dado à luz. Porém, os que tratam comigo, suposto que alguns no começo pareçam de todo ignorantes, com a continuação de nossa convivência, quantos a divindade favorece progridem, admiravelmente, tanto no seu próprio julgamento como no de estranhos. O que é fora de dúvida é que nunca aprenderam nada comigo; neles mesmos é que descobrem as coisas belas que põem no mundo, servindo, nisso tudo, eu e a divindade como parteira[12].

A troca de conhecimento faz-se explicitamente como algo que ninguém possui na situação de ensino-aprendizagem, mas que se realiza no diálogo, surge na verbalização, na articulação, conforme a demanda. Platão[13] a descreve como um processo de "reminiscência", um lidar com o "não conhecimento" presumido que, por sua vez, Sigmund Freud[14] e, depois, Jacques Lacan[15], no século xx, viriam a "redescobrir" como constitutivos do conhecimento e do método psicanalíticos e de seu trato com o inconsciente.

Esse momento do reconhecimento, do "saber reencontrado", é retratado em *Mênon* como choque físico, como um choque elétrico e como a "anestesia" causada por contatos inesperados com um peixe elétrico[16]. Nesse contexto,

---

12 *Ibidem*, p. 31.

13 *Ibidem*.

14 Sigmund Freud e Josef Breuer, *Studien über Hysterie*, Frankfurt: Fischer Taschenbuch, 2007.

15 Jacques Lacan, "Funktion und Feld des Sprechens und der Sprache in der Psychoanalyse", em: Norbert Haas (org.), *Schriften*, v. 1, Weinheim: Quadriga, 1991.

16 Platon, *Mênon*, Stuttgart: Reclam, 1999, p. 35.

o suposto sábio, porém, por meio das perguntas de seu professor, precisa fazer a experiência penosa de "não saber como prosseguir", de modo que sinta "o desejo de saber a resposta" — resposta esta que "ele não sabe" e que "antes se apressaria em supor que tinha razão em dizer, diante de todos e quantas vezes fosse"[17].

Sócrates pergunta a seu interlocutor Mênon, à vista do seguinte exemplo:

> *Sócrates*: Ora, você acha que ele teria tentado investigar ou aprender o que pensava saber, quando não sabia, se não fosse reduzido à perplexidade de perceber que não sabia e sentisse então o desejo de saber?
> *Mênon*: Acho que não, Sócrates.
> *Sócrates*: Então o choque foi positivo para ele?
> *Mênon*: Acho que sim.
> *Sócrates:* Agora observe como, em consequência dessa perplexidade, ele vai prosseguir e descobrir uma coisa em investigação conjunta comigo, embora eu meramente faça perguntas e não ensine. E fique atento para ver se em algum momento lhe ensino ou explico algo, em vez de questionar as suas opiniões[18].

Embora um não sapiente declarado, Sócrates é considerado pelo oráculo de Delfos "o mais sábio" de sua época. Para Böhme[19]:

---

17 *Ibidem*, pp. 31-9.
18 *Ibidem*.
19 Gernot Böhme, *Der Typ Sokrates*, Frankfurt: Suhrkamp, 1992, p. 116.

> Não existe uma teoria socrática do conhecimento (como há, por exemplo, uma ética socrática com "doutrinas" explicitamente formuladas). Em vez disso, vemos Sócrates em meio a um diálogo, examinando o conhecimento dos outros. Nessa situação, ele em momento algum contrapõe o seu conhecimento ao dos outros, mas sim o seu não saber ao suposto saber dos outros. Mas há um ponto importante na prática socrática do exame, da Elêntica: Sócrates sugere que aquele que sabe algo também deveria poder dizer o que ele sabe[20].

Ainda segundo Böhme, a prática socrática revoluciona a compreensão científica do saber, que passa de sinônimo de "ter-visto" para ser decididamente atrelado ao *logos*, à fala e ao "dizer-e-responder", em direção à sapiência. Aquele que é tido como virtuoso, valente e prudente a partir de agora precisa saber refletir e explicar o que é virtude, valentia ou prudência:

> Que o valente tenha que saber o que é valentia — é apenas a partir dessa exigência que surge uma nova forma de valentia. Só a partir daí a valentia toma a forma de sapiência. A exigência de Sócrates pelo *logon didonai* estipula uma diferença, por meio da qual futuramente serão distinguidos saber e achar, sabedoria e competência. Formas tradicionais de conhecimento, que hoje provavelmente seriam chamadas de conhecimento tácito, são desqualificadas enquanto fase preliminar de sapiência ou como sapiência "inautêntica". As virtudes

---

20 *Ibidem*, p. 118.

tradicionais parecem inocentes ou revelam o seu valor ambivalente enquanto meras técnicas[21].

Nessa escola, a filosofia torna-se o caminho que passa essencialmente — e publicamente! — pelo debate linguístico, por meio da pergunta e da argumentação racional. A apresentação escrita desse saber aparentemente oral, sob a forma de diálogo teatral, parece significante. Platão, como lembra George Steiner, começou como autor dramático[22]:

> Nos diálogos, fervilham detalhes cênicos — o banquete, a prisão, o passeio junto ao Ilissos, a ágora ou a esquina da rua. Eles encontram-se organizados em torno de entradas e saídas de cena, que são tão importantes quanto as da literatura dramática (Alcibíades, que irrompe na festa de Ágaton) [...]. A todo tempo, os diálogos são apresentados como narrativas recordadas (de modo impossível) e recordadas de segunda ou até terceira mão. Personagem A informa a C o que ouviu de B, sendo que em alguns casos ele se reporta a lembranças incompletas e a uma reprodução não verificável quanto à sua veracidade. E, principalmente, nunca ficaremos sabendo em que medida o "Sócrates" de Platão é exatamente isto: uma *figura*, um constructo poético-filosófico, cuja densidade presentificada, cuja pressão de vida sentida, é equiparável àquilo que sentimos com Falstaff, Hamlet ou Anna Karenina, ou até mesmo os supera[23].

---

21 *Ibidem*, p. 120.
22 George Steiner, *op. cit.*
23 *Ibidem*, p. 33.

Assim, o que pode ser desprendido fundamentalmente é que a personagem Sócrates, apresentada por Platão, funda a filosofia como *um caminho* para se chegar à sabedoria. O objetivo é caminhar rumo a uma unidade entre conhecimento e pessoa, e transmitir conhecimento nas relações professor-aluno, nas quais ele assume a posição do "outro" do conhecimento. No processo de formação, ele é menos o mediador ou o assistente de aprendizado: é o inspirador, o deflagrador do processo de aprendizagem que tinha sido pleiteado no século XIX por Herder[24] em seus discursos escolares. Ele se torna uma "zona de atrito"[25].

Também por parte da psicanálise, no século XX, outorga-se a Sócrates o *status* de psicanalista, a quem se atribui — assim como ao psicanalista — "o saber" — apesar de o analista, assim como Sócrates, saber que, na situação analítica, ele não sabe mais do que aquilo que, para o paciente, está oculto como seu próprio saber. Lacan[26] remete explicitamente à tradição da técnica socrática maleável da maiêutica, que a psicanálise desenvolverá de forma crítica. Nessa construção do mestre como sábio, cujo reconhecimento de não sapiente é até mesmo cobiçado pelos alunos, que aprendem a se perceberem e a refletirem como sapientes, trata-se do reconhecimento da cobiça. É o que evidencia a psicanálise e também Hegel, na busca pela verdade.

---

24 Johann Gottfried Herder, *Ideen zur Philosophie der Geschichte der Menschheit*, München: Carl Hanser, 2002.

25 Rosa Hartmut, *op. cit.*, p. 415.

26 Jacques Lacan, *op. cit.*, p. 136.

Como o sujeito pode vivenciar a sabedoria em Hegel: o paradoxo de senhor e servo como viagem de formação

Para Hegel[27], a sabedoria nada mais é do que "a satisfação completa, acompanhada da plenitude da consciência de si próprio. Basta esclarecer que o sábio não se satisfaz *apesar* de uma consciência, mas justamente *com base* nessa consciência"[28].

Também Hegel[29], em primeira linha, tenta abalar certezas e um suposto saber. Segundo Taylor[30], outro destacado intérprete de sua filosofia no século XX, Hegel, na *Fenomenologia do espírito*, tenta por um lado retraçar o abismo entre a consciência empírica individual e o absoluto; por outro, tenta também introduzir o leitor, que igualmente precisa revisitar o mesmo abismo em seu sistema e afastá-lo de seu ponto de vista (dos preconceitos da consciência normal), para, então, conduzi-lo à verdadeira ciência[31]. O termo "conduzir", nesse caso, parece ter sentido literal. A esse respeito, Taylor aponta:

> A *Fenomenologia do espírito* tenta partir de nossa consciência natural e nos conduzir de lá para a verdadeira perspectiva do *espírito*. A obra se chama fenomenologia, porque descreve como as coisas

---

27 Georg Friedrich Wilhelm Hegel, *Phänomenologie des Geistes*, Frankfurt: Suhrkamp, 1996.

28 Alexandre Kojève, *Hegel: eine Vergegenwärtigung seines Denkens. Kommentar zur Phänomenologie des Geistes,* Frankfurt: Suhrkamp, 1996, p. 11.

29 Georg Friedrich Wilhelm Hegel, *op. cit.*

30 Charles Taylor, *Hegel*, Frankfurt: Suhrkamp, 1983.

31 *Ibidem*, p. 177.

aparecem em nossa consciência e qual a constituição das formas da consciência. "Aparecer" aqui, aliás, não é comparado a "realidade"; o Absoluto, que é o mais real, é essencialmente autoaparição. A fenomenologia não é uma ciência de coisas mais insignificantes que se possa deixar para trás, mas um caminho para atingir o saber absoluto, para a "revelação" do Absoluto[32].

O caminho até o saber absoluto e o movimento dialético a ele associado da consciência de si são apresentados de forma surpreendentemente ilustrativa e forte na *Fenomenologia do espírito* por meio do paradoxo de senhor e servo[33]. Butler, seguindo o aluno de Kojève, Stanley Rosen, o interpreta como uma encenação teatral, como uma "educação dramática do sujeito hegeliano em sua jornada" e, por fim, como uma encenação da narração ilustrativa[34].

Nessa perspectiva performativa, Hegel aproveita a forma teatral do paradoxo entre senhor e servo para esclarecer que a consciência de si é um constructo cindido dentro de si, preso no movimento dialético do reconhecimento: "a consciência de si é *em si* e *para si*, na medida em que e pelo fato de que ela é em si e para si para um Outro; i.e., ela só é se for reconhecida"[35]. Isso é representado por um "movimento da consciência de si"[36], uma espécie da perda de si e do "reencontrar-se" na outra consciência de si (ficcionalmente concretizada):

---

32 *Ibidem*, p. 178.
33 Georg Friedrich Wilhelm Hegel, *op. cit.*
34 Judith Butler, *Das Unbehagen der Geschlechter*, *op. cit.*, p. 45.
35 Georg Friedrich Wilhelm Hegel, *op. cit.*, p. 145.
36 *Ibidem*, p. 146.

> Para a consciência de si, é uma outra consciência de si; ela saiu de si. Isso tem um significado dobrado: primeiro, ela se encontra enquanto um outro ser; segundo, com isso ela suspendeu o Outro, pois também não vê o Outro como ser, mas vê a si própria no Outro. Ela precisa suspender esse seu ser diferente; isto é, a suspensão do primeiro sentido duplo e, por isso mesmo, é um segundo sentido duplo; primeiro, precisa suspender o outro ser autônomo, para assim se certificar de si própria como ser; segundo, com isso ela suspende a si própria, pois esse Outro é ela própria[37].

Ela se subdivide em uma consciência que observa a si própria e em outra que é dada sensualmente. No entanto, para chegar a si, ela precisa sair de si, alienar-se de si mesma e, consequentemente, estranhar-se e consubstanciar-se nos objetos de sua cobiça.

A consciência de si, em seu movimento de reflexão, não pode se deixar absorver pela realidade estranhada de seus objetos, mas precisa ou negá-los ou destruí-los ou, em um terceiro passo, suspendê-los e interiorizá-los, para chegar a uma consciência geral refletida de si mesmo. Esse movimento de reflexão requer o reconhecimento por meio do desejo[38], que possibilitará o sair de si. Kojève parafraseia: "o desejo volta-se para um outro desejo, concebido como desejo"[39]. Butler toma a fenomenologia a partir da perspectiva

---

37 *Ibidem*.
38 "Que sempre se volta para um objeto não natural que supera a realidade e que aponta para um vazio, a presença de uma ausência". Alexandre Kojève, *op. cit.*, p. 23.
39 *Ibidem*, p. 22.

da teoria performativa como "jornada de conhecimento", que transmite aos leitores "o que não é dito expressamente, o que deve ser explorado para que determinada expressão adquira sentido"⁴⁰. Ele ainda convida seus leitores

> não apenas a testemunharem a jornada de outro agente filosófico [qualquer], mas nós mesmos somos convidados a, no palco, executarmos as mudanças de cena cruciais [...]. As cenas providenciais de Hegel, o palco da certeza de si, a luta por reconhecimento, a dialética de senhor e servo são ficções instrutivas, formas de organizar o mundo que se revelam limitadas demais para satisfazer o desejo do sujeito de descobrir a si mesmo no reconhecimento⁴¹.

Nesse entremeio, há ainda o processo de tornar-se sujeito, conquistando a consciência de si como quer Hegel, o sair de si da consciência com as experiências de alteridade a ela atreladas nos eventos de formação e de reconhecimento, o que vem a ser uma experiência sofrida. Em Hegel, a batalha por reconhecimento do desejo pelo menos é vista como "de vida ou morte"⁴². Só então experimenta-se a sabedoria: "o saber absoluto é a compreensão total do processo, em que a substância precisa vir a ser o sujeito, em que o sujeito precisa ir além de si e ser dividido, precisa se colocar em oposição ao objeto, para depois voltar a se unir consigo mesmo"⁴³.

---

40 Judith Butler, *Subjects of Desire: Hegelian Reflections in Twentieth Century France*, Nova York: Columbia University Press, 1999, p. 19.
41 *Ibidem*, pp. 20 ss.
42 Georg Friedrich Wilhelm Hegel, *op. cit.*
43 Charles Taylor, *op. cit*, p. 284.

Como ensinam os dois professores filósofos, a sabedoria surge na execução do "dar o que não se tem", como em um movimento dialético do reconhecimento mútuo — o do não saber. Claude Lévi-Strauss, ao contrário, empreendeu uma viagem em sentido literal para chegar ao seu objeto.

Claude Lévi-Strauss e o encontro com o outro: a lição de escrita nos *Tristes trópicos* a partir de uma perspectiva performativa

Claude Lévi-Strauss cresceu em um ambiente judaico-burguês na França, como filho de um artista. Esse cotidiano, marcado por arte e música, mais tarde viria a se refletir no viés estético de seus trabalhos acadêmicos. Ele estudou filosofia e direito "pelo simples fato de que essas áreas ofereciam a menor resistência aos seus pendores naturais e porque não tinha 'ideia melhor'"[44].

Na universidade, sentia-se apático "como um zumbi"[45]. Na terminologia hegeliano-kojeviana, poderia ser descrito como "ausência de desejo" — ou como uma indiferença intelectual. O desejo ainda não se volta para um outro desejo.

Simone de Beauvoir[46], que, juntamente de Lévi-Strauss e Merleau-Ponty, realizou seu estágio pedagógico probatório

---

44 Thomas Reinhardt, *Claude Lévi-Strauss zur Einführung*, Hamburg: Junius, 2008, p. 25.

45 *Ibidem*.

46 Simone de Beauvoir, *Memoiren einer Tochter aus gutem Hause*, Frankfurt: Fischer Taschenbuch, 1984.

de três semanas (previsto na França depois de concluído o curso de filosofia) diz, em suas memórias, que, ao mesmo tempo em que se sentia intimidada, divertia-se com a fleuma de Lévi-Strauss: "mas ele a utilizava com muita destreza, e eu o achava muito engraçado quando, com a expressão impassível, explicava ao nosso auditório a insensatez da paixão"[47].

Ainda mais entediado com sua atividade de professor de filosofia na província francesa, em 1935 ele aceitou o convite para se candidatar como docente de sociologia na Universidade de São Paulo e, ao mesmo tempo, ser etnólogo. No entanto, nessas pesquisas de campo, ele não se tornou um etnólogo, mas um etnógrafo literário, que, em suas expedições pelas florestas brasileiras e no encontro com grupos os mais diversos e suas culturas, percebeu que a descrição de culturas estrangeiras devia preceder sua compreensão.

Na introdução a *Tristes trópicos*[48], enquanto resume sua carreira intelectual e a formação a partir do mergulho em suas "três mestras" — as teorias do marxismo, da geologia e da psicanálise –, Lévi-Strauss detecta: "todas as três comprovaram que a verdadeira realidade nunca é aquela que se mostra de forma mais evidente; e que a natureza do verdadeiro já aparece no afã que elas empenham em se retraírem"[49].

Isso porque as culturas estrangeiras são diferentes demais, estranhas demais e selvagens demais. As coisas que elas fazem inevitavelmente só podem ser descritas na própria língua e com conceitualização própria, ambas transmitidas de geração para geração. Tal processo de conhecimento foi

---

47 *Ibidem*, p. 282.
48 Claude Lévi-Strauss, *op. cit*.
49 *Ibidem*, p. 51.

documentado de forma impressionante em *Tristes trópicos*[50].

O historiador de etnologia Thomas Reinhardt parafraseia e comenta as afirmações de Lévi-Strauss sobre si mesmo na obra:

> Os "selvagens" que procurara por tanto tempo, enfim ele os encontrou. E precisa confessar: são selvagens demais. Ele pode tocá-los, mas não compreendê-los. A comunicação esbarra na barreira da língua. Esse impasse não abala apenas a autocompreensão de Lévi-Strauss como etnólogo, mas faz oscilar todo o arcabouço epistemológico da atividade etnográfica. Pois se o estrangeiro só puder ser pensado nos termos do que é próprio, ele necessariamente será despido de sua alteridade. Nesse caso, poder-se-ia ter abdicado das dificuldades da viagem. Mas se ele, ao contrário, preservar uma alteridade radical, o pesquisador nada poderá fazer com ela e, o que é pior, nem mesmo poderá afirmar com certeza em que consiste essa estranheza[51].

Afinal — e essa é a tese deste texto, apoiada pelo paradoxo de Hegel —, Lévi-Strauss defronta-se consigo mesmo só no encontro com um outro concreto, com a consciência de si pertencente a uma cultura estrangeira. Em Lévi-Strauss[52], no entanto, isso é muito mais concreto e físico do ponto de vista imaginário do que do ponto de vista ficcional.

As fotografias dos nativos nus, apresentadas por ele em *Tristes trópicos*, mostram em parte uma corporalidade

---

50 *Ibidem*.
51 Thomas Reinhardt, *op. cit*, p. 158.
52 Claude Lévi-Strauss, *op. cit*.

de viés muito sensual. Seu desejo, que agora se volta para um outro desejo que se apresenta a ele, é reconhecido — mas aqui também se evidencia uma situação de reconhecimento completamente paradoxal, descrita na famosa "Lição de escrita" junto aos nambiquaras:

> É de imaginar que os nambiquaras não sabem escrever; tampouco desenham, com exceção de alguns pontilhados ou ziguezagues nas suas cuias. Porém [...] distribuí folhas de papel e lápis com os quais, de início, nada fizeram; depois, certo dia vi-os muito atarefados em traçar no papel linhas horizontais onduladas. Que queriam fazer, afinal? Tive que me render à evidência: escreviam ou, mais exatamente, procuravam dar a seu lápis o mesmo uso que eu, o único que então podiam conceber [...]. Para a maioria, o esforço parava por aí; mas o chefe do bando enxergava mais longe. Era provável que só ele tivesse compreendido a função da escrita. Assim, exige de mim um bloco e nos equipamos da mesma forma quando trabalhamos juntos. Não me comunica verbalmente as informações que lhe peço, mas traça no seu papel linhas sinuosas e me mostra, como se ali eu devesse ler a sua resposta. Ele próprio se deixa tapear um pouco com sua encenação; toda vez que sua mão termina uma linha, examina-a ansioso como se dela devesse surgir algum significado, e a mesma desilusão se estampa em seu rosto. Mas não a admite; e está tacitamente combinado entre nós que a sua garatuja tem um sentido que finjo decifrar; o comentário verbal segue-se quase de imediato e dispensa-me de exigir os esclarecimentos necessários. Ora, mal ele reunira todo o seu pessoal, tirou do cesto um papel coberto de linhas tortuosas que fingiu ler e nas quais procurava, com uma indecisão afetada, a lista

de objetos que eu devia dar em troca dos presentes oferecidos: a este, contra um arco e flechas, uma faca de arrasto! Ao outro, contas! Para os seus, colares... Essa encenação prolongou-se por duas horas. Que esperava ele? Enganar a si mesmo, talvez; porém, surpreender seus companheiros, convencê-los de que tinha participado na escolha das mercadorias, que obtivera a aliança com o branco e que partilhava seus segredos[53].

Embora Jacques Derrida[54] critique aqui, e com razão, que essa descrição é repleta de injunções e atribuições eurocêntricas ao lidar com a escrita, é justamente essa cena que dá o mote para a publicação de sua *Gramatologia*, que também se debruça sobre a cultura da escrita europeia ocidental.

Em suas reflexões posteriores sobre essa lição de escrita, Lévi-Strauss se conscientiza cada vez mais de sua própria proximidade de um rousseaunianismo ingênuo[55] e da própria ancoragem em sua cultura de origem e seu trato problemático da escrita:

> É uma coisa estranha, a escrita. Aparentemente parece que a sua aparição não deixaria de determinar modificações profundas nas condições de existência da humanidade; e que essas transformações deveriam ser principalmente de natureza individual. O conhecimento da escrita multiplica prodigiosamente a possibilidade dos homens de preservarem os seus

---

53 *Ibidem*, p. 280.
54 Jacques Derrida, *Grammatologie*, Frankfurt: Suhrkamp, 1983.
55 Iris Därmann, *Fremde Monde der Vernunft: die ethnologische Provokation der Philosophie*, München: Fink, 2005.

conhecimentos [...]. No entanto, nada daquilo que
sabemos da escrita e do seu papel na evolução da
humanidade justifica uma tal concepção. Concebê-la-
-íamos de boa vontade como uma memória artificial,
cujo desenvolvimento deveria ser acompanhado por
uma melhor consciência do passado, portanto,
por uma maior capacidade de organizar o presente
e o futuro[56].

Em vez disso, na documentação que Lévi-Strauss faz de suas reflexões sobre a pequena cena, parece que sua performatividade é muito mais eficaz. A comédia encenada pelo cacique parodia o evidente aspecto de poder implicado pelo trato com a escrita. O pesquisador e o representante da cultura indígena não encenam o paradoxo de senhor e escravo como "batalha de vida ou morte", mas a situação se transfere "da cabeça para os pés".

O cacique imita o pesquisador e seu manuseio das insígnias pedagógicas de seu poder (bloco de escrita e lápis, como promessa de salvação da cultura ocidental) e, assim, os apresenta quase em forma de espetáculo (*vorführen*) a seus pares, com os negócios de troca daí derivados. O cacique conspurca quase que totalmente o poder de Lévi--Strauss, na medida em que encena a lição de escrita com recursos performativos, obrigando-o à reflexão e à problematização do sentido mais profundo político-econômico e colonial da forma escrita:

> Se quisermos fazer uma correlação entre o surgimento
> da escrita e certos traços da civilização, teremos que

---

56 Claude Lévi-Strauss, *op. cit.*, p. 293.

procurar em outra direção. O único fenômeno que sempre a acompanhou é a formação de cidades e impérios, isto é, a integração num sistema político de um número considerável de indivíduos e a sua hierarquização em castas e em classes. Essa é, em todo caso, a evolução típica à qual se assiste desde o Egito até a China, quando a escrita surge: ela parece favorecer a exploração dos homens, antes da iluminação de seus espíritos [...]. Se minha hipótese for exata, é necessário admitir que a função primária da comunicação escrita é a de facilitar a escravidão. O emprego da escrita para fins desinteressados, com vista a extrair dela satisfações intelectuais e estéticas, é um resultado secundário, se é que não se reduz, na maior parte das vezes, a um meio de reforçar, justificar ou de dissimular a outra[57].

No decorrer de sua carreira, Lévi-Strauss, com base nessa pesquisa de campo, não desenvolveu apenas uma simples crítica da cultura, mas formou um método, que é a antropologia estrutural. Ele intentou comprovar sua tese básica de que "os processos fundamentais do pensamento, no final das contas, são os mesmos em todas as culturas[58]". No entanto, termina os *Tristes trópicos* com uma sentença de sabedoria, de formulação poética — como ressonância de seu encontro com o outro:

Assim que o arco-íris das culturas humanas tiver
acabado de afundar-se no vazio cavado pelo nosso furor;

---

57 *Ibidem*, p. 294.
58 Thomas Reinhardt, *op. cit,* p. 11.

enquanto estivermos presentes e existir um mundo —
esse arco ténue que nos une ao inacessível permanecerá:
mostrando a via inversa à da nossa escravidão e da qual,
na falta de a percorrermos, a contemplação proporciona
ao homem o único favor que ele sabe merecer: suspender
a marcha, reter o impulso que o obriga a tapar, uma após
a outra, as fendas abertas no muro da necessidade e a
concluir a sua obra, ao mesmo tempo que abandona a
sua prisão; esse favor que toda a sociedade ambiciona,
quaisquer que sejam as suas crenças, o seu regime
político e o seu nível de civilização; onde ela situa o seu
ócio, o seu prazer, repouso e liberdade; oportunidade
fundamental para a vida, de se desligar, e que consiste —
adeus, selvagens! adeus, viagens! —, durante os breves
intervalos em que a nossa espécie suporta interromper
a sua faina de colmeia, em captar a essência do que ela
foi e continua a ser, aquém do pensamento e além da
sociedade: na contemplação de um mineral mais belo
que todas as nossas obras; no perfume mais sábio que
os nossos livros, respirado no âmago de um lírio; ou no
piscar de olhos, cheio de paciência, serenidade e perdão
recíproco que um entendimento involuntário permite,
por vezes, trocar com um gato[59].

Lévi-Strauss encontrou seu objeto científico e, em última instância, a contemplação — e, por que não dizer, encontrou também a sabedoria, ao buscar a cultura estrangeira em uma moldura teatral e paródística. O filósofo judeu Vilém Flusser, que o sucedeu cronologicamente no Brasil, agiu de forma totalmente diferente: ele foi transformador.

59 Claude Lévi-Strauss, *op. cit.*, pp. 412 ss.

Vilém Flusser: performatividade da alteridade e produtividade da *Bodenlosigkeit*. Uma outra teoria da migração

O filósofo e estudioso das mídias Vilém Flusser, que, na sequência direta da temporada brasileira de Lévi-Strauss (1935-1939), viveu no Brasil por trinta anos, também em São Paulo, seguiu outra linha ao se debruçar sobre a questão das diferentes culturas do Brasil. Ele trazia consigo sua alteridade enquanto migrante judeu traumatizado.

A coletânea *A terceira margem*[60] reconstrói, a partir de uma perspectiva interdisciplinar, as teorias de Flusser, mostrando como suas ideias sobre mídia e sua inédita cofundação da ciência da cultura tomam forma desde Praga e ainda se delineiam em seus estudos sobre o Brasil. Para Flusser, quando se nasce como judeu em Praga, é-se um estrangeiro, mas também um privilegiado, um cosmopolita, "um internacionalista nato (e não ideológico), pois se sentia na própria existência o ridículo que era fazer distinções claras entre os povos"[61].

Seligmann-Silva[62], que analisou a transferência das experiências praguenses de Flusser para o desenvolvimento de sua teoria no Brasil, mais especificamente com

---

60 Vilém Flusser, "Brasilien oder die Suche nach dem neuen Menschen. Für eine Phänomenologie der Unterentwicklung", em: Susanne Klengel e Holger Siever (orgs.), *Das dritte Ufer: Vilém Flusser und Brasilien. Kontexte — Migration — Übersetzungen*, Würzburg: Königshausen & Neumann, 2009.

61 *Idem, Bodenlos: eine philosophische Autobiographie*, Frankfurt: Fischer Taschenbuch, 1999, p. 16.

62 Márcio Seligmann-Silva, "Brücken bauen aus der Heimat heraus. Vilém Flusser und die Spuren seines Exils", em: Susanne Klengel e Holger Siever (orgs.), *op. cit.*, pp. 21-38.

a transferência das experiências praguenses na obra *Brasil ou a busca do novo homem: por uma fenomenologia do subdesenvolvimento*[63], reconstrói especificamente a prática de Flusser da rearticulação:

> Flusser toma como elogio as palavras derrisórias dirigidas contra os judeus como "heimatlos" e "cosmopolita". Indica-se assim que eles não teriam raízes. Na verdade, ser fiel às raízes, para ele, significa superar (*überwinden*) as suas idiossincrasias. Isto significa dizer, o que Flusser de fato faz em certos momentos, que o ser humano não é uma planta. Nosso estar no mundo é marcado pelo fluxo — pelo *Fließen* — e não por sermos seres estáticos plantados em culturas estáticas. Daí a admiração de Flusser pela cultura judaica em ambientes multilíngues e multiculturais como a Praga de antes da guerra e a Alexandria da era helênica. Daí também a sua concepção do judaísmo como uma ponte que não apenas liga culturas, mas também as conecta com a tradição[64].

Em seu teorema da *Bodenlosigkeit*, Flusser transforma um conceito negativo existente já desde o início do século XIX em positivo. O historiador Nicolas Berg[65] resume as diversas associações negativas e aterrorizantes da "existência dos seres do ar" (*Luftmenschentum*):

---

63 Vilém Flusser, "Brasilien oder die Suche nach dem neuen Menschen. Für eine Phänomenalogie der Unterentwicklung", em Susanne Klengel e Holger Siever (orgs.), *op. cit.*

64 Márcio Seligmann-Silva, *op. cit.*, p. 24.

65 Nicolas Berg, *Luftmenschen: zur Geschichte einer Metapher*, Göttingen: Vandenhoeck & Ruprecht, 2008.

> Falta de laços, desorientação, insegurança, falta de
> chão firme e solo, assim como a perda da pátria, são os
> campos essenciais de suas determinações associativas
> [...]. Concepções que se tinha de intelectuais ou,
> daí derivadas, de mente e intelecto em geral (em
> oposição a corpo e trabalho físico), assim como do
> estar a caminho e da migração (em oposição a pátria
> e "enraizamento") ou ainda, mais tarde, no contexto da
> história da medicina por volta de 1900, do nervosismo
> e da fraqueza dos nervos (em oposição a músculos e
> força) [...]. A caracterização da existência judaica por
> volta da virada do século como "existência de seres do
> ar" ou como "povo do ar", assim, tem como seu menor
> denominador comum o fato de que aqui foi encontrado
> um termo que considerava a experiência histórica de
> judeus e sua cultura como geralmente "antinatural",
> numa semântica negativa que evidencia a carga da
> percepção da época[66].

Por parte dos artistas e intelectuais judeus, as conotações negativas associadas ao termo "pessoas do ar" foram retomadas no início do século xx e aplicadas de forma positiva à produção estética judaica na arte. Por exemplo, os animais e moradores do vilarejo que tocam instrumentos, ambos flutuando, sem a força da gravidade, nas obras de Marc Chagall, ou, ainda, na literatura:

> O discurso judaico da modernidade remonta a
> uma rica tradição, justamente no que tange a sua
> autocompreensão textual; ela quase que se impunha

---

[66] *Ibidem*, p. 22.

como ideia do "povo do livro" e da Bíblia como a "pátria anotada" (Heinrich Heine), mesmo para aqueles que não defendiam mais essa tradição religiosamente, mas a reformulavam em teorias da cultura. Em 1912, Moritz Goldstein queria dizer exatamente isso quando falava do contexto do "caráter nacional espiritual" do judaísmo, que ele via fundado sobre a tradição do texto. Uma vez que judeus "não têm chão", em que "estariam fincadas as raízes", e também "nenhum torrão de terra, cujo aroma trazem consigo", eles estariam ligados a todos através do livro, algo irreal, puramente espiritual, "meros símbolos e signos!"[67]

Como ex-praguense, Flusser retoma a obra literária de Franz Kafka, a quem descreve como "construtor de pontes impossíveis". Voltemos a Seligmann-Silva[68], que parafraseia a interpretação de Kafka feita por Flusser:

> Nele percebemos a "posição flutuante e duvidosa do praguense com relação à sua 'nacionalidade'" [...], que se explicita, sobretudo, nos momentos em que esta cidade foi ocupada. O triângulo cultural entre o alemão, o tcheco e o judeu ditava a característica desta cidade como campo de passagem entre fronteiras. Kafka também transitava, como Praga, entre o gótico e o barroco, entre o Ocidente e o Oriente europeus, e sua língua era simplesmente "o próprio alemão praguense" [...]. Ele [Flusser] recorda que Praga, que era a unidade destes mundos e sobretudo destas três culturas,

---

67 *Ibidem*, p. 50.
68 Márcio Seligmann-Silva, *op. cit.*

tornou-se inteiramente outra com a eliminação dos seus judeus [...]. O "pontífice" Kafka teria conseguido ainda congelar e passar adiante, nas imagens de sua obra, uma cultura que foi extinta. As metamorfoses que ele narrou, aprendemos poucos anos após a sua morte, eram antevisões de metamorfoses muito mais terroríficas do que ele pudera imaginar[69].

Uma forma de construir pontes, para Flusser, era a tradução. Seligmann-Silva[70] destaca que, para ele, isso era muito mais do que a transição entre diferentes idiomas, pois tratava-se de uma transferência entre discurso imagético e verbal, música e outras linguagens. Traduzir, para ele, não significava vivenciar um processo apenas intelectual, mas também físico; era a metáfora de um movimento:

> Ser "judeu" para ele significava encarnar esta tarefa pontifical de "oscilar" (*Schweben*, como diriam Friedrich Schlegel e Novalis) e transitar entre universos. Sua *Bodenlosigkeit* (falta de chão, de terra e de fundamento) abria-lhe a perspectiva de ser um nômade entre as diversas línguas e linguagens. Ao mesmo tempo de sua "ponte" ele via que as disciplinas, nações e linguagens específicas são nômades e vivem de uma constante crise e de um fluxo que põe em questão as suas identidades, como o próprio indivíduo deve ser visto como um tal fluir. Ele tinha como projeto que toda a humanidade pudesse se tornar *Bodenlos* e praticar o pontificado[71].

---

69 *Ibidem*, p. 22.
70 *Ibidem*.
71 *Ibidem*, p. 25.

Flusser transformou essa perspectiva sobre a multiplicidade cultural brasileira e a descreveu na obra *Brasil ou a busca do novo homem: por uma fenomenologia do subdesenvolvimento* como estranhada ou *bodenlos* (sem chão)[72]. Grandes partes da população, especialmente os brasileiros que vivem no campo, viviam quase sem história. A população das cidades, ainda segundo Flusser, era composta em primeira linha por uma "massa quase amorfa de proletários"[73], geralmente ex-moradores do campo e seus descendentes. Joachim Michael[74] parafraseia a "busca pelo novo homem" de Flusser como uma crítica à sociedade ocidental pós-fordista:

> Na Europa e na América do Norte, o homem se estranhou radicalmente de si e de sua realidade e se perdeu diante de um aparato/aparelho industrial, administrativo e cultural. O *status* de sujeito passou do homem para o aparato/aparelho, e o homem passa a se enxergar como peça de uma máquina que ele não controla. Ele se transformou em um funcionário, que existe em função das máquinas. O "brasileiro", por sua vez, não se perdeu, uma vez que nunca se encontrou. Ele não ficou para trás na história — ele nunca esteve na história. Nunca teve raízes, nunca teve chão firme sob os pés, nunca foi senhor de si. Ele flutua como um

---

[72] Vilém Flusser, "Brasilien oder die Suche nach dem neuen Menschen. Für eine Phänomenologie der Unterentwicklung", em: Susanne Klengel e Holger Siever (orgs.), *op. cit.*

[73] *Ibidem*, p. 19.

[74] Joachim Michael, "Brasilianische Erfahrungen? Flussers Vision eines nicht-alphabetischen Zeitalters", em: Susanne Klengel e Holger Siever (orgs.), *op. cit.*, pp. 131-44.

"grão de areia no ar empesteado". Alienação significa subtrair de algo ou alguém aquilo que representa a sua principal realidade. Mas em relação a que os brasileiros se alienaram? Ou: como eles nunca tiveram uma realidade "própria", o parâmetro — a realidade histórica — é eurocêntrico. Se essa realidade referencial desaparece, sem dúvida restará a miséria, mas também se abre a vista para o novo, o inesperado, que reside além do "pensamento ocidental". Em outras palavras, Flusser não se detém na questão da perda do verdadeiro ser, mas se debruça sobre a profunda alteridade do Brasil[75].

Entre outras coisas, Flusser via no futebol brasileiro uma forma estética capaz de gerar uma realidade própria, produtora de sentido. A esse respeito, novamente Michael:

> No Brasil, a realidade se encontra onde se produz sentido. Isso abala o pensamento histórico e as categorias "ocidentais", que se mostram insuficientes para pensar o Brasil. O futebol não aliena o "proletário brasileiro", pelo contrário; no futebol ele supera a sua profunda alienação, na medida em que nesse jogo ele erige um mundo com sentido[76].

Para Flusser, o futebol brasileiro, ao que parece, representa uma materialidade performativa própria, uma nova *Bodenlosigkeit* produtiva. Ela também é encenada e colocada na moldura teatral do jogo bonito nas grandes arenas

---

75 *Ibidem*, p. 140.
76 *Ibidem*.

e pode facilmente ser descrita a partir de uma perspectiva da teoria da performatividade como "dar o que não se tem".

O futebol brasileiro e a sabedoria do reconhecimento

Não apenas Flusser mostrou-se entusiasmado com a "graça, elegância e cultura vital" do futebol brasileiro[77], também Pier Paolo Pasolini[78] o descreveu como "poético", em oposição ao "prosaico" futebol europeu.

Por um lado, em seu país natal, a Inglaterra, o futebol representava uma forma básica de exercício de violência com outros meios — segundo Gumbrecht[79], uma possibilidade de "ocupar e bloquear espaços com corpos"; e, por outro lado, por volta de meados do século XIX, ele inventou um sistema de regras que possibilitava à Inglaterra, marcada pelas diferenças de classes, que times de Eton ou Harrow pudessem jogar contra associações de operários com as mesmas regras[80].

---

77 Vilém Flusser, "Brasilien oder die Suche nach dem neuen Menschen. Für eine Phänomenologie der Unterentwicklung", em: Susanne Klengel e Holger Siever (orgs.), *op. cit.*

78 Hans Ulrich Gumbrecht, Willi Bolle, Flávio Aguiar, Antonio Medina e José Miguel Wisnik, "Estética do futebol: Brasil vs. Alemanha", *Pandaemonium Germanicum*, São Paulo: nov. 1998, n. 2, pp. 67-104.

79 *Ibidem*.

80 Gunter Gebauer, *Poetik des Fußbals*, Frankfurt: Campus, 2006; *Idem*, *Das Leben in 90 Minuten: eine Philosophie des Fußballs*, München: Pantheon, 2016; Klaus Zeyringer, *Fußball: eine Kulturgeschichte*, Frankfurt: Fischer Taschenbuch, 2014.

Em 1894, aportaram no Brasil, mais especificamente em São Paulo, as primeiras duas bolas de futebol feitas de couro, trazidas por um jovem britânico chamado Charles Miller, que ali inicialmente estabeleceu o jogo na classe alta. Migrantes alemães também jogavam, e surgiam clubes de futebol separados pela cor da pele nesse primeiro momento.

Uma das primeiras estrelas dos primórdios do futebol brasileiro foi o mulato Arthur Friedenreich, nascido em 1892 como filho de um comerciante de origem alemã e de uma "lavadeira negra" em um bairro de São Paulo, onde cresceu. Durante seu período na seleção, ele era chamado "Fried".

Até 1921, era socialmente desejável ver o futebol brasileiro como sendo "branco"[81]. Os jogadores mulatos maquiavam-se com pó de arroz. Friedenreich, por exemplo, utilizava brilhantina ou uma rede para esconder seus cabelos crespos. Um dos mitos do futebol brasileiro era que os opositores de Friedenreich, no início de sua carreira, viam como afronta serem driblados por ele. Como naquela época as faltas cometidas contra jogadores negros não eram consideradas infrações, era em nome da saúde do jogo que se driblava da forma mais eficiente possível: "resta a tese de que a predileção brasileira pelo drible era uma reação emergencial contra o racismo; o improviso habilidoso inicialmente servia como autoproteção[82].

No entanto, há também outras explicações para o jogo bonito brasileiro e sua associação à leveza e à *Bodenlosigkeit*. Gebauer[83] descreve o futebol como uma inversão das conquistas da evolução: não se joga com as mãos,

---

[81] Klaus Zeyringer, *op. cit.*
[82] *Ibidem*, p. 136.
[83] Gunter Gebauer, *Poetik des Fußballs, op. cit.*

cuja habilidade foi desenvolvida durante tanto tempo, mas com os pés, que tendem a ser menos habilidosos. Junte-se a isso a ambivalência do objeto redondo bola, a garantia do acaso da alegria do futebol e

> [...] também os outros jogos com bola fortalecem os jogadores diante do acaso, os equipam com bastões, autorizam a utilização das mãos, limitam as ações dos opositores, tecem redes, criam cestas altas que servem de objetivos. A bola de futebol, por sua vez, pode ser batida inúmeras vezes, seu objetivo é um enorme portão aberto, sua forma redonda perfeita e sua plenitude cheia a transformam em um inimigo ardiloso e cheio de caprichos. Mas quando ela finalmente encontra o seu mestre, ela se torna mais um jogador, mais do que em qualquer outro jogo. Ela se subjuga, ela corre ao lado de seu dono, em qualquer velocidade, deixa-se manipular, solícita, e se torna a melhor aliada, com a qual se penetra no gol do adversário. Mas a sua cumplicidade é oscilante, nunca é duradoura — ao menor movimento em falso, ela corre para o lado do adversário. Você joga com a bola e a bola brinca com todos[84].

Teríamos aqui novamente uma re-encenação do paradoxo senhor e servo? Uma outra explicação para a qualidade especial do domínio de bola brasileiro, formulada igualmente a partir de uma perspectiva eurocêntrica, explica a relação entre a bola e o jogador em analogia à relação entre os sexos:

---

84 *Ibidem*, p. 36.

Em português, a palavra bola é feminina. Jogadores brasileiros falam da bola como falam da mulher amada: "a bola de couro nunca chutou a minha canela, nunca me traiu", disse o ex-jogador da seleção Nilton Santos. Seu colega Didi expande a comparação: "eu sempre fui atencioso com a bola. Porque se não faço isso, ela se rebela. Mas eu sempre fui o senhor e ela obedecia: às vezes, ela vinha até mim e eu dizia: Ei! Minha garota! Eu era mais cuidadoso com ela do que com a minha mulher. Eu tinha profunda afeição por ela: justamente porque ela pode ser dura. Se você a maltrata, ela te quebra a perna"[85].

O músico e homem de letras José Miguel Wisnik adota decididamente o enfoque intercultural, quando descreve o futebol como equilíbrio instável entre "sinais de dureza excessiva e perspectiva de beleza":

> Enquanto a dureza excessiva dificulta e impede o jogo, a grande beleza o torna algo memorável e inesquecível [...]. Em meio às modalidades esportivas de equipe, ele ocupa uma posição especial, na medida em que o seu decurso é fluido e quantificável, sendo mais receptivo para a expressão de diferenças culturais e, dessa forma, sendo mais "multicultural" que outras modalidades esportivas modernas. Ao mesmo tempo, ele reside em um sistema de regras universalmente compreensível, transparente e transcultural, que oferece espaço a uma lógica multifacetada, que se torna eficaz de forma polêmica, polissêmica e internamente articulada. Assim, ele pôde

---

85 *Ibidem*, pp. 40 ss.

se desenvolver até se transformar em uma linguagem comunitária não verbal do mundo atual[86].

O futebol brasileiro, segundo Wisnik, adotou o cerimonial e ritual estabelecido na Inglaterra, o festejo extático do jogo por espectadores e jogadores. Nos anos 1950 e 1960, porém, o modo de jogá-lo mudou de forma fundamental: mudaram o ritmo, jogavam com o retardamento do jogo que era

> mistura de um aparente "tomar-o-tempo-necessário" livre de qualquer objetivo e passes repentinos e rápidos, a desistência elíptica do objetivo do jogo, o júbilo frenético dos fãs. Até mesmo o nome "Fla-Flu" sinaliza, como síntese sonora, a rivalidade relaxada e festiva, sendo que a contraposição se alimenta do mesmo ímpeto e da mesma respiração; e a violência, quando surge, se transforma em parte integrante do jogo de futebol[87].

Diante da capitalização do futebol e da venda das estrelas brasileiras para os grandes times europeus, perguntamo-nos se o processo da incorporação do outro não voltou a correr na outra direção. Wisnik[88] reclama que a qualidade do jogo brasileiro se transformou devido à pressão de origem econômica e institucional.

Diante da semifinal dramática entre Brasil e Alemanha na Copa do Mundo de 2014 ocorrida no Brasil, que terminou

---

86 José Miguel Wisnik, "Fußball in Brasilien. Lebenskunst und Lebensfreude im synkopischen Rhythmus des Spiels", *Lettre International 105*, Berlin: 2014, p. 7.
87 *Ibidem*.
88 *Ibidem*.

com um 7×1 surpreendente para todos os envolvidos, o que se viu, porém, foi algo totalmente diferente. Apesar do choque diante dessa derrota tão fragorosa e nunca antes experimentada, grandes parcelas de brasileiros festejaram o time alemão e o apoiaram na final. Foi esse arrebatador gesto coletivo de reconhecimento — hegelianamente poderíamos falar do outro desejo, concebido como desejo — que comoveu profundamente o treinador alemão, como voltou a afirmar em entrevista no verão de 2015. Para mim, ele é expressão de sabedoria — na alegria como na desgraça.

Sofrer para imergir na profundeza da alma
Waldemar Magaldi Filho

Muitas vezes ouvimos que a dor é inevitável e o sofrimento é opcional. Nossa cultura, cada vez mais materialista, nega constantemente a dimensão anímica e espiritual do universo e entende que a dor, por ser física, é inevitável — mas, para ela, temos os analgésicos. O sofrimento, porém, é da alma e é melhor que não ocorra, porque, na realidade, nada pode aliviá-lo de fato. Sua origem é a angústia diante do mistério da vida, na maioria das vezes acrescida da falta de significado existencial. Ainda assim, a frase parece posicionar o indivíduo saudável como aquele que consegue negar, controlar ou evitar o sofrimento.

Isso me deixa muito incomodado. Entendo que precisamos sofrer, na condição do sujeito que vivencia experiências e afetos, para evoluirmos, indo ao encontro da nossa dimensão sombria e acessando nossa alma e nosso *daímôn*, ou seja, a centelha divina que nos impulsiona para a salvação, a iluminação ou, junguianamente falando, a individuação. No entanto, por estarmos condicionados a ir apenas nas direções do que está na frente, acima e para fora, cultuando as deusas da razão e da matéria, em uma busca empreendida pelo prazer quantitativo e efêmero, o sofrimento virou patologia e, na maioria das vezes, é diagnosticado como depressão ou melancolia.

Aprendemos a negar a angústia e, com isso, a criatividade genuína. Valorizamos as anestesias, os analgésicos, os ansiolíticos e os antidepressivos, além das miríades de substâncias psicoativas, lícitas ou ilícitas. Não percorremos, assim, a descida aos infernos, imergindo na profundeza da alma, apesar do sofrimento do ego infringido pelo *self*, ou si mesmo. Isso porque não cumprimos a verdadeira jornada do herói na direção dele, tão temível na contemporaneidade, na forma de arquétipo central, para a qual é necessário irmos para trás, para baixo e para dentro.

Isso equivale a vivenciar a angústia, sentimento que assegura nossa condição humana, responsável por toda criatividade evolutiva. O problema é que nossa cultura materialista decidiu que, para a dor, devemos usar analgésicos e, para a angústia, antidepressivos e, com isso, nós nos desumanizamos e, infelizmente, perdemos a capacidade ética.

De fato, sofrer é uma opção para os corajosos, que enfrentam as adversidades, na maioria das vezes de forma voluntária, para resgatarem a dimensão anímica e espiritual. Coragem, ressaltemos, é a ação do coração, daquele que ainda preserva o fogo sagrado do si mesmo e que não sucumbiu aos reinos do simulacro e da plastificação isonômica da atual normose coletiva, que valoriza as relações efêmeras e o "amor" sintético.

Infelizmente, a maioria dos seres humanos ainda vive apenas em função do instinto e da consciência de primeira ordem, em busca do acúmulo generalizado, inclusive de informação, e age de acordo com os mecanismos mimetizados, ou aprendidos, para garantirem a biossobrevivência.

Tais instintos estão sempre sob o domínio dos impulsos dos princípios de prazer imediatos das fases oral, anal ou genital, sugeridas por Freud, agindo em função da fome, da segurança territorial e do sexo. Ainda, na atualidade, para que esses impulsos sejam saciados, o acúmulo tornou-se fundamental, pois, sem posses, as pessoas ficam aterrorizadas e totalmente inseguras.

Ao se atrelar ao mecanismo do consumo, que de tudo e de todos se alimenta, e ao vivenciar a ilusão do poder e do controle para afugentar o medo da morte e da conscientização de viver sem sentido, a grande massa humana coloca seu próprio planeta em risco de extinção. Estamos no final do primeiro quinto do século xix e cientes de que habitamos um planeta minúsculo, que gravita em torno de uma estrela anã e finita, dentre as 100 bilhões de estrelas que formam nossa galáxia, ocupando este universo com mais 200 milhões de outras galáxias.

Essas informações nos deixam divididos entre sermos resultante de uma obra divina com propósito finalista ou meros frutos de um acaso evolutivo, mesmo acreditando que, das mais de 30 milhões de espécies vivas em nosso planeta — apesar de apenas oito milhões catalogadas —, somos a mais complexa e aprimorada, "partilhando" e consumindo esse espaço com mais oito bilhões de habitantes humanos. Por outro lado, saber de tudo isso também gera desconforto e angústia, porque esse tipo de conhecimento nos remete tanto para nossa finitude quanto para nossa condição ínfima. Vivenciamos o mistério da vida em uma sociedade materialista causal, que valoriza o acúmulo quantitativo para ter a sensação de poder e lucro cada vez mais rápidos e, principalmente, para manter a roda capitalista girando em torno do consumo, da dívida e do trabalho. Obviamente, essa angústia não é bem-vinda, e tentamos negá-la de todas as formas.

Somos condicionados a buscar mais informação, para mantermos a ilusão de controlar o incontrolável, fazendo muito barulho interno e externo. Há muita agitação, pouca intimidade e mais fogos de artifício, por meio de uma exposição sem sentido e efêmera, que produz mais turbulência mental, pressa, ansiedade, efemeridades e incapacidade de vínculos, ao valorizar apenas a aparência fugaz, característica da era das redes sociais.

Vários são os autores que denominam nossa época como a do amor líquido, da *extimidade* e da sociedade do espetáculo. Há pouco tempo, utilizei o termo "era do plástico" para falar de um espaço no qual tudo e todos ficam impermeáveis, inertes e descartáveis, impossibilitados de realizar trocas e, consequentemente, de cumprir com o sentido e o propósito da vida — que, em minha opinião, deveria ser o de servir, amando amar o amor. No entanto, cumprir esse propósito dói, assusta e angustia.

Quem destoa da normose patológica incomoda e atrapalha o aparelho alienante, de modo que nosso sistema de ensino, voltado para o externo, deforma os alunos, os interdita e até pune sua criatividade genuína (muitas vezes inclusive com a prescrição de remédios psicoativos, como a Ritalina®). Ao fazer isso, esse sistema recrimina a capacidade de duvidar, impede a ousadia e a produção artística, rouba a alegria e a diversão do aprender e transformar, além de evitar que a espontaneidade da nossa essência se manifeste. Somos, assim, treinados a usar nossa memória como depósito de informações e, para não perdê-las, não podemos refletir, sentir, pensar ou intuir; precisamos, sim, acumular diplomas para falar de assuntos lógicos — mas não sabemos nada de nós mesmos.

Esse tipo de escola forma uma legião de *puer aeternus*, que são seres egoístas que não toleram a frustração e vivem apenas em busca do prazer imediato. No transcorrer da vida, muitos deles ainda se tornam *trickster*, vitimando e vitimados, por transgredirem o sistema legal. Em um final estéril e enantiodrômico, é a depressão que aguarda essa massa de *puer/trickster*. Quando a loucura não se apresenta, o *puer/trickster* passa a *senix*, um velho decrépito, ranzinza e egoísta, totalmente apegado ao território e à manutenção do acúmulo. É intolerante e radical. Esses eternos adolescentes não têm continente para receber e armazenar conteúdos anímicos; vivem apenas pelo hedonismo do agora e são cada vez mais ávidos para preencherem o vazio — que jamais será preenchido.

Viver o mistério, o encanto, o lúdico do cotidiano, transformando o ordinário em uma aventura extraordinária, com humor e alegria, é a verdadeira arte, que só aqueles que estão a serviço da alma conseguem realizar. Os outros — infelizmente a maioria comum — perderam o romantismo do viver e ficam aprisionados na miserabilidade egoísta do ego, assumindo a condição de coitados desgraçados, brigando pelas certezas, pela normalidade, pela eterna juventude e pela preservação do território, que é finito e ilusório.

O unilateral, o literal, o controle e a segurança não são mais que ilusões do ego, e são eles que produzem as verdadeiras patologias. Apesar disso, não podemos abrir mão das utopias. Temos que persistir sonhando com a realização dos nossos ideais de individuação e, consequentemente, com um mundo menos desigual. Para tal, é necessário aceitar o envelhecimento, bem como a finitude como meta e realização da alma.

Aprender a sabedoria da alma, com o propósito de atingir nossa meta de união com o absoluto, configura quase um crime. Nesse estado, teremos impulsos de amar e servir, e isso é ruim para o sistema alienante de consumo, acúmulo, dívidas e trabalho sem sentido e significado. Ao contrário, o que desejamos é saber como conter as emoções e, com isso, ficamos cada vez mais neuróticos, consumimos toda sorte de substâncias psicoativas com intuito de aliviar a angústia e esperamos a morte chegar.

Para romper esse ciclo, é necessária uma crise que produza a metanoia: a mudança de paradigmas, que possibilite o desapego e o cuidado, com resgate da intimidade e do amor, como instrumentos arquétipos em desuso na atualidade.

Escândalos — do grego *skandalon*, obstáculos e empecilhos — estão associados ao mal e suscitam crimes, golpes, latrocínios, homicídios, suicídios, guerras, discórdias, prostituição, traições, invejas, enfim, toda sorte de tragédia, angústia e caos, que constitui a frágil e aflitiva condição humana. A pedra de tropeço, que significa manquejar, designa o obstáculo, que repele para atrair e que atrai para repelir. Não podemos topar com essa pedra uma primeira vez sem voltar sempre a topar com ela, pois o acidente inicial e depois os seguintes a tornam sempre mais fascinantes. Da mesma forma, o pecado — a *hamartia* — também contextualiza a falta e a perda do alvo, representado pelo *daímôn* ou pelo chamado vocacional da existência. Por isso, o sofrimento do sacrificado pode representar um processo de lapidação ou de queda, que significa, simbolicamente, a tomada de consciência e o aperfeiçoamento. Ele também pode permitir o restabelecimento da ordem.

É na crise que se baseia toda a evolução humana. Apesar de gerar sentimentos de violência e de violação, ela é a possibilidade de tomada de consciência e de evolução criativa. A crise é responsável por tirar violentamente o indivíduo de sua rotina profana, desviá-lo de uma vida sem sentido e pode levá-lo, pela necessidade de superá-la, a uma dimensão sagrada e de sabedoria.

A superação de situações de conflito pode transformar o sagrado imanente e inconsciente em transcendente e consciente. Para isso, precisamos conhecer o caminho e o *daímôn*, para evitar o trágico (que equivale a trafegar sem destino, o pecado), a perda do alvo ou do propósito, e o desastre (a desconexão com os astros e, consequentemente, o escândalo ou tropeço) — ainda que todas essas ocorrências traumáticas e dramáticas sejam bem-vindas, porque possibilitam o realinhamento com o processo de individuação proposto por Jung. Tal chamado imanente valida a frase: se não for por amor, será pela dor!

Todas as manifestações mórbidas, incluindo o trágico e o desastroso, nas esferas psíquicas, físicas, familiares, laborais, sociais, espirituais ou ecológicas, podem ser grandes possibilidades de tomada de consciência. Vivemos uma época de dissociação, na qual todos os sistemas parecem ruir e prenunciar uma mudança de paradigma para esse atual sistema egoísta, consumista e cumulativo. É por esse motivo que fenômenos climáticos, biológicos e geológicos se mostram cada vez mais exuberantes e violentos. Como nada é por acaso, esse cenário pode ser compreendido como o estímulo para a queda e a consequente tomada de consciência da humanidade[1].

Sua atitude foi de extrema violência contra a competição, por meio da violência física, e produziu enorme violência psíquica em seus oponentes, a ponto de possibilitar neles o surgimento da metanoia. Tal mudança de atitude diante da brutalidade da invasão territorialista e do abuso de poder

---

1 É interessante refletirmos que a atitude de não violência, a *ahimsa*, adotada por Mahatma Gandhi (1869-1948), na realidade foi muito violenta, ao transgredir o atual modelo da Lei de Talião.

eliminou os condicionamentos e automatismos alienantes, e deu oportunidade para a tomada de consciência, em busca de sentido e significado para as ações — e para a vida.

Nesse sentido, afirmo que o sábio é aquele indivíduo capacitado a produzir crises, no sentido de estimular tanto o autocentrismo quanto o altruísmo, possibilitando mortes simbólicas e mudanças de crenças na direção da expansão do autoconhecimento. O sábio faz com que o tempo de Cronos inclua o tempo de Kairós. Ele não pode ser sempre tolerante, porque, ao tolerar o intolerante, pode retroalimentá-lo. Ao invés de agir da mesma forma que o doentio, o sábio provoca a crise da enantiodromia, com serenidade para reconhecer que, em alguns momentos, o não agir é uma forma de agir, assim como o não falar também é uma espécie de fala, que pode dizer muito mais do que milhares de palavras ou ações.

Utilizando tais instrumentos de forma consciente e consequente, o sábio intenta produzir o desconforto e a transformação evolutiva do outro, valendo-se heroicamente de *Areté* e *Timé*, que lhe conferem honra, coragem e valor.

Apesar de todo o avanço que o racionalismo propiciou, a alma ainda é uma seara desconhecida. Construímos e equipamos a casa exterior, que só nos é útil nessa existência, mas deixamos de investir na casa interior, morada perene de todas as existências.

Um indivíduo verdadeiramente culto reconhece sua alma, bem como a alma das coisas, e apresenta-se como um ser reflexivo, sensível e profundo. Se nossa sociedade fosse menos "pré-ocupada" com o processo civilizatório, seria um povo mais culto e sábio, pronto para desempenhar seu ofício, que é sacrificial, no sentido de servir a todos.

Na alquimia, textos esotéricos e iniciáticos, que inclusive fascinaram Jung devido à semelhança com seus conceitos de energia e individuação, cuidavam da palavra em latim *VITRIOL*, formada por uma fórmula iniciática que sintetiza a doutrina alquimista e que quer dizer: "visite seu interior para encontrar sua pedra oculta que irá retificar-lhe". É assim que podemos deixar de ser pedras brutas. A contínua lapidação do autoconhecimento e do domínio da máquina nos faz mais cristalinos, até atingirmos o diamante original — que é nossa essência.

Essa metáfora serve como um excelente modelo para transformarmos os problemas e as crises em possibilidades criativas e evolutivas. Porém, para atingirmos a capacidade de transmutar, transcender, ressignificar ou transformar as adversidades com eficácia, devemos realizar a seguinte sequência: diferenciar, separar, superar e, por fim, integrar. Tal descida para que a redenção seja conquistada, quando consciente, equivale à adversidade consciente e gera angústia e sofrimento.

A todo instante, encaramos as consequências nefastas do avanço científico e tecnológico. Mesmo assim, muitos cientistas ainda acreditam poder controlar a natureza e obrigá-la a se submeter às suas vontades. Obviamente, a natureza reage, e a consequência, como se constata cotidianamente, nos deixa à mercê das catástrofes e do risco de um desfecho trágico passível de extinguir a espécie humana. O interessante é que a ciência, por autoilusão ou com intenção de iludir, cria comitês de ética e colegiados para aprovar suas descobertas que aviltam a natureza, possivelmente para fingir ser uma produção ética e garantir mais lucro, acúmulo e poder à minoria capitalista dominante.

Foi assim que a ciência pôde assegurar que as mais de 50 usinas nucleares do Japão, em uma ilha vulcânica entre falhas geológicas, eram totalmente seguras. É assim que ela garante a realização de manipulações genéticas de plantas e animais. É dessa maneira que ela permite a extração indiscriminada do petróleo, conspurca nossa ancestralidade biológica, plastifica tudo e todos, e, enfim, cria enormes buracos na nossa litosfera, gerando poluição e aquecimento global.

O mais interessante é que a ciência, ao tomar conhecimento das minhas ideias, imediatamente as rotula de uma maneira, digamos, psicopatológica, afirmando que se trata de uma produção feita por um indivíduo fanático, romântico, com pensamentos mágicos, retrógrado e que nega o crescimento. Ela ainda deve dizer que esse indivíduo necessita de medicamentos psicotrópicos, pois não está adaptado aos padrões científicos de normalidade.

Aliás, esse é o padrão! Se o indivíduo está com mal-estar ou produz mal-estar em seu entorno, ele tem que ser enquadrado em algum diagnóstico e tratado para continuar normótico — e, de preferência, continuar adaptado, consumindo o inútil e acumulando materialidade. Tudo em nome do contínuo crescimento e da manutenção da juventude! Embora sejamos condicionados e treinados para o crescimento — e negar isso vira doença —, é chegado o momento que demanda a estabilidade, para que seja posteriormente possível decrescer.

Retomo aqui minha posição segundo a qual o crescimento não pode ser um processo contínuo e sem fim. O homem evoluído, sábio, até opta por decrescer para conquistar mais. Caminho então na contramão de toda contemporaneidade que valoriza apenas o crescimento. Por exemplo: todos os países querem ver seu Produto Interno Bruto (PIB) crescer ano a ano. O que é certo, no entanto, é que, dessa maneira, a conta com o planeta não vai fechar e, fatalmente, enfrentaremos catástrofes climáticas, geológicas e biológicas.

É graças aos psicotrópicos que a ética tem deixado de imperar na ciência e no mundo. Essas substâncias possibilitam que as pessoas durmam tranquilas, livrando-se da angústia, sentindo prazer, alegria ou, simplesmente, mantendo a capacidade de continuar na roda da dívida-trabalho-consumo.

Infelizmente, esse padrão é a rotina da nossa atual empresa da saúde. Toda vez que surgem sintomas como medo, pânico, depressão, insônia, transtornos alimentares, hiperatividade, défice de atenção, vícios, dependências, abusos ou compulsões, ao invés de estimular o doente ao autoconhecimento, para que ele encontre o que gera o sintoma, a medicina da sociedade de consumo opta por apenas aliviar os sintomas com anestesia, analgesia e toda infinidade de psicotrópicos.

É importante esclarecermos que psicotrópico é qualquer substância capaz de alterar a mente, agindo no cérebro e modificando suas reações psicológicas. Qual a ética resultante de um processo psíquico interno, advindo do embate entre o eu e o inconsciente, ou seja, do ego com seus apegos corporais e materiais com o *self*, que está em busca do processo de individuação por meio da realização existencial do servir com sentido e significado? Mais ainda: que moral está presente em um conjunto de regras e normas criadas racionalmente para atender a demandas adaptativas do ego, conjunto esse imposto pelo Estado e que, muitas vezes, pode deixar de lado as dimensões anímicas espirituais e, consequentemente, a ética?

Na atual sociedade de consumo, tanto as religiões exotéricas (que veem Deus fora e que são a maioria) quanto a ciência tornaram-se instituições moralistas, que impossibilitam o surgimento da ética. Seus dirigentes, incluindo os políticos, passaram a suportar ou a negar esse conflito ético, que está na base de toda neurose, exatamente por meio do consumo de substâncias psicotrópicas e de crenças fundamentalistas ou mágicas. A angústia fica, então, reprimida, e o indivíduo, alienado e anestesiado, passa a aviltar sua natureza interna e externa, iludido e iludindo com a crença de que tudo está sob controle e de que a ciência e/ou o Deus mágico dará conta de qualquer crise! No entanto, na realidade, o que predomina é a dependência química dos psicotrópicos ou das religiões imbecilizantes.

Nessa dinâmica, há ainda a agressão à natureza. Toda vez que algo contraria a natureza, ela reage na forma de sintomas ou de catástrofes. Daí o aumento assustador das crises, associadas ao consumo de medicamentos ou drogas, e ao avanço de crenças fanáticas e unilaterais, tanto nas religiões quanto no abuso tecnológico e científico destruindo o planeta.

A verdadeira ética depende da consciência limpa, de uma boa noite de sono, da alegria e motivação para servir, e da disposição para o exercício da alteridade, no qual podemos nos ver por meio dos outros. Episódios de mal-estar, insônia, angústia improdutiva, ansiedade, medo, culpa, ressentimento ou depressão devem ser enfrentados conscientemente, por meio do autoconhecimento, em um movimento de busca dos porquês da infelicidade. Quando as pessoas se afastarem da interferência das substâncias psicoativas, lícitas ou ilícitas, poderão reconhecer que estão com a alma suja e, a partir daí, transformarem positivamente suas crenças, pensamentos e atitudes.

O uso e o abuso das substâncias psicotrópicas devem ser repensados. Elas aliviam o mal-estar imediato, mas contribuem para que a ética esteja cada vez mais ausente do cotidiano das pessoas. Então, apesar de saber que meus colegas psicofarmacologistas (esse deveria ser o real nome dos psiquiatras) podem me odiar por essas afirmações e me enquadrar em algum psicodiagnóstico patologizante — obviamente com recomendação quimiátrica —, conclamo todos eles a repensarem seus códigos reducionistas e rotuladores de doenças mentais, não se esquecendo da máxima de Hipócrates, que é a base da homeopatia e que afirma que o que te fere é o que te cura e, por isso mesmo, semelhante é que cura semelhante.

Essa nova atitude de quebra dos atuais paradigmas da ciência contemporânea, que destitui a natureza dela mesma e do humano, pode levar os profissionais de saúde a buscarem, de maneira conscientemente e junto de seus enfermos, o que está atravessando suas vidas, para compreenderem o mal-estar do homem contemporâneo. Podem perguntar a si mesmos e aos outros: qual crença? Qual pensamento? Qual atitude de fazer ou de não fazer? Qual sentimento? Qual o sentido e o significado da sua existência? Somente ao resgatar a ética, como apregoava São Francisco de Assis, poderemos voltar a ter paz e a viver bem.

O sentido maior da vida é o de servir. Quem não vive para servir, não serve para viver. Servir significa se voltar para a humanidade, no dinamismo da teoria da dádiva que compreende o dar, o receber e o retribuir. Dar, por sua vez, é sinônimo de receber. Aquele que consegue se sentir recebendo quando está dando, além de estar em uma atitude natural de liderança, terá autoridade e maturidade para servir a vida e, consequentemente, ao sagrado, ao invés de apenas se contentar em fazer uso transitório da vida e do sagrado — infelizmente como o faz a maioria das pessoas.

Somente a troca de graça é que tem graça. Por mais que a humanidade tente negar, estamos na emergência de várias crises, desde a política até o meio ambiente, da ética até os valores espirituais, e suas soluções devem produzir a superação e o advento de um novo paradigma.

Sofrer é inevitável, mas a dor pode, talvez, ser superada, transformada. Porém, e o sofrimento? O padecimento? As paixões da alma? Eles são próprios da vida.

Não controlamos os outros e muito menos a nós mesmos. Não temos muito o que fazer com o outro de nós, representado por nossa sombra e complexos, que possuem, na maioria das vezes, autonomia, independência e até ascensão sobre nosso ego que, de forma defensiva, projeta esses elementos internos nos objetos externos. Isso faz com que o outro externo também seja transformado em objeto; na mesma medida que negamos nossa subjetividade, desanimamos e viramos objetos inertes, solitários e finitos. Inúmeras vezes, esses outros de nós, mesmos projetados em nosso entorno relacional, nos atingem gerando dor, assim como nós mesmos criamos situações de autoflagelamento físico e/ou psíquico, para alimentar o complexo vitimário ou simplesmente pelo prazer da autopunição em expiar o sentimento de culpa.

Cada vez mais nos enganamos pensando que o envolvimento não só é possível de ser evitado, como deve verdadeiramente sê-lo. Tentamos evitá-lo para, em uma tentativa insana de manter os relacionamentos sob controle, sermos capazes de manter também o sofrimento sob controle. Daí a dimensão do simulacro e das relações sintéticas, que eliminam qualquer resquício da sabedoria.

Na vida, a dor é inevitável, mas a forma com que sofremos as experiências dolorosas é optativa, podendo variar entre: a) as condições doentias em que a energia psíquica fica paralisada na atitude de vitimização e b) a expiação. Na primeira condição, a culpa é projetada para fora, e, na segunda, a culpa é assumida pelo indivíduo.

Atitudes paralisantes e estéreis, incluindo a patologização da normalidade e consequente medicalização da realidade, correspondem à oferta de mecanismos de defesa para as dores e seus respectivos sofrimentos, aprimorando a fobia e a negação da dualidade "vida e morte" com mecanismos amortecedores e anestesiantes da angústia e geradores de compulsões, como ocorre na oferta dos excessos de consumo, por exemplo. Tudo parece ser válido para manter o ego ocupado e iludido, mesmo que cada vez mais alienado e evitando que a dimensão da alma e do *self* venham à tona.

Porém, ainda nos resta a condição saudável, a condição daquele que se entrega ao processo da vida lidando com a dor como uma oportunidade de aprendizado e aprimoramento. Isso se dá por meio da coragem do enfrentamento da angústia e do sofrimento em busca de ressignificação e transcendência, usando a experiência como meio de transformação — obviamente para que uma nova experiência angustiante e dolorosa apareça, em um contínuo espiral tridimensional, evolutivo e ascendente rumo à individuação, ao caminho de iluminação. Nesse caminho, o ego saudável possibilita que a energia psíquica flua nas seis direções: à frente e atrás — eixo temporal do futuro e do passado; para dentro e para fora — eixo vital que promove a adaptação intra e extrapsíquica e também biológica; e abaixo e acima — eixo espiritual que vai do imanente ao transcendente, do sombrio ao numinoso.

This is the end: imaginações do Apocalipse
Eckhard Fürlus

> *O Apocalipse não é a violência de Deus, como querem fazer crer os fundamentalistas. É, antes, a ascensão da violência humana a extremos. Apenas um novo racionalismo que integre o religioso poderá nos ajudar a resolver os conflitos contemporâneos.*
> René Girard

A sabedoria do rei Salomão, a *sapientia Salomonis*, era proverbial e mundialmente conhecida. Ela se insere na tradição da literatura sapiencial bíblica e encontra-se documentada no primeiro Livro dos Reis[1]. Nesse capítulo, entretanto, nós

---

[1] "Então ela disse ao rei Salomão: — Tudo aquilo que eu ouvi no meu país a respeito de você e da sua sabedoria é, de fato, verdade". 1 Rs 10:6, *Bíblia sagrada: nova tradução na linguagem de hoje*, São Paulo: Sociedade Bíblica do Brasil, 1988.

nos detemos à gênese e à simbologia do texto do último livro do Novo Testamento, a revelação de João, conhecido como "Apocalipse"[2], mostrando sua adaptação imagética, poética e musical, com o auxílio de alguns exemplos.

Será o Apocalipse mais do que apenas um jogo de ideias? Certamente, ele é objeto de pesquisas nas ciências humanas e nas artes. Enquanto gênero literário, o apocalíptico anuncia o futuro a partir do passado e interpreta transformações do presente diante da expectativa de um juízo final.

A fala de Jesus Cristo sobre o fim dos tempos e a revelação de João fomentaram visões medievais e visões do início da era moderna sobre o ocaso do mundo. Citemos aqui algumas dessas visões: o Apocalipse de Angers, o ciclo de xilogravuras de Albrecht Dürer, os quadros de Jan van Eyck, Hieronymus Bosch e seu aprendiz Pieter Brueghel, o Velho, o poema "Fim do mundo" de Jakob van Hoddis[3], além de representações do Apocalipse no século xx, que conhecemos a partir das artes plásticas em obras de Max Beckmann[4]

---

[2] Apocalipse, em: *Bíblia sagrada, op. cit.*

[3] "Weltende", em: Kurt Pinthus (org.), *Menschheitsdämmerung: ein Dokument des Expressionismus,* Berlin: Rowohlt, 1959, p. 39.

[4] Cf. Peter Beckmann e Hans Marquardt, *Apokalypse: die Offenbarung Sankt Johannis in der Übertragung von Martin Luther,* Frankfurt: Büchergilde Gutenberg, 1989.

e Ed Ruscha[5], do filme *Apocalypse Now* de Francis Ford Coppola[6] e das composições de Dietrich Buxtehude[7], Georg Philipp Telemann[8], Richard Wagner[9], Franz Schmidt[10] e até do *heavy metal*, do *rap* e do *hip hop*[11].

Apocalipse é um termo de origem grega e significa algo como "desvendamento" ou "revelação". Usamos esse termo para fazer referência a produções literárias religiosas que tratam da interpretação visionária da história do mundo e da profecia de seu fim como alvorecer do reino ideal da justiça. Em tempos especiais como, por exemplo, na transição

5 Em seu texto escrito para o catálogo da exposição *Ed Ruscha im Kunstmuseum Wolfsburg* [*Ed Ruscha no Museu de Arte de Wolfsburg*], de 2002, o então diretor do museu, Gijs van Tuyl, ressalta a atualidade de seu trabalho e a materialidade de suas imagens, que se expressam em um "pensamento marcadamente visual sobre a nossa cultura urbanística contemporânea" e que colocam a natureza em segundo lugar. Cf. Gijs van Tuyl, "Ed Ruscha im Kunstmuseum Wolfsburg", em: Neal Benezra e Kerry Brougher (orgs.), *Ed Ruscha*, Zürich/Berlin/New York: Scalo, 2002, p. 10-2, aqui p. 10.

6 Francis Ford Coppola, *Apocalypse Now*, Estados Unidos: Omni Zoetrope, 1979. 153 min.

7 Por exemplo, a composição "Wacht! Euch zum Streit — Das Jüngste Gericht", do compositor e organista Dietrich Buxtehude.

8 Citemos aqui *Der Tag des Gerichts — Ein Singgedicht in vier Betrachtungen*. É o último oratório de Georg Philipp Telemann, que teve sua estreia em 17 de março de 1762 em Hamburgo, na sala de concertos recém-construída "auf der Kampe", sob regência de Friedrich Hartmann Graf. O texto é do pastor e aluno de Telemann, Christian Wilhelm Alers.

9 *O crepúsculos dos deuses*, último drama de Richard Wagner da tetralogia *O anel dos Nibelungos*, estreou em 17 de agosto de 1876 em Bayreuth, Alemanha.

10 *Das Buch mit sieben Siegeln* [*O livro dos sete selos*], oratório do compositor austríaco Franz Schmidt segundo motivos da revelação bíblica de João. Ele foi concluído em 1937 e teve a sua estreia em 15 de junho de 1938 pela Sinfônica de Viena, sob regência de Oswald Kabasta.

11 Cf. a análise de Florian Werner, *Rapocalypse: der Anfang des Rap und das Ende der Welt*, Bielefeld: Transcript, 2007.

do primeiro para o segundo milênio depois de Cristo, e mais tarde do século xv para o xvi, mas também em tempos de conflitos sociais intensificados e de crises em situações de mudança política, o Apocalipse adquiriu importância especial. No uso corrente, o termo "Apocalipse" significa a revelação de João.

A Apocalíptica é um fenômeno da história da religião e consiste em um tema da teologia histórica e da teologia sistemática, assim como da Judaística. A expectativa do fim dos tempos e o fim do mundo são seus objetos.

Textos com conteúdos apocalípticos se encontram no Antigo Testamento, como, por exemplo, no Livro de Daniel[12]. *A divina comédia,* de Dante Alighieri[13], é o único texto apocalíptico que se insere numa tradição que remete aos primórdios dos registros literários e que, ao lado da revelação de João, adquiriu importância na história mundial.

No contexto da ciência da religião, entende-se por revelação todo tipo de automanifestação da divindade. O anseio por revelação divina perpassa todas as épocas. Todas as religiões se fundamentam em revelação. Até os apóstolos e profetas recebem sonhos e visões de Deus, mas eles não se sobrepõem à revelação de Jesus Cristo.

O Apocalipse de João é o último livro do Novo Testamento e o único inteiramente profético[14]. Esse é também o livro mais difícil do Novo Testamento. Ele traz o "Livro dos Sete Selos", um texto de consolação e alerta para as sete congregações da província da Ásia oprimidas pelo culto romano ao imperador. Inicia-se com um prefácio,

---

12 Livro de Daniel, em: *Bíblia sagrada, op. cit.*
13 Dante Alighieri, *Die göttliche Komödie,* Frankfurt: Insel, 1974.
14 Apocalipse, em: *Bíblia sagrada, op. cit.*

que identifica o conteúdo do livro como revelação de Jesus Cristo para seu servo João. No final, há uma saudação, um louvor e uma autoapresentação de Deus enquanto o Alfa e o Ômega, além da personificação da criação.

Com relação a sua recepção extremamente rica, segundo a descrição de Jürgen Roloff[15], nenhum outro livro bíblico é comparável à revelação de João:

> na igreja antiga e medieval, sua importância superou de longe a das epístolas de Paulo, e até mesmo a do Evangelho de Mateus. Com sua rica linguagem de imagens, ela [a revelação de João] fornecia em larga escala o material imagético que alimentava a devoção cristã[16].

O filósofo Ernst Bloch atribuiu ao Apocalipse "essa concepção catártica de aniquilação, vingança e de fim dos tempos, uma posição central em seu pensamento"[17]. O teólogo Hanns Lilje escreve, em sua introdução à revelação de João: "o fascínio curiosamente profundo que emana do último livro da Bíblia continua exercendo influência até hoje, sem perder o impacto"[18].

A linguagem imagética do Apocalipse se insere na tradição das profecias do Antigo Testamento. As fontes dos motivos são os livros de Daniel, Ezequiel e Isaías que, por sua vez, foram influenciados por concepções iraniano-

---

15 Jürgen Roloff, *Die Offenbarung des Johannes*, Zürich: Theologischer, 2001.

16 *Ibidem*, p. 9.

17 Bernhard Holeczek, "Prefácio", em: Richard W. Gassen e Bernhard Holeczek, *Apokalypse: ein Prinzip Hoffnung? Ernst Bloch zum 100. Geburtstag*, Heidelberg: Braus, 1985, p. 7.

18 Hanns Lilje, *Das letzte Buch der Bibel: eine Einführung in die Offenbarung des Johannes*, Bielefeld: Luther, 1988, p. 41.

-zoroástricas e babilônicas. Imagens de "fantasia obscura", em uma "linguagem poderosa e arrebatadora", como descreveu o historiador de arte Max Dvorak[19], relacionam os acontecimentos históricos a contextos escatológicos supratemporais. Os romanos pagãos são apresentados como a personificação de todo o mal e de toda a imoralidade, causadores do julgamento divino como catástrofe mundial, sendo que os cristãos, em contrapartida, são os justos, aqueles que vencem no final e que conquistam o novo reino da liberdade eterna.

A revelação de João se divide em duas partes de tamanhos diferentes. A primeira parte é constituída de uma visão introdutória, isto é, a aparição de Jesus Cristo no trono e sua incumbência a João de enviar as cartas às igrejas de Éfeso, Esmirna, Pérgamo, Tiatira, Sardes, Filadélfia e Laodiceia[20]. A segunda parte é composta do drama da parúsia, isto é, o retorno glorioso de Cristo e a sequência de acontecimentos do Apocalipse. São eles:

> • A visão celestial introdutória: reverência ao soberano celestial, início do juízo e abertura dos sete selos pelo cordeiro; os sete anjos que desencadeiam a catástrofe e as sete trombetas[21].
> • A luta de Satã contra o povo de Deus, isto é, a luta entre as forças celestiais e as infernais; a mulher vestida de sol; a luta do arcanjo Miguel com o dragão; a aniquilação da prostituta Babilônia e do falso profeta, o casamento do cordeiro; a ressurreição dos justos, o Reino dos Mil Anos,

---

19 Max Dvorak, *Kunstgeschichte als Geistesgeschichte: Studien zur abendländischen Kunstentwicklung*, München: Piper, 1924, pp. 191-202.
20 Ap. 1-3, em: *Bíblia sagrada, op. cit.*
21 Ap. 4-11, *ibidem*.

a derrota do Diabo e o Juízo do Mundo²².

• A visão da vida paradisíaca eterna, na qual o novo céu e a nova terra se unem na "Jerusalém celestial"²³.

No escrito apócrifo "A revelação de Pedro", Ezrael é descrito como o anjo da ira de Deus, que castigará os pecadores no Juízo Final²⁴. Lemos em "A revelação de Pedro": "[e o anjo da ira, Ezrael, traz] outros homens e mulheres queimados até sua metade, e os leva a um lugar obscuro, golpeados por espíritos malvados; e suas entranhas eram devoradas por vermes que nunca acabavam. E estes eram os que haviam perseguido aos justos, e os haviam entregue a morte"²⁵.

Ezra é um nome próprio hebraico e significa ajuda. Nas línguas semitas, "El" é uma denominação geral para Deus. No Corão²⁶, cita-se expressamente um anjo da morte, que, na tradição islâmica, é identificado como Azrael. Muitos aspectos de sua lenda, no entanto, não foram comprovados pelas doutrinas de fé oficiais, mas apenas pela crença popular. O anjo Azrael anota os nomes dos recém-nascidos e exclui os dos falecidos do livro da vida²⁷.

22 Ap. 12-20, *ibidem*.

23 Ap. 21-22, *ibidem*; Karl Jaroš, *Das Neue Testament und seine Autoren: eine Einführung*, Köln/Weimar/Wien: Böhlau, 2008, p. 186.

24 "Die Offenbarung des Petrus", em: Erich Weidinger, *Die Apokryphen: verborgene Bücher der Bibel*, Augsburg: Pattloch, 1988, pp. 524-31.

25 *Ibidem*, p. 528.

26 Sura 32:11, em: *Corão*.

27 No fim do século XIX, o anjo da morte Azrael foi várias vezes tema nas artes plásticas. Evelyn de Morgan o pintou em 1881 como *Angel of Death*; Carlos Schwabe o caracterizou em 1900 na pintura *Der Tod des Totengräbers*, e Mikhail Vrubel o pintou em 1904 como *Azrael*. O anjo da morte também foi tema da canção *Azrael (Angel of Death)* da banda britânica *The Nice* em 1967.

O Anticristo está em oposição a Deus e a Cristo, o Salvador. A visão de João mostra um poder crescente dos fenômenos demoníacos, que, no fim, são vencidos por Deus. O demônio é descrito especificamente como a besta que emerge das profundezas: ela derrotará e matará os últimos justos[28]. No entanto, ele também surge como um grande dragão vermelho com sete cabeças, dez chifres e, em cada cabeça, uma coroa. Sua cauda varre um terço das estrelas do céu, arremessando-as na terra. Ele tenta devorar o filho recém-nascido de uma mulher vestida de sol, mas Miguel e seus anjos o derrubam. Fica evidente a identificação com as diferentes formas em que aparece o demônio no Novo Testamento: "e foi precipitado o grande dragão, a antiga serpente, chamada o Diabo, e Satanás, que engana todo o mundo"[29].

Digno de nota nesse escrito visionário é também a retomada dos demônios em forma de animais, um motivo que tem grande influência no desenvolvimento do mundo imagético demonológico posterior. Na abertura do quarto selo, aparece "um cavalo amarelo, e o que estava assentado sobre ele tinha por nome Morte; e o inferno o seguia"[30]. Quando o quinto anjo toca a trombeta, abre-se o poço do abismo: "e da fumaça vieram gafanhotos sobre a terra; e foi-lhes dado poder, como o poder que têm os escorpiões da terra"[31].

Para os artistas plásticos da Idade Média, o Apocalipse era uma das principais fontes imagéticas e temáticas. Os maiores ciclos de ilustrações estão contidos nos

---

28 Ap. 11:7, em: *Bíblia sagrada, op. cit.*
29 Ap. 12:9, *ibidem.*
30 Ap. 6:8, *ibidem.*
31 Ap. 9:11 ss, *ibidem.*

manuscritos apocalípticos da Primeira Idade Média e da Alta Idade Média. A inspiração vinha de trechos como:

> [...] e o parecer dos gafanhotos era semelhante ao de cavalos aparelhados para a guerra; e sobre as suas cabeças havia umas como coroas semelhantes ao ouro; e os seus rostos eram como rostos de homens. E tinham cabelos como cabelos de mulheres, e os seus dentes eram como de leões[32].

No Apocalipse de João, o demônio é identificado claramente com o poder de Roma e definido como Babilônia. Roma torna-se a "grande prostituta", que o visionário descreve como uma aparição diabólica: "E levou-me em espírito a um deserto, e vi uma mulher assentada sobre uma besta de cor escarlate, que estava cheia de nomes de blasfêmia, e tinha sete cabeças e dez chifres. E na sua testa estava escrito o nome: Mistério, a grande babilônia, a mãe das prostituições e abominações da terra"[33].

Por fim, a batalha cósmica termina com a vitória de Deus: "e o diabo, que os enganava, foi lançado no lago de fogo e enxofre, onde estão a besta e o falso profeta; e de dia e de noite serão atormentados para todo o sempre"[34] [35].

Desde a Idade Média, o Apocalipse é dividido em 22 capítulos. As afirmações ali contidas sobre Deus são revestidas de uma linguagem rica em imagens. Deus é o Senhor do Universo; ele detém nas mãos os destinos do cosmo e

---

32 Ap. 9:7-8, *ibidem*.
33 Ap. 17:3 ss, *ibidem*.
34 Ap. 20:10, *ibidem*.
35 Alfonso di Nola, *Der Teufel: Wesen, Wirkung, Geschichte,* München: Dt. Taschenbuch, 1997, pp. 202 ss.

das pessoas. Sua intervenção na história da humanidade dá-se com certeza, mesmo o momento ficando oculto aos homens. Sequências de imagens proféticas ilustram um percurso da ação de Deus. A palavra de Deus derrota seus adversários[36]. A espada que sai da boca é a palavra de Deus e, tal qual a primeira, também a palavra de Jesus tem dois lados: ela pode libertar ou julgar.

Os capítulos 21 e 22 descrevem um novo mundo de Deus, sem morte, doença ou sofrimento. É a Nova Jerusalém. O fim do livro é constituído de alertas feitos pelo visionário, o testemunho da autenticidade dessas palavras proféticas, o pedido pela vinda de Jesus e um desejo de bênção semelhante a uma epístola.

Hieronymus Bosch, *São João Batista em Patmos*

Hieronymus Bosch, na verdade Jheronimus ou Jeroen van Aken, nasceu por volta de 1450/55 em 's-HertogenBosch, um município dos Países Baixos. Em analogia à sua cidade natal, ele se chamava Bosch. Em 1486 ou 1487, foi acolhido no círculo de uma comunidade clerical, os *homines intelligentiae*, que lhe encomendam inúmeras pinturas.[37]

---

36 Ap. 19:15, em: *Bíblia sagrada, op. cit.*
37 O historiador de arte Wilhelm Fraenger tentou provar com bons argumentos e de forma muito conclusiva que Hieronymus Bosch foi membro dos "irmãos e irmãs de espírito livre". Essa seita é tida como precursora dos anabatistas, que se encontravam para ações cúlticas secretas; ela era "contra guerra e violência, enaltecia a nudez para superar desejos terrenos". Cf., a esse respeito, Hans Rothe, "Das gewonnene Paradies", em: Richard Biedrzynski, *Hieronymus Bosch: Garten der Lüste*, Feldafing: Buchheim, 1966, pp. 5-14, aqui p. 7.

São João Batista em Patmos, de Hieronymus Bosch.

O quadro de Hieronymus Bosch mostra João, o autor da revelação, sentado na escarpa de uma montanha, anotando com uma pena sua visão em um livreto aberto. Atrás dele, estende-se uma paisagem longínqua, que se perde em brumas distantes. A paisagem que vemos é atravessada por um largo rio, com margens repletas de baías, o que nos lembra mais uma paisagem ribeira holandesa, e não a ilha de Patmos. A atenção de João se volta para o anjo no topo do morro e a mulher apocalíptica, que apareceu no disco do sol envolto em nuvens. Ela é interpretada como Maria, a mãe de Deus, que segura o filho no colo. Sua cabeça está ornada por uma coroa de estrelas. Em primeiro plano, vemos um falcão e um demônio, que se aproximam do profeta pela direita. Uma bola em chamas na cabeça, asas pontiagudas, o rabo e as pernas de uma lagartixa, que é a espécie noturna dos lagartos, identificam o ser como o mensageiro de forças obscuras.

Na estética de Hieronymus Bosch, não se trata de beleza formal ou de imitação da natureza. Bosch desenvolve uma linguagem imagética grotesca, alegórica e conclama o observador a alcançar o nível de sentido intencionado pelo pintor, por meio de uma observação intensa e reflexiva. Seu sentido está, pois, na força de inovação iconográfica e estrutural para a representação da paisagem, e em uma renovação específica da imagem religiosa, feita pelo enriquecimento do aspecto da meditação. Por isso, Wilhelm Fraenger chama o quadro, que é pintado dos dois lados, de "prancha pivotante para ser usada na prática da meditação"[38].

---

38 Wilhelm Fraenger, "Johannes auf Patmos: eine Umwendtafel für den Meditationsgebrauch", em: *Hieronymus Bosch*, Dresden: Verlag der Kunst, 1975, pp. 247-55, aqui p. 247.

A totalidade dos cristãos, ou seja, a igreja, é o campo de batalha de Satã. Ela é representada pela mulher vestida de sol, exposta às perseguições de Satã e com cujos descendentes Satã está em guerra. Mesmo se Satã, a velha serpente, na forma de dragão com sete cabeças e dez chifres e presente nas duas bestas, ataca duramente o povo de Deus, por fim ele nada consegue. Certamente virá o dia em que todo o poder será definitivamente tirado de Satã e de seus aliados.

Revelações muitas vezes tratam dos escatos, das últimas coisas: morte, juízo, céu e inferno, por exemplo. Nas descrições de visões, anunciam-se o fim próximo e o juízo que está por vir. A força imagética e o simbolismo dessas descrições são difíceis de interpretar. Alguns símbolos foram explicados pelo autor João. Por exemplo, uma estrela significa um anjo; um candelabro é uma igreja local; as sete chamas de fogo representam os sete espíritos de Deus; as sete cabeças da besta representam as sete colinas (de Roma) e, ao mesmo tempo, os sete reis; tecidos de linho de um branco brilhante simbolizam as boas obras dos fiéis.

O autor pressupõe ainda que muitos dos símbolos sejam conhecidos. Na visão dos quatro cavaleiros apocalípticos, a cor branca representa a vitória; o vermelho, a violência; o preto, a morte; e o amarelo esverdeado é a decomposição. O branco também pode simbolizar a pureza, e o vermelho escarlate pode indicar o excesso e a desmesura.

Por sua vez, os números nunca devem ser entendidos de forma estritamente matemática. Três é o número da santidade e da completude; quatro, o dos pontos cardeais, do mundo criado; sete está ligado à ideia da totalidade; seis é o número da incompletude; doze é o sinal da Israel antiga e nova; mil é uma grande quantidade ou uma longa duração.

O autor cita o próprio nome, João, e se apresenta como profeta. No entanto, essas duas indicações são muito escassas para podermos identificá-lo como o apóstolo João.

Uma interpretação literal de textos apocalípticos sempre será problemática. Não sabemos o que exatamente o autor quis dizer. Para o teólogo Karl Jaroš[39], parece aceitável a concepção de que, depois da perseguição nerônica que ele próprio deve ter vivenciado, João quisesse anunciar o ressurgimento da igreja até o fim dos tempos, e que o número mil deveria simbolizar esse tempo longo entre o fim da perseguição nerônica e o Juízo Final. Desse modo, o Apocalipse de João é até hoje um livro de consolação para os fiéis.

O conhecimento profundo da revelação contrapõe-se à suposição de que o livro tenha se originado só no fim do governo de Domiciano. Acrescente-se a isso o fato de que, sob Domiciano (81-96), não há comprovação de uma perseguição maior aos cristãos, como pressuposto pela revelação. Supondo-se que o vidente e profeta João tenha sido banido para Patmos na primeira metade do ano 70 e anistiado em 71 pelo jurista Nerva, por conta da filantropia vespasiana, sua permanência em Patmos foi de mais de um ano.

Nesse período, provavelmente ainda na primeira metade do ano 70, como nada sabe da destruição do Templo de Jerusalém, ele deve ter elaborado suas vivências terríveis da época da perseguição nerônica e da guerra civil romana, e as redigido em uma linguagem profético-apocalíptica. Assim, o local de surgimento do livro seria a ilha de Patmos, como indicado na revelação 1:9. As receptoras do livro são as sete igrejas da província Ásia, de onde vinha

---

39 Karl Jaroš, *op. cit*.

o autor, provavelmente de Éfeso; mas essas igrejas, afinal, representam toda a cristandade.

O teólogo Jörg Zink[40] defendeu a ideia de que quem fala no "Livro da revelação" é uma igreja que se encontra em uma batalha de vida ou morte. Essa batalha seria

> uma luta contra o supremo poder daquela época, o Estado romano. Não é uma voz suave que fala aqui, mas a voz de um ódio desesperado contra os malfeitores violentos desta terra. Mas essa revolução que vivenciamos na revelação se coaduna com a crítica geral à própria igreja e sua posição histórica. As imagens da grande batalha cósmica entre Cristo e as potências mundiais são precedidas pelas sete cartas, em que se certifica de que a igreja não está suficientemente preparada para a batalha [...]. As imagens da revelação são fortes, estranhas, crassas, cifradas. Elas falam a língua de seu tempo. Mas essas imagens descrevem aquilo que com palavras só pode ser descrito de forma insuficiente: a superação de um mundo de violência e a construção de um mundo novo, que é preparado por meio do sacrifício da igreja e da morte dos mártires e que é criado pelo Cristo vitorioso.[41]

Hanns Lilje[42] apontou o fato de que nenhum dos números apocalípticos tem apenas um significado racional ou

---

40 Jörg Zink, *Die Wahrheit läßt sich finden: dokumente aus der Bibel und Erfahrungen von heute*. Stuttgart: Berlin, 1971.

41 *Ibidem*, p. 233.

42 Hanns Lilje, *Das letzte Buch der Bibel: eine Einführung in die Offenbarung des Johannes*, Hamburg: Furche, 1958.

matemático, mas um sentido profundo. Nas indicações numéricas do Apocalipse, Lilje lembra da máxima de Pitágoras: "o número é a segunda coisa mais sábia depois do nome"[43]. A partir do contexto, fica claro como os números devem ser compreendidos.

Para a Igreja primitiva, com a exceção temporária da Igreja do Oriente, era consenso que esse João era idêntico ao apóstolo João. No entanto, tal suposição, hoje em dia, é discutível. Diferentemente do autor do Evangelho de João, o autor do Apocalipse cita seu nome três vezes: João. Ele é tido como profeta paleocristão, do Cristianismo primitivo, pertencente a um grupo que descreve como de seus irmãos, os profetas[44].

O profeta João não reivindica para si nenhuma autoridade apostólica, que seria comparável à de Paulo. No próprio texto, o autor reconhece que viveu no exílio na ilha de Patmos diante de Éfeso[45]. Naquela época, Éfeso era a capital da província romana Ásia.

De acordo com inúmeros teólogos, a revelação de João surgiu por volta de 95 d.C.[46]. Sobre isso, há provas na tradição da Igreja primitiva: Vitorino, Jerônimo e Eusébio relatam que a estada de João em Patmos se insere no período de Domiciano (falecido em 96). Condiz com tal cenário a situação política pressuposta na revelação: enquanto na história dos apóstolos Roma ainda aparece com seu poder de

---

43 Ibidem, p. 41.

44 Ap. 22:9, em: Bíblia sagrada, op. cit.

45 Ap. 1:9, ibidem.

46 Gertrud Schiller, logo na primeira frase de seu livro sobre o Apocalipse de Bamberg, cita o ano 95 d.C. como o de surgimento da revelação de João. Cf. Frowin Oslender (org.), Die Offenbarung des Johannes: farbige Bilder aus der Bamberger Apokalypse um 1020, Berlin: Friedrich Wittig, 1955, p. 9.

Estado — que Paulo preserva graças ao seu direito de cidadão romano —, na revelação ela tem conotação puramente negativa (trata-se da "Prostituta Babilônia")[47]. Isso supostamente também aponta para o governo de Domiciano.

Contra a datação tardia — por volta de 95 — manifestaram-se recentemente Karl Jaroš e Ulrich Victor[48] e Klaus Berger e Christiane Nord[49], pleiteando uma datação anterior. Sem o conhecimento do mundo espiritual judaico e, especialmente, da Apocalíptica, dizem esses autores, a revelação de João não poderia ter sido escrita. Isso porque a revelação também pressuporia o templo de Jerusalém real e, portanto, necessariamente deveria ter surgido antes de 70.

Para Jaroš e Victor, a situação política das sete igrejas da Ásia Menor "basicamente não era diferente daquela à época do apóstolo Paulo"[50]. Ainda não se tem notícia de nenhuma perseguição sanguinária aos cristãos de grandes dimensões durante o governo de Domiciano, e, do contrário, a revelação pressuporia uma perseguição maciça a eles, tal como aconteceu sob o imperador Nero, que se via como compreendido por Deus. Além disso, o número 666, considerado personificação do mal e da besta, na revelação 13:18, não aponta para o imperador Domiciano, mas para Nero, pois esse número resulta da soma dos algarismos do par de termos "Nero Imperador" escrito em hebraico. Por fim, a datação da revelação de João cai no período entre 68 e 70,

---

47 Ap. 17, em: *Bíblia sagrada, op. cit.*
48 Karl Jaroš e Ulrich Victor, *Das Neue Testament: Wann? Wer? Wo? Was? Eine Einführung*, Augsburg: St. Ulrich, 2011.
49 Klaus Berger e Christiane Nord, *Das Neue Testament und frühchristliche Schriften*, Berlin: Insel, 1999.
50 Karl Jaroš e Ulrich Victor, *op. cit.*, p. 173.

"poucos anos depois da perseguição nerônica e ainda antes da destruição definitiva do Templo de Jerusalém em 26 de setembro de 70"[51].

Klaus Berger e Christiane Nord reportam-se ao fato de que Jerusalém ainda não está destruída e que, por isso, um surgimento antes de 70 seria o mais provável. No entanto, uma vez que Nero é conhecido e visto como contraponto de Jesus, a datação de 68 ou 69 d.C. lhes parece plausível[52].

Parece admissível a ideia de que um mensageiro de João, que vivia no exílio em Patmos, distribuiu as cartas para as congregações a partir de Éfeso. A listagem a seguir descreve uma provável rota de viagem:

- Éfeso era a cidade mais importante da província romana Ásia.
- Esmirna é a atual Izmir, uma importante cidade portuária na costa oeste da Turquia.
- Os resquícios da antiga cidade de Pérgamo encontram-se em uma colina sobre a cidade de Bergama. Pérgamo era o centro do culto oficial ao imperador e possuía um santuário de Asclépio, o deus da arte da cura.
- Tiatira, hoje Akhisar, é um centro comercial a caminho do leste.
- Sardes é a antiga capital da Lídia.
- Filadélfia é a atual Alasehir, às margens de um vale largo e fértil.
- Laodiceia era uma cidade rica, situada no vale do rio Lico, próximo de Hierápolis e Colosseia, sendo um centro bancário.

---

51 *Ibidem*, p. 174.
52 Klaus Berger e Christiane Nord, *op. cit.*, p. 360.

O Apocalipse de Trier

O Apocalipse de Trier (Biblioteca Municipal de Trier) é um manuscrito em pergaminho do início do século IX, que possivelmente foi escrito e ilustrado no norte da França. Todas as cenas do Apocalipse passíveis de representação — à exceção do início — são apresentadas em uma sequência de imagens sempre à direita do texto, no chamado *recto*. Junto com outro Apocalipse ilustrado da Bibliothèque Municipale de Valenciennes do século IX, o de Trier é uma das mais antigas representações do ciclo de Apocalipses. Ambos os manuscritos, no entanto, surgiram independentemente um do outro.

Quando se consideram os modelos da Antiguidade, observa-se que, no Apocalipse de Trier, o livro é apresentado sob forma de rolo, e não na forma de livro que conhecemos. Ali, os ventos são personificados e representados com asas na cabeça, que, nos manuscritos medievais, muitas vezes eram interpretadas como chifres. A expressão de dor em alguns rostos encontra um paralelo nas máscaras da tragédia usadas no teatro da Antiguidade.

Anunciação do anjo para João.

Por volta de meados do século XI, o Apocalipse de Trier chegou ao mosteiro de St. Eucharius em Trier. Com a secularização do mosteiro, o manuscrito foi parar na biblioteca da Escola Central de Trier, em 1802. No início da Segunda Guerra Mundial, ele foi para a Biblioteca da Universidade de Gießen. Em 15 de maio de 1945, foi levado de volta para Trier, depois de ter sobrevivido incólume a uma onda de ataques, como se fosse um milagre.

O Apocalipse de Bamberg

Há pouco mais de mil anos, surgiu, na ilha de Reichenau, no Lago de Constança, um manuscrito luxuoso que seguia o texto da revelação de João: trata-se do Apocalipse de Bamberg. Em 106 folhas foram produzidas 57 iluminuras sobre fundo de ouro, além de mais de cem capitulares douradas.

Esse manuscrito é um dos mais grandiosos textos ilustrados da Idade Média e, ao mesmo tempo, é o único ciclo ilustrado do Apocalipse produzido pela arte de pintura de livros do período Otônida. É possível delimitar o período do surgimento do manuscrito entre 1000 e 1020, mas não se sabe ao certo quem o encomendou; supõe-se que tenha sido Otto III, falecido em 1002.

O Apocalipse de Angers

No planalto em que se situa a fortaleza de Angers, no Château du Roi René, encontram-se as tapeçarias de parede do ciclo de tapetes do Apocalipse. Trata-se do mais antigo ciclo de tapeçaria preservado da França, que, possivelmente, é também o maior ciclo jamais tecido.

Quem encomendou a sequência de tapetes foi Louis I, Duque d'Anjou. O ciclo de tapetes foi confeccionado de 1373-1380, seguindo um esboço de Jean de Bondol, chamado Hennequin de Bruges, um dos mais importantes mestres iluminadores de livros dos Países Baixos, ou lá formados, da segunda metade do século XIV. A execução ficou a cargo do mais renomado tecelão de Paris da época, Nicolas Bataille.

São representadas 84 cenas individuais em sete tapetes de linho. Cada tapete media originalmente seis metros de altura, sendo que cinco deles tinham 24 metros de comprimento, o que perfaz uma área total de cerca de 700 m² de tapeçaria. Os restos preservados medem hoje, juntos, 103 metros de comprimento e cinco metros de altura.

No Apocalipse de Angers, foram representadas as visões de João em cada um dos tapetes, em duas sequências, uma sobre a outra, cada uma com sete imagens, ou seja, catorze cenas por tapete. As imagens mostram alternadamente um fundo vermelho e um fundo azul; isto é, um ritmo cromático análogo corresponde à ordem rígida da obra, que serve de moldura ao todo.

Percebe-se que, ao longo do trabalho nos tapetes, os artesãos esforçavam-se em aumentar a qualidade. As primeiras cenas têm um fundo de cor única. Mais tarde, em volta das grandes figuras, colocavam-se flores grandes, com acréscimo de borboletas. Entre as figuras, crescia uma flora abundante, com folhagens e flores mais ou menos densas.

A Bíblia de Colônia

A Bíblia de Colônia é a "primeira Bíblia impressa da arte alemã que aparece com uma sequência fechada e coesa de grandes ilustrações em xilogravura"⁵³. De acordo com Wilhelm Worringer, somente *A Bíblia de Colônia* concretiza o ideal de uma verdadeira bíblia ilustrada, cujas imagens não são elementos isolados, mas adquirem o peso da igualdade de direitos ao lado do texto impresso. Ele data o seu surgimento nos anos de 1477 e 1478; como possível impressor d'*A Bíblia de Colônia*, Worringer cita Bartholomeus von Unkel.

27. Die Hure von Babylon und die Schnitterengel.

A prostituta da Babilônia e os anjos da morte.

---

53 Wilhelm Worringer, *Hauptwerke des Holzschnittes: die Kölner Bibel*, München: Piper & Co, 1923, p. 5.

Albrecht Dürer, *Apocalipsis cum figuris* (1498)

Durante toda a Idade Média, as pessoas acreditavam que o fim do mundo estava próximo: aconteceria no ano 1000. Meio milênio depois, na época de Albrecht Dürer, as pessoas novamente contavam com a proximidade do fim do mundo.

No Apocalipse de 1498, um dos Grandes Livros, Albrecht Dürer ilustra a revelação de João em quinze grandes folhas em formato fólio. Em seu Apocalipse, Dürer "faz valer claramente a imagem poética enquanto tal, sem perguntar por seu teor teológico, retransportando-a de forma literal para dentro da imagem visível"[54].

O Apocalipse foi publicado em duas edições, uma com texto em alemão, *Die heimliche Offenbarung joh(a)nnis* [A revelação secreta de João], e outra com texto em latim, *Apocalipsis cum figuris*. Com a evolução técnica, também foi possível um progresso artístico-estético. Prensas de impressão possibilitavam cópias muito mais acuradas e preservadoras da base, se comparadas às cópias manuais anteriores, extremamente trabalhosas.

Além do formato incomum e desconhecido para xilogravuras, houve outra inovação: Dürer subordinou seu texto a uma sequência ininterrupta de imagens. A escrita está no verso das imagens e, dessa forma, evita-se uma recepção recíproca entre imagem e texto. O leitor é obrigado a compreender o texto completo e a sequência imagética completa como duas versões diferentes dos mesmos fatos. Assim, a palavra não pode modificar a força expressiva das gravuras, e todos os outros aspectos são pospostos à autonomia das imagens, ou seja, não é *Apocalipsis cum figuris*, mas sim *Figuris cum apocalipsis*.

---

54 Werner Körte, *Albrecht Dürer: die Apokalypse*, Berlin: Gebr. Mann, 1947, p. 5.

Os quatro cavaleiros do Apocalipse, de Albert Dürer.

O motivo mais conhecido do ciclo possivelmente é a folha *Os cavaleiros do Apocalipse*. Quatro cavaleiros galopam sobre a terra, como que surgindo do nada; eles simbolizam guerra, peste, fome e morte. Seus atributos são arco e flecha, tridente, espada e balança. Na margem inferior da imagem, há um monstro que abre a sua bocarra. O inferno devora um bispo.

Em 1790, Johann Wolfgang von Goethe escrevia, em seus "Epigramas venezianos": "tal como no emaranhado de figuras toscas enredadas de modo arbitrário/ de índole infernal e obscura, Brueghel nos confunde com olhar oscilante;/ assim também Dürer, com imagens apocalípticas, destroça/ pessoas e problemas ao mesmo tempo, e o nosso cérebro saudável [...]".

A época ao final do século xv foi marcada por uma sensação generalizada de fim de mundo. Convictas de que o fim dos tempos e o Juízo Final estavam próximos, as pessoas esperavam ansiosamente por sinais e milagres. Uma alta sensibilidade em relação à astrologia, ao sobrenatural e ao anormal era amplamente difundida. Quedas de meteoritos e fenômenos incomuns da natureza eram interpretados como prenúncios do terror. Colheitas malsucedidas, epidemias, medo de bruxas, fome, catástrofes naturais, guerra, fanatismo religioso e sífilis disseminavam o medo de um Juízo punitivo de Deus e do fim do mundo.

Franz Schmidt, *Das Buch mit sieben Siegeln* [*O livro dos sete selos*] (estreia em 1938)

Das Buch mit sieben Siegeln é um oratório concluído em 1937, que teve sua estreia em Viena em 1938, de autoria do compositor austríaco Franz Schmidt, inspirado em motivos da revelação de João, da *Bíblia*. Schmidt havia concluído o prólogo da obra em 15 de outubro de 1935. A estreia ocorreu no dia 15 de junho de 1938, com a Sinfônica de Viena, sob regência de Oswald Kabasta.

> A voz do Senhor: Eu sou o Alfa e o Ômega, o princípio e o fim. A quem quer que tiver sede, de graça lhe darei da fonte da água da vida. Eis aqui o tabernáculo de Deus com os homens, pois com eles habitará, e eles serão o seu povo. E Deus limpará de seus olhos toda a lágrima; e não haverá mais morte, nem pranto, nem clamor, nem dor; porque já as primeiras coisas são passadas. Eis que faço novas todas as coisas. Quem vencer, herdará todas as coisas; e eu serei seu Deus, e ele será meu filho.

Max Beckmann, *Apokalypse* (1941)

Depois de Max Beckmann ter sido demitido sumariamente de seu posto de docente da Escola Municipal de Frankfurt em abril de 1933, ele passou a ser considerado um "artista degenerado" entre os nazistas, sendo proibido de exercer sua profissão. Alguns de seus trabalhos foram mostrados em Munique em 1937 na exposição *Arte degenerada*. No mesmo ano, Max Beckmann deixaria a Alemanha com sua esposa para sempre. No exílio em Amsterdã, desde 1939, ele se esforçou para obter um visto para os Estados Unidos.

Em 1941, incentivado por Georg Hartmann, diretor da Fundição Bauer em Frankfurt am Main, e amigo do artista, Beckmann realizou um ciclo sobre *A revelação secreta de*

João[55]. Trata-se de uma obra fundamental sobre a simbologia primeva da aniquilação, em que a ideia da salvação toma forma, e que une os níveis do sonho e da realidade, da realidade e da visão.

Eram 27 folhas avulsas em preto e branco litografadas em Frankfurt am Main e coloridas por Beckmann em abril e maio de 1942. Surgiram 24 pastas, nas quais as ilustrações de Beckmann foram anexadas ao texto do Apocalipse na tradução de Martinho Lutero — ilustrações estas "baseadas nos acontecimentos da época"[56]. Impressões particulares com tiragem de 24 exemplares não precisavam ser apresentadas ao órgão de censura da Alemanha nazista; mesmo assim, essa produção estava associada a altos riscos. No final de sua pasta, Max Beckmann tinha anotado o seguinte: "no quarto ano da Segunda Guerra Mundial, quando visões do visionário apocalíptico se tornaram realidade horripilante, surgiu esta obra"[57].

Enquanto o Apocalipse, no sentido bíblico, prenuncia uma última bem-aventurança com a derrota do anticristo e o triunfo do "eleito", a crescente secularização do tema ao longo do tempo atinge um ápice no século xx. A utilização do termo "Apocalipse" se volta para a destruição de todo tipo de vida e o fim de todos os tempos.

---

55 Max Beckmann, *Apokalypse: die Offenbarung Sankt Johannis in der Übertragung von Martin Luther*, Frankfurt: Büchergilde Gutenberg, 1989.

56 Hans Marquardt, "Apokalypse Now: Notate zu einem alten Thema", em: Max Beckmann, *op. cit.*, p. 87.

57 Max Beckmann, *op. cit.*, p. 87.

Olivier Messiaen, *Quatuor pour la fin du temps* [*Quarteto para o fim dos tempos*] (1941)

O *Quatuor pour la fin du temps*[58] é uma obra de câmara em oito movimentos do compositor francês Olivier Messiaen. A instrumentação é composta por clarineta, violino, violoncelo e piano, mas apenas em quatro dos oito movimentos aparecem todos os instrumentos. A duração da apresentação é de aproximadamente 50 minutos.

Messiaen completou o quarteto quando era prisioneiro do campo alemão de prisioneiros em Görlitz-Moys, no campo VIII-A, no fim de 1940, início de 1941. Os comandantes do campo permitiram que Messiaen compusesse e também disponibilizaram um piano para ele. Os ensaios eram feitos nos lavatórios. A instrumentação incomum foi produto da especialização dos músicos disponíveis no campo: o clarinetista Henri Akoka, o violinista Jean Le Boulaire e o violoncelista Étienne Pasquier.

---

58 Olivier Messiaen, *Quatuor pour la fin du temps*, Paris: Durand, 1942.

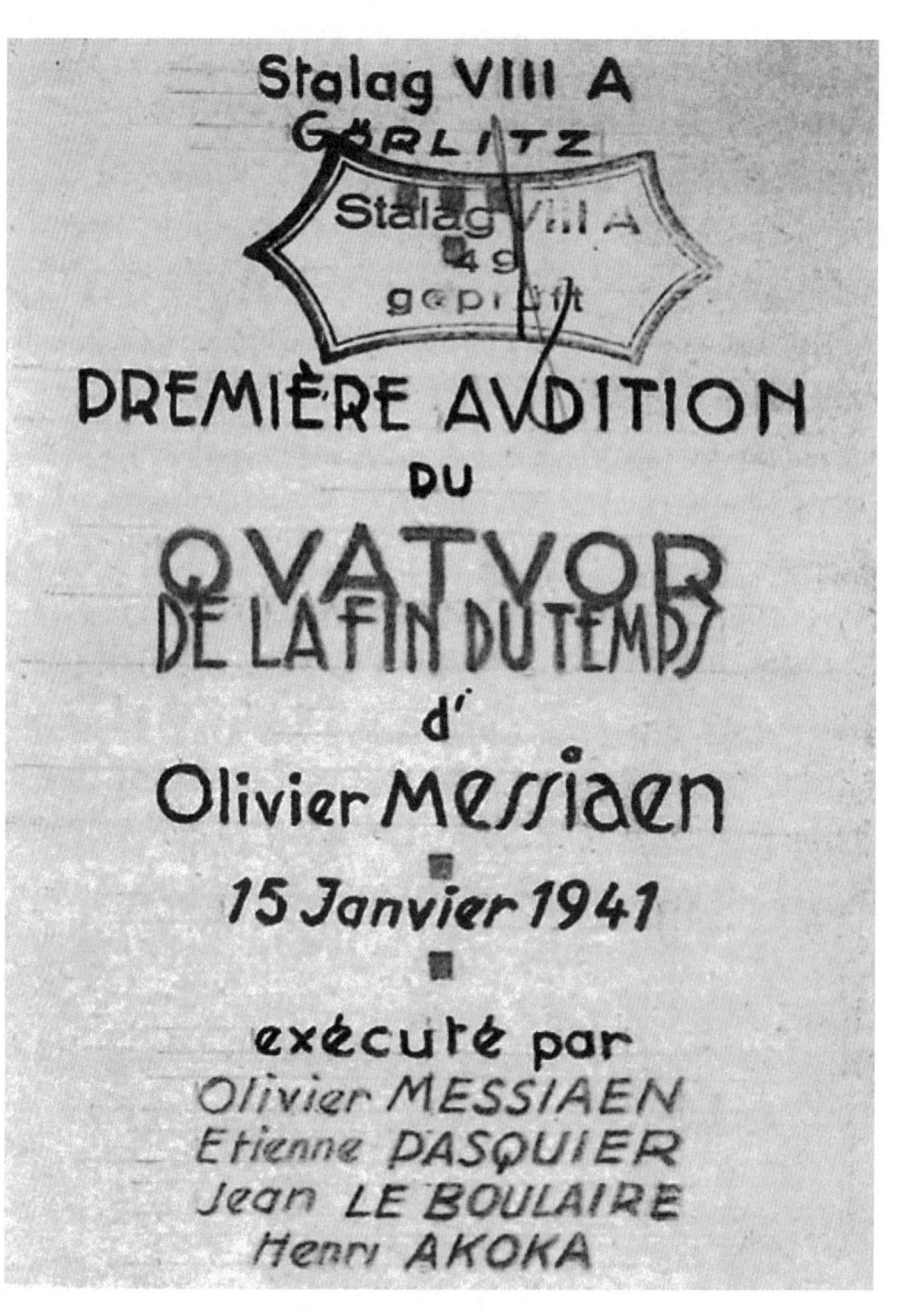

Quatuor pour la fin du temps (cartaz).

A estreia da obra completa ocorreu no campo de prisioneiros em Görlitz, em 15 de janeiro de 1941, diante de cerca de 400 prisioneiros de guerra. O próprio compositor assumiu o piano. A estreia francesa se deu em 1941, pouco depois do retorno de Messiaen a Paris. Nessa apresentação, ao lado de Messiaen tocaram o violinista Jean Pasquier e o clarinetista André Vacellier.

A obra foi publicada em 15 de maio de 1942 pela editora francesa Durand. Apontam para a revelação de João o título do quarteto, o do segundo movimento (Vocalise para o anjo que anuncia o fim dos tempos) do sexto movimento (Dança de fúria para as sete trombetas) e do sétimo movimento (Arco-íris em desordem para o anjo que anuncia o fim dos tempos)[59].

> E vi outro anjo forte, que descia do céu, vestido de uma nuvem; e por cima da sua cabeça estava o arco celeste, e seu rosto era como o sol, e seus pés como colunas de fogo [...];
> E pôs seu pé direito sobre o mar, e o esquerdo sobre a terra [...];
> E o anjo que vi estar sobre o mar e sobre a terra levantou a sua mão ao céu,
> e jurou por aquele que vive para todo o sempre [...], que não haveria mais demora;
> mas nos dias da voz do sétimo anjo, quando tocar a sua trombeta, se cumprirá o segredo de Deus [...][60].

---

59 *Vocalise pour l'ange qui annonce la fin du temps; Danse de la fureur, pour les sept trompettes; Fouillis d'arcs-en-ciel, pour l'ange qui annonce la fin du temps.*
60 Ap. 10:1-7, em: *Bíblia sagrada, op. cit.*

The Doors, "The end" (1967)

Faz parte da lenda em torno da banda The Doors, fundada em 1966, que seu letrista e cantor Jim Morrison certo dia teria encontrado o tecladista Ray Manzarek na praia em Los Angeles, quando, entre outros, Morrison teria recitado para Manzarek seu poema "Moonlight drive". Ray Manzarek ficou tão impressionado com os textos que sugeriu que fundassem uma banda. Um verso do pintor e poeta William Blake motivaram Jim Morrison a chamar a banda de The Doors. Em tradução livre, os versos de William Blake são: "se as portas da percepção fossem limpas, os homens veriam cada coisa como realmente é — inesgotável".

A canção "The End" [O fim] é a última faixa do lado B do álbum de estreia do grupo. Na biografia de Jim Morrison, Ingeborg Schober escreve que o álbum é "praticamente uma adaptação 1:1 de seus primeiros shows ao vivo e das fantasias de Jim Morrison sobre sexo, morte, liberdade, existencialismo e niilismo"[61]. Suas metáforas sempre recorriam a um mesmo tema: a despedida do passado e a criação de uma realidade e de um futuro próprios. "The End" também foi usada na trilha sonora do filme *Apocalypse Now* de Francis Ford Coppola[62], em sua sequência inicial e em outras cenas. Nesse contexto, a banda teria trazido à luz "o mal inconsciente escondido sob a capa psicodélica do *acid rock*"[63].

---

61 Ingeborg Schober, *Jim Morrison*, München: DTV, 2001, p. 50.
62 Francis Ford Coppola, *Apocalypse Now, op. cit.*
63 Ingeborg Schober, *op. cit.*, p. 50.

Timm Ulrichs, *The End* (1970)

Sobre uma pálpebra fechada, lemos as palavras tatuadas *"the End"* [*o fim*]. Trata-se do trabalho de Timm Ulrichs, de Hannover, um renomado artista performático, neodadaísta e professor universitário. De modo irônico, nessa imagem ele alude a seu próprio fim, não leva a arte muito a sério e brinca com a morte. A foto emoldurada foi clicada na Kunst Galerie Fürth.

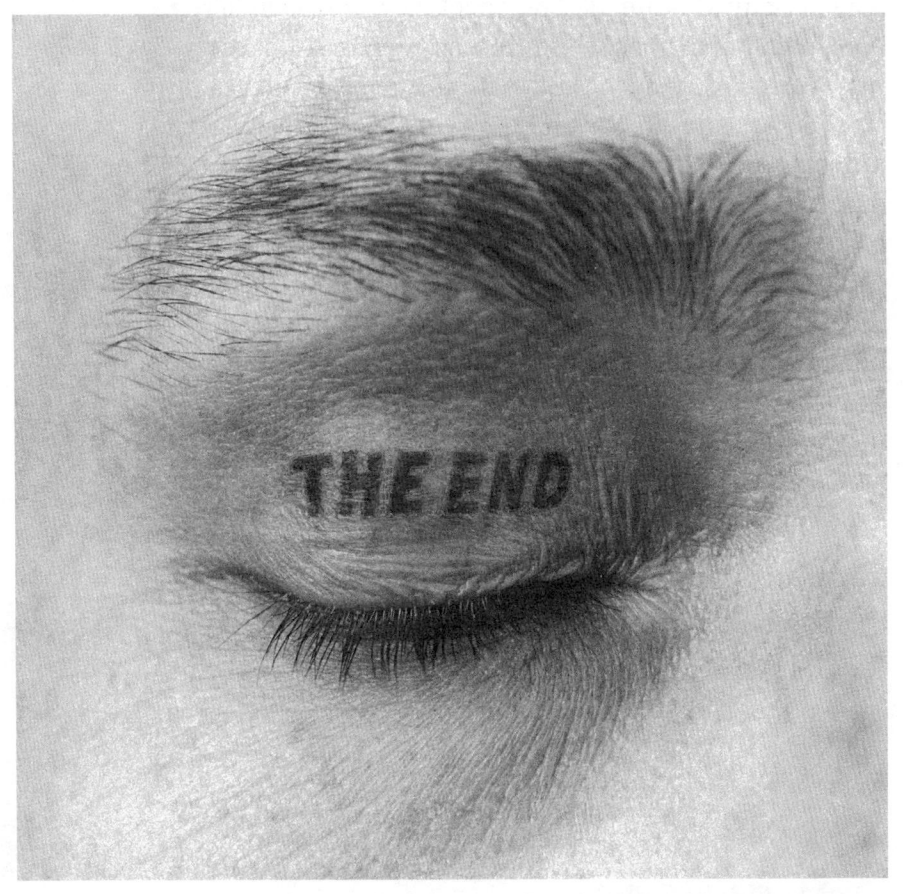

The End, de Timm Ulrichs.

Ed Ruscha, *Triumph* (1994)

Nascido em 1937, em Omaha, Nebraska, Edward Joseph Ruscha IV é pintor, fotógrafo e cineasta. Aperfeiçoou sua formação em Los Angeles, em 1956, no Chouinard Art Institute.

Sua primeira exposição internacional aconteceu em 1968, em Colônia, na Galeria Rudolf Zwirner. Logo depois, suas obras foram expostas na Galeria Leo Castelli, em Nova York, e na Gagosian Gallery, em Nova York e Beverly Hills. Em 1998, o Getty Museum de Los Angeles organizou uma retrospectiva com trabalhos de Ed Ruscha em papel. Em 2005, ele representou os Estados Unidos na 51ª Bienal de Veneza.

Apesar de Ed Ruscha ter evitado ser associado aos artistas *pop*, a estética e os conteúdos de seus quadros guardam parentesco com a cultura *pop* da costa oeste americana. Frequentemente, nesses quadros, palavras e frases se condensam em *slogans* tipográficos diretos e claros. Na imagem *Triumph* [Triunfo], de 1994, vemos uma superfície pintada, que lembra um pedaço de celuloide velho e riscado, com créditos finais de um filme antigo, e letras góticas superdimensionadas. Ela evoca não apenas lembranças de filmes antigos, mas também reflexões sobre a relação entre palavra e imagem.

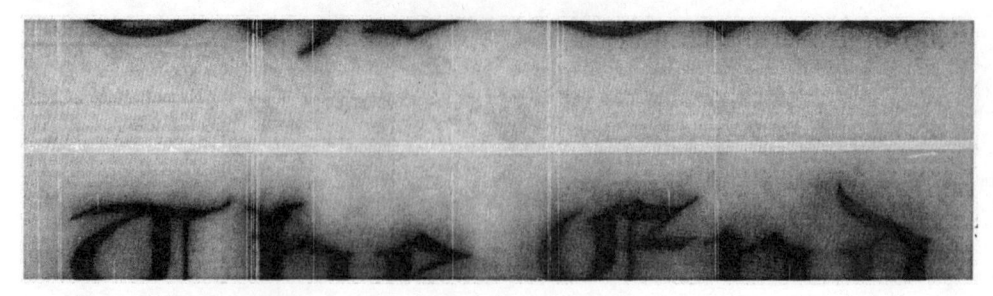

Triumph, de Ed Ruscha.

Muito do que é mencionado na revelação de João não é compreensível de imediato para nós hoje em dia. Os contemporâneos do autor, da época de 70 d.C., aproximadamente, não tinham dificuldades ao ler e compreender as mensagens cifradas. Temos motivos para supor que eles dispunham de um saber mais elevado em relação ao que temos acesso hoje, quando tentamos compreender as condições sociais e políticas daquela época, com algum esforço hermenêutico, que para nós se apresenta como arqueologia de um saber esquecido.

O apagamento da genealogia e a fúria do futuro
Norval Baitello Junior

As narrativas da fundação: a Carta de Caminha e a antropofagia de Staden

Há quase cem anos, em 1922, um dos jovens inquietos e agitadores da cidade de São Paulo de Piratininga, Oswald de Andrade[1], propôs o tema da antropofagia cultural como dinâmica de assimilação do outro. Tratava-se fundamentalmente de uma metáfora da prática canibal adotada pelos indígenas diante de suas terras invadidas pelos europeus.

Andrade passou a reavaliar as origens e o passado de uma cultura brasileira profunda; propôs trazê-los para o presente e pensar a necessidade de metabolizá-los, ao invés de apagá-los e deixá-los desaparecer no esquecimento. Ele construiu não apenas uma poética modernista, com fragmentos dos diários dos primeiros cronistas, viajantes,

---

1 Oswald de Andrade, "Do Pau-Brasil à antropofagia e às utopias: manifestos, teses de concursos e ensaios", em: *Obras Completas*, v. 6, Rio de Janeiro: Civilização Brasileira, 1970.

missionários e mercenários, mas, sobretudo, formou e sugeriu, junto de alguns de seus companheiros, um movimento e um pensamento antropofágico que resgataria origens profundas e heréticas, e as assumiu como integrantes de nosso presente e de nossa vocação.

Somos, pois, nossa genealogia. Uma cultura não cresce sem o alimento que vem de suas raízes mais profundas, que retiram da alteridade do solo mãe o outro constitutivo, seu vigor e sua sustentação.

Assim foi proposto o Movimento Antropofágico, que metabolizou o processo colonizador e assimilou seletivamente as origens profundas, múltiplas e díspares de uma cultura.

Nesse momento, a narrativa de uma testemunha e quase vítima do canibalismo, o marinheiro alemão Hans Staden[2], de Hessen, a serviço dos portugueses, torna-se algo como um mito de origem da cultura antropofágica brasileira. Sua "verdadeira história dos selvagens, nus e ferozes devoradores de homens", publicada em 1557, em Marburg, oferece algumas das cenas mais insólitas e inspiradoras para se pensar o presente e o futuro, não apenas do Novo Mundo, mas do mundo como um todo, sob o signo da devoração.

Mal Staden[3] imaginava o que poderia ser o mundo quatro ou cinco séculos depois, com a devoração como princípio e, principalmente, como mandamento maior. Ele involuntariamente narrou um cenário futuro, não apenas do Brasil, mas de uma estratégia global, que tem a devoração, a compulsão de apropriar-se do outro, levá-lo a desejar,

---

2 Hans Staden, *A verdadeira história dos selvagens, nus e ferozes devoradores de homens*, Rio de Janeiro: Dantes, 1999.

3 *Ibidem*.

a precisar e a consumir tudo o que se produz em escala crescente como imperativos.

A outra narrativa de fundação da Terra dos Papagaios, antes chamada de Santa Cruz, Vera Cruz e Terra do Pau-Brasil, foi a *Carta de Caminha*[4], poucas décadas antes de Staden. Idílica e promissora, conta as qualidades e as riquezas potenciais da nova terra e da docilidade de seus habitantes nativos.

A *Carta de Caminha* foi por quatro séculos a autoimagem de uma cultura colonial. Apenas no século xx, as duas genealogias se digladiaram, com uma nova emergência de movimentos sociais reivindicatórios — agora urbanos —, e sua contraface cultural, o chamado modernismo brasileiro, insurgência contra a genealogia idílica.

Não deixa de ser encantador, porém, ver o encantamento de Caminha pela gente nativa, sua nudez, sua docilidade, sua beleza física, sua força, sua disponibilidade para interagir pacificamente, suas pinturas corporais e sua receptividade aos estrangeiros. Inúmeros trechos da longa carta ao rei de Portugal revelaram até mesmo uma euforia com as maneiras dos indígenas, em sua abertura e curiosidade para com os estranhos objetos e as estranhas pessoas que ali aportavam.

Tão forte foram a permanência e a crença na narrativa fundadora de Caminha que a outra narrativa ganhou a merecida reverberação apenas na década de 1920. Tanto que Monteiro Lobato[5], que equivocada e apressadamente criticara os primeiros ventos rebeldes e renovadores do modernismo em 1917, produziu uma adaptação do relato e das aventuras de Staden para crianças na década seguinte.

---

4 Pero Vaz de Caminha, *Carta a El rei D. Manuel*, São Paulo: Dominus, 1963.
5 Monteiro Lobato, *As aventuras de Hans Staden*, São Paulo: Brasiliense, 1997.

No entanto, não foi só isso. Mário de Andrade "devora" os relatos antropológicos de Koch-Grünberg sobre indígenas do Alto Amazonas e os transforma em *Macunaíma, o herói sem nenhum caráter* (1928). Oswald de Andrade[6] retira "nacos" dos diários dos primeiros cronistas da terra de Pindorama e os transforma em uma poética telegráfica, como se lidasse com os resquícios de um naufrágio ou restos de uma devoração.

O embate de duas genealogias, uma dócil e eldoradamente promissora, a outra astuta, soberana e devoradora do outro, segue ainda hoje como o dilema de dominação de muito poucos sobre muitos outros. A hegemonia de uma delas — evidentemente aquela que mais interessa aos poucos que querem se apropriar dos outros — tende a gerar o esquecimento de origens mais profundas.

O esquecimento da origem

Setenta anos após os acontecimentos de 1922, desembarcou em São Paulo outro alemão, de Berlim, mas que trabalhara bons anos em Marburg: Dietmar Kamper. Falou sobre o corpo, o corpo vivo, o corpo morto, o desaparecimento dos sentidos, o apagamento do corpo como causa da maior dificuldade de nossa época, estar aqui e agora.

Em sua partida, o presenteei com um exemplar, em português, do livro de Oswald de Andrade, *Do Pau-Brasil à antropofagia e às utopias*, que continha o *Manifesto Antropófago*. Encontramo-nos dois anos depois, e ele conseguira traduções alemãs de alguns dos textos e já as havia devorado.

---

6 Oswald de Andrade, *Do Pau-Brasil à antropofagia e às utopias, op. cit.*

> A síndrome canibal agita-se outra vez sobre o horizonte
> [...] Por que então antropofagia e antropoemia (vide Lévi-
> -Strauss, *Tristes trópicos*) podem atuar hoje como grande
> esquematização de sentido da apropriação cultural?
> Uma importante chave para esta questão está sem dúvida
> no *Manifesto Antropófago* de Oswald de Andrade, de
> 1924. Num esboço objetivamente irônico e agudamente
> superficial, a devoração humana simbólica faz resistência
> contra o desmedido digerir da cultura europeia-norte-
> -americana. Ironia e superfície são incomensuráveis para
> a fúria do entendimento[7].

Anos antes, Kamper escrevera, em seu livro *O unicórnio capturado,* sobre o "esquecimento da origem" (*Vergessen der Herkunft*), o silêncio da escrita dos menires e uma fantasiosa hipótese sobre os atlantonautas que teriam trazido sua sabedoria para a selvagem Europa da era do gelo. Escrevera também sobre o enigmático *A dama e o unicórnio* (*La dame à la licorne*), tapeçaria medieval cheia de enigmas sobre os cinco sentidos e um ainda mais enigmático sexto sentido, à qual também Michel Serres dedicou seu livro *Os cinco sentidos*.

Seu diagnóstico do esquecimento das origens e do apagamento das genealogias apresentava-se como um desafio para se pensar que cenários poderíamos criar sobre os ambientes a serem gerados no presente e no futuro. Que ambientes podem emergir da terra arrasada pela onipotência titânica da negação da origem e do isolamento vindo do autoculto fundado em uma pressuposta eternidade sem

---

7 Dietmar Kamper, "Motim contra o canibalismo da civilização". Trad. Danielle Naves de Oliveira. *Ghrebh – Revista de Comunicação, Cultura e Teoria da Mídia*, São Paulo: 2009, v. 2, n. 14, p. 30.

raízes? Seria esta uma das componentes de nossa dificuldade de estar no presente? Seria este um dos componentes de nossa fuga do próprio corpo, hoje lastreada nos imperativos das imagens, não apenas visuais, mas constituídas de todos os tipos de abstrações?

Em abril de 2001, Kamper despediu-se do Brasil na memorável conferência *Hocuspocus. Hans Staden e a controvérsia religiosa em Marburg*, ao lado de Haroldo de Campos. Estava ali um verdadeiro antropófago, atento ao outro e aberto para aprender sempre, de tudo e de todos.

Pouco se escreveu sobre Staden, figura tão singularmente significativa para o Brasil, em particular, mas também de enorme importância geral, para se compreender os tempos presentes e sua fúria devoradora. Mersmann e Kamper se ocupam do entorno cultural do marinheiro que, trabalhando para os portugueses, aqui aportou e foi aprisionado pelos indígenas. Suas descobertas sobre a genealogia de Hans Staden são surpreendentes.

Marburg, no coração do estado de Hesse, foi a sede da primeira universidade protestante da Alemanha, fundada dois anos depois do nascimento de Hans. Seu pai, Gernand, era conterrâneo e amigo de Johannes Dryander, que participou da controvérsia religiosa de Marburg em 1529. Assim relatam Kamper e Mersmann:

> Em sua Antropologia, Kant descreve a palavra *hocuspocus* como corruptela do ritual de possessão "Hoc est corpus meum". A controvérsia religiosa de 1529 em Marburg, envolvendo Lutero e Zwingli, girava em torno da presença real de Cristo na Santa Ceia. Zwingli sustentava que "pão e vinho" só poderiam ser compreendidos como signo de carne e sangue, "senão seríamos canibais". Metabolismo corpóreo ou troca espiritual — era esse

o lema que na época conduzia ao dilacerante âmago das coisas: comunhão ou comunicação. Esta polêmica acirrada entre os pensadores do corpo e os teóricos dos signos abalou toda a cristandade, por longo tempo e até os mais remotos rincões da Terra. Em sua infância Hans Staden foi testemunha dessa disputa.

O texto de Staden, por mais fiel que seja aos fatos testemunhados como prisioneiro na aldeia indígena, reveste-se de ecos da grande polêmica ouvida na aldeia de sua infância.

Hegemonia do indivíduo

O ocultamento da origem ou seu apagamento, como Kamper diagnostica, em relação tanto ao remoto Neolítico quanto à não tão distante Idade Média, tem como primeira consequência a cegueira para o sentimento de pertença, a noção de comunidade e a percepção para o outro com seus desdobramentos imediatos. A hegemonia do indivíduo e todas suas marcas, metas, trajetos, feitos, projetos, frutos e produtos geram uma insustentável e onipotente sensação de Atlas, o titã que carrega o céu nos ombros. Irmão de Prometeu, pertence à geração de seres monstruosos e descomedidos que lutaram contra Zeus e, derrotados, foram lançados no Tártaro. Atlas passou a habitar o extremo ocidente, lugar da "ocidentação" apontada por Kamper. Foi transformado em rochedo por obra do olhar da Medusa, conduzida por Perseu, selando o destino do homem titânico de hoje: de ser um rochedo rodeado por outros rochedos, todos imóveis, mudos, surdos, cegos e voltados para si próprios, incomunicáveis.

O destino de Atlas é o mesmo do indivíduo. Ele deve carregar a abóbada celestial, sem poder dividir sua carga com sua estirpe, dada e organicamente constituída por sua genealogia. A petrificação do indivíduo produz a imobilidade e a impotência de reagir diante dos destinos que nos foram endereçados.

O indivíduo, petrificado em sua incomunicação, apaga toda alteridade quando extingue sua própria genealogia. Ele precisa provar sua potência ilimitada a si mesmo, o que o torna impotente para a rebeldia, para a rebelião, para a revolta ou para o motim, e o faz incapaz de buscar alívio para seu pesado destino, por estar, sobretudo, afastado da alteridade.

Nossas histórias de vida são titânicas. A evolução da família suprime cada vez mais as origens e dispensa o cuidado com o outro, a divisão e o partilhamento solidários. Nosso trabalho, igualmente. Já o afirmaram os dadaístas berlinenses, em 1919, no título de seu primeiro jornal, imediatamente proibido e confiscado: "cada um [é] sua própria bola de futebol"[8].

Também são assim nossas escolas fundamentais e nosso sistema educacional universitário. Eles nos conduzem à ilusão de que somos titãs, descomprometidos de uma origem e desvinculados de heranças, compromissos e obrigações, que fomentam nossa carreira solo.

Nada devemos a ninguém, do mesmo modo que ninguém pode nos roubar a hegemonia de seres indivisos e nem a solidez de rocha. Por esse motivo, não dividimos nada, nem o mérito, nem os frutos de nossas existências. Estes se transformam em haveres. Não são retornados nem restituídos ao patrimônio comum no qual bebemos. São petrificados em haveres individuais.

8 Em alemão, "Jedermann sein eigner Fussball".

A avidez pelo haver

Nossa dificuldade em viver no presente nos condena a reunir um infinito número de coisas que nos tragam de volta para o espaço circundante e que nos prendam a ele. Esse espaço torna-se a acumulação de coisas substitutivas do corpo e sua presença.

A genealogia profunda do povoamento de nosso entorno com objetos pessoais e familiares seguramente está plantada no assentamento progressivo dos nômades humanos. As palavras que designam o "sentar" e o "possuir" vêm de uma raiz única, a palavra indo-europeia *sed*, que dá o latim *sedere*, o grego *(ka)thed(ra)* e o germânico *sitzen*. Do mesmo *sed* nascem *possedere* (latim) e *besitzen* (alemão), ambas palavras significam "possuir". A sabedoria ancestral registrada no nascimento das palavras revela que só é dono de algo aquele que se senta sobre sua posse. Assentar e possuir rebanhos, terras e sua colheita, força de trabalho e tempo de vida de escravos e servos: esse foi o início da substituição do ser pelo haver.

O corpo assentado e suas ferramentas, tão bem diagnosticados por Dietmar Kamper e Hajo Eickhoff, geram um pensamento sentado, que novamente apaga nossas origens saltantes e nômades, como inquietos primatas que somos. O apagamento dessa genealogia profunda é compensado danosamente pelo haver, pelo possuir.

Se estabelecemos uma homeostase entre haver e ser, podemos supor que quanto mais se hipertrofia uma, mais se atrofia a outra; quanto mais possuímos, menos somos, pois a posse (e o assentamento, a vida sedentária) nos afasta de nossas genealogias, tanto nômades quanto saltantes. Quanto mais somos nós mesmos, menos necessitamos de posses hipertróficas e mais fiéis seremos a nós mesmos como seres complexos, com histórias passadas e futuras, com sonhos e gozos, com alma e corpo.

A ideia de posse anda de mãos dadas com a definição de indivíduo (o que não é dividido), como aquele que não divide com o entorno sua existência. Ao acumular posses, acumulamos também dívidas para com nosso ambiente. A economia da posse e da acumulação de riquezas é uma economia da dívida e nunca da dádiva.

O pecado da húbris (*hybris*), pecado maior da cultura grega, imperdoável por tentativa de aproximação dos deuses, é o que acomete a economia do planeta. Era a marca maior dos titãs que não conheciam nem lei, nem paternidade, tampouco descendência. Seguindo tal princípio, os estados contemporâneos são assaltados por aparelhos titânicos, que legislam, executam e julgam apenas em causa própria. O interesse e o bem público são apenas um meio para atender aos interesses privados.

Em paralelo, corporações empresariais se apossam do estado e o tornam um apêndice delas mesmas sem o menor pudor. Elas também tomam posse da mídia, e são suas as vozes que ressoam em coro clamando os benefícios do que chamam "livre concorrência" e estabelecendo as "regras do mercado", regidas pelos princípios de uma suposta "igualdade" de todos os partícipes do jogo social. "A mídia é a boca do capital", define com precisão Muniz Sodré[9].

---

9 Muniz Sodré, *A ciência do comum*, Rio de Janeiro: Vozes, 2015

"Ódio à mãe, ódio à terra, ódio ao corpo"

Apagar as genealogias significa apagar o útero que nos gerou, negando a mãe, a terra, o corpo, enfim, todas as matrizes da vida, com suas sensorialidades, seus sentidos, seus tentáculos doadores e recebedores da vida, seus vínculos que nos sustentam e seus elos com o entorno que nos abriga. Significa praticar a geofagia predatória, destroçar o planeta em benefício imediato e desmesurado de poucos. Consiste ainda em aniquilar o espaço que nos abriga e que alimenta a vida. É a redução do espaço a uma abstração, que nada mais é que uma subtração, a retirada, o saque à materialidade da vida. Reduzir o espaço a uma abstração significa retirar o chão e a sustentação do corpo.

A extinção de genealogias corresponde ao ódio do corpo, da presença e do presente da mãe e da terra. O corpo é sentido por suas raízes biológicas, sociais e culturais, todas elas heranças de um ambiente que não apenas nos gerou, mas nos moldou e nos deu um sopro e um destino.

Reconhecer as genealogias, por outro lado, significa habitar o corpo em sua plenitude de potenciais e de impotências, ou seja, em sua imortalidade de símbolo e em sua mortalidade de carne. Criaturas feitas de abstrações e ausências, a criação e a proliferação dos substitutivos para a mãe, para o planeta, para o corpo surgem, então, como compensações para o apagamento das genealogias. Criar miragens e imagens sedativas passa a ser a mais frequente solução para mitigar a dor da ausência de terra, de útero, de aconchego, de corpo, enfim, de origem.

A produção infinita de abstrações serve para compensar o apagamento do corpo. As dinâmicas da produção e da reprodução histérica de um número cada vez maior dos substitutivos artificiais e dos artefatos de substituição têm como consequência a devoração pantagruélica das imagens pelas próprias imagens, das imagens pelos corpos e dos corpos pelas imagens, em um ritual infindável de iconofagia.

São possíveis um resgate e um retorno para o devastador ódio à terra, à mãe e ao corpo? Seguramente sim, haverá um resgate na regressão, na busca das origens, no resgate ao âmago constitutivo de nós mesmos. Todas essas coisas estão registradas no corpo, que se faz ponto de encontro entre o passado e o futuro, como a síntese de uma história. O corpo é o registro vivo de uma genealogia, um fim em si, e não um meio. Retornar ao corpo significa reestabelecer vínculos primordiais consigo mesmo e com os outros corpos, pois "corpo pede corpo".

Arqueologias profundas

Vejamos dois modelos de vida e sociedade além do humano, para nos espelharmos em alteridades: o modelo dos insetos e o de primatas da Mata Atlântica.

O êxito evolutivo das sociedades de insetos, os verdadeiros donos do planeta, deve-se à sua capacidade de associações comunitárias muito complexas e a uma inteligência supraindividual, que produzem uma sociedade de grande plasticidade diante das catástrofes naturais e dos predadores. Diante dos nossos 2, quase 3 milhões de anos de existência da espécie humana, algumas espécies de insetos sobrevivem há centenas de milhões de anos. Esses números da escala temporal nos obrigam a pensar no tema da preservação da genealogia, um pensar planetário, sustentável para essa espécie e para as outras. Perdê-la significa perder o elo com o planeta e com a vida. Nós copiamos das exitosas sociedades de insetos o modelo das sociedades de centenas de milhares e de milhões de seres: as sociedades entômicas.

Nas últimas quatro décadas, a pesquisa brasileira estuda intensamente uma espécie de macaco da antigamente majestosa Mata Atlântica. São os muriquis, com um remanescente populacional estimado em 1.300 indivíduos. A palavra *muriqui*, em língua tupi, quer dizer "povo tranquilo".

Os muriquis são macacos grandes, os maiores da América, com um metro e meio de comprimento e peso aproximado de vinte quilos. Têm corpo e pelagem de cor caramelo-claro ou acinzentado quase branco; focinho rosado ou negro; e a área em torno dos olhos de cor negra.

Suas principais características são a sociabilidade hedonística e o baixíssimo nível de agressividade. Quando há algum conflito ou tensão, eles se abraçam longamente, atraindo os próximos, que aderem ao mesmo abraço, reforçando-o e produzindo, sobre os galhos ou pendurados neles, verdadeiros cachos ou pencas de macacos felizes. Sua estratégia de pacificação das tensões é única entre os agonísticos primatas.

O estudo dos muriquis demonstra que os vínculos sociais primordiais poderiam ser mais amigáveis à própria vida, ao corpo e ao planeta. A pesquisa sobre esse povo tranquilo pode nos ensinar — e tem nos ensinado muito — sobre a sabedoria da vida.

A fúria do futuro

Somos projetos? O que significa isso?

A proposta de Flusser[10] sobre uma adequada definição do humano no Ocidente dito civilizado logo é radicalizada por Kamper[11], que define nossa obsessão pelo futuro como "projétil".

O desejo exagerado pela imagem nos volatiliza e imaterializa, corpos que somos, ao nos transformar em uma abstração, como em uma operação de subtração radical, ou uma retirada da materialidade que nos vincula ao mundo sensorial, das sensações e das vivências.

A fúria do futuro nos abstém da presença e do presente, explodindo não apenas o corpo, mas o entorno ambiental, como o faz um projétil. Tal realidade capsular caracteriza cada vez mais o contemporâneo, o encapsulamento da vida com envoltórios de nadas, de abstrações, como naves que nos transportam para o futuro — capsular, pois é incapaz de ver o outro, o outro ambiental, o outro social, o outro simbólico, o outro psíquico.

Paradoxalmente, tal realidade capsular destrói as possibilidades do futuro real em nome de um futuro abstrato. Como a porta do futuro não permite a entrada do corpo, este é substituído por corpos imaginários. O corpo é de uma natureza e de uma realidade essencialmente presentes. Sua sabedoria necessariamente nos resgata das garras do futuro e do passado, conquanto ele os possua registrados como memórias e como anseios e desejos.

---

10 Vilém Flusser, *Vom Subjekt zum Projekt: Menschwerdung*, Frankfurt: Fischer, 1998.
11 Dietmar Kamper, *op. cit.*

Viver encapsulado por abstrações significa ser um projétil para fugir da morte, que é sempre também uma ameaça do presente. A morte nunca chega no futuro. Juntamente do corpo, ela é igualmente presente. Fugir dela por meio da imortalidade das abstrações é abandonar a vida desde já e viver em efígie, na imagem, no cenário.

Corpos da sabedoria: a prudência de deixar que as coisas aconteçam quando agimos juntos
Hajo Eickhoff

A coruja e a sabedoria

Em silêncio, majestosa e tranquila, ela desliza pelo ar. Asas abertas, olhar atento. Aparentemente indiferente, ela fixa seu alvo no escuro, em que outros não conseguem enxergar. É a coruja, a companheira de Atenas, a deusa da sabedoria e da estratégia, que conduz os exércitos.

A coruja grega, de nome biológico *Athene noctua*, não é um animal sábio em si, pois não é nem mais inteligente nem mais prudente que outras aves. Para os gregos, é somente a representação da sabedoria por fazer lembrar aquilo que o ser humano associa à sabedoria: a calma, a serenidade, a leveza e a concentração — características que, muitas vezes, descrevem não só a coruja, mas também o observador atento.

O ser humano não pode voar. Ele tem os pés plantados no mundo. Aliás, ele próprio é mundo. No entanto, enquanto o mundo não humano, composto de pedras, plantas ou aves, nada sabe de si mesmo ou do mundo, o ser humano sabe do mundo, pois tem consciência, e conhece a si mesmo, já que tem autoconsciência. O ser humano se relaciona com o mundo e com si mesmo. Ele observa e percebe ambos. Sua capacidade de se nomear como "eu" é única, pois só o ser humano detém essa certeza de ser eu, sujeito, aquele que age.

Seu cérebro recebe impulsos do mundo exterior e interior, comunicando-se também consigo mesmo. Sua autorreferência origina-se da comunicação interna entre seus neurônios — e isso é algo que ele só consegue pressentir. Por outro lado, é capaz de vivenciar o mundo exterior e sentir seu mundo interior.

Em um processo de bilhões de anos, a evolução coletou conhecimento e habilidades relacionadas aos padrões do mundo vivo, refinando e armazenando essa informação nos genes de organismos cada vez mais complexos. A evolução equipou bem os seres vivos, para que pudessem aproveitar seu conhecimento biológico-histórico em prol da manutenção e do desenvolvimento da vida.

Dessa forma, o ser humano — em permanente troca com o mundo — é um ponto de encontro de contínuos estímulos, externos e internos, que são combinados para formar oxigênio, sangue e células; músculos, órgãos e esqueleto; mente e alma; comportamento e ações, criando, assim, um ente único: o ser humano.

O cérebro registra e processa bem mais do que aquilo que o ser humano percebe conscientemente, pois raciocínio e sentimento só conseguem acessar uma pequena área do conhecimento. Sistemas autônomos, como o da respiração, da circulação sanguínea, da digestão, dos processos biológicos profundos e o batimento cardíaco, funcionam sem jamais chegar ao nível de consciência.

A sabedoria é uma possibilidade de ter acesso a processos inconscientes por meio do conhecimento, da vivência, de sensações e de conclusões coerentes.

Abertura para a liberdade

Pensar e deliberar exigem espaço de manobra, ou seja, espaço livre e tempo. Se um estímulo leva sempre à mesma reação imediata, não existe nesse processo nem pensar nem sabedoria. O propósito — e a vantagem — dos instintos é que eles permitem agir de forma automática, precisa e ágil.

A evolução sempre experimenta algo novo e introduziu uma possibilidade entre o estímulo e a reação. A possibilidade de se adiar a reação a um estímulo. Isso criou um intervalo temporal: um intervalo de possibilidade, um intervalo simbólico. Trata-se de um intervalo para pensar, marcado por intensa atividade: nele é possível refletir, decidir, descartar ações, preparar ações e até sonhar acordado.

Entre o estímulo e a reação, a liberdade do ser humano é despertada. Consuma-se, então, a percepção consciente do passado, presente e futuro. A evolução diferenciou o ser humano, transformando uma parte de seus instintos em sensações e pensamentos. A conscientização permite um segundo adiamento da reação a estímulos: não mais evolucionário-fisiológico, mas determinado pela cultura. Com educação, dança, esportes, exercícios respiratórios e controle dos sentidos, o ser humano pode cultivar a si próprio. Discípulos iniciantes e alunos primários são treinados a expandir esse intervalo de tempo extraordinário. Todas as disciplinas, como escrever, fazer contas de cabeça ou exercícios para o controle dos sentidos, servem a esse propósito.

Aqui entra em cena, então, a sabedoria. Pois não é somente uma questão de se expandir o intervalo de tempo: é preciso aceitar e suportar esse intervalo alongado.

Já no século XIII, o poeta persa Rumi escreve que, entre estímulo e reação, há um espaço, e que só em tal espaço podem existir o encontro, a cura e a evolução. No sentido contrário, uma abertura existente entre estímulo e reação pode voltar a se fechar em algumas situações, como quando certas ações conscientes tornam-se simplesmente habituais.

Gregory Bateson[1] comenta que não há organismo que possa se dar ao luxo de fazer, de forma deliberada, o que já faz sem ter de pensar. Os hábitos, portanto, podem ser costumes pessoais ou esquemas sociais de estímulo-reação. Tais esquemas aceleram as ações, funcionando como instintos: sem reflexão, de forma automática, precisa e rápida. Esse é seu propósito e sua vantagem.

Quebrar um hábito pode ser difícil. Sabedoria implica exatamente em perceber quando é preciso abandonar antigos costumes e hábitos para poder continuar em movimento, ou seja, vivo.

Atenção: respiração e musculatura

A enorme produção de coisas levou o mundo a um estado crítico, do ponto de vista ecológico e social, e serão necessárias muita dedicação e sabedoria para superar a situação, visando minimizar os danos. As competências do corpo (inconscientes) e o conhecimento (consciente) sobre a vida pessoal e social devem ser combinadas. Essa interconexão inerente ao ser humano foi prejudicada pelo uso intensivo da tecnologia e pelo estilo de vida puramente racional, e quem sofre com isso é a qualidade da respiração e da musculatura.

Em conjunto, respiração e musculatura dão forma ao ser humano em fase de crescimento, além de exercerem forte influência sobre as sensações, os sentidos e o bem-estar

---

[1] Gregory Bateson, *Ökologie des Geistes*, Frankfurt: Suhrkamp, 1983, p. 201.

geral. Como a respiração das pessoas em sociedades altamente desenvolvidas é geralmente rápida e superficial, e sua musculatura, rígida e tensa, surgem deficiências, como défices de motivação, discernimento e serenidade. Isso, por sua vez, impede a sintonia entre mente e sentidos, e prejudica a capacidade de agir com sabedoria. Quando conhecimento e sensações agem isolados entre si, os sentidos se embotam. Em culturas asiáticas, há mais de 2.500 anos, a respiração e a musculatura são objeto de atenção e elementos de uma antiga tradição de sabedoria, como os exercícios de movimentos do *tai chi chuan* no taoismo; o controle e o direcionamento da respiração na ioga; e o trabalho envolvendo respiração e músculos das meditações no budismo. Todos eles reconhecem e aproveitam a estreita relação entre mente e sensações, e usam seu potencial em exercícios ascéticos.

No mundo ocidental, o saber adquirido sobre a respiração aparece ligado à pneuma, ao éter e ao espírito — mente e alma, sopro, alento. Com a ideia de separação entre corpo, mente e alma introduzida por René Descartes[2], o pensamento racional-científico prevalece. O estudo da relação geral entre respiração, musculatura e pensamento é empurrado para segundo plano.

Somente no começo do século XX, o tema será retomado por Elsa Gindler[3], Heinrich Jacoby[4] e outros, levando ao desenvolvimento de uma terapia sensorial moderna. O trabalho de Gindler foi posteriormente chamado por

---

2 René Descartes, *Meditationen*, Hamburg: Felix Meiner, 1959.
3 Elsa Gindler, *Von ihrem Leben und Wirken*, Berlin: Heinrich-Jacoby/Elsa--Gindler-Stiftung, 2002.
4 Heinrich Jacoby, *Jenseits von "Begabt" und "Unbegabt"*, Berlin: Heinrich--Jacoby/Elsa-Gindler-Stiftung, 2011.

Charlotte Selver[5] de *sensory awareness* (conscientização sensorial, em português), que ela define como cultivar a percepção, a consciência e a sutileza das sensações que nos chegam por meio dos sentidos. Esses processos despertam e fortalecem nossas energias interiores e nos ajudam a estar presentes, característica essencial da sabedoria.

O conhecimento sobre o papel da musculatura nas culturas ocidentais surge bem mais tarde. A partir de suas próprias experiências, em meados do século xx, Moshé Feldenkrais[6] e Friedrich Alexander[7] atribuem a influência direta sobre a plena consciência à função e à ação da musculatura, e ainda reconhecem que, se esta não for usada, atrofia-se.

No entanto, não seria sábio optar por uma simples terapia respiratória ou treinamento muscular. Somente a prática conjunta de ambas pode preservar ou recuperar a mobilidade e a postura correta. É preciso trabalhar de forma consciente tanto a respiração como a musculatura, para aprender a ouvir seu interior, desenvolver a sensibilidade e poder sondar como anda seu próprio bem-estar.

Sabedoria prática

Mitos ajudam os seres humanos a pararem por um momento, ouvirem seu interior e levarem sua vida de acordo com si mesmos. Cada cultura tem seu livro de sabedoria e, com ele, sua própria sabedoria. Quer escritos ou orais, mitos preservam a sabedoria, como nas máximas de

---

5 Charles Brooks, *Erleben durch die Sinne*, München: DTV, 1991.
6 Moshé Feldenkrais, *Bewußtheit durch Bewegung*, Frankfurt: Suhrkamp, 1982.
7 Friedrich Alexander, *Der Gebrauch des Selbst*, Basel/Freiburg: Karger, 2001.

vida de Ptahhotep[8], na *Epopeia de Gilgamesh*[9], nos Upanixades[10], no *Tao Te Ching*[11], no livro da sabedoria de Salomão[12], no Hávamál da Edda Poética[13] ou nas canções orais dos aborígines australianos. Todos eles trazem uma prática específica característica da respectiva cultura e fazem da sabedoria um fenômeno no qual os parâmetros físico e espiritual se combinam em perfeita harmonia.

Em todos eles — *koans* e I Ching, oráculo de Delfos, Chindogus e *songlines* aborígenes —, são superadas barreiras que não são expressas na pergunta em si, mas que estão presentes na mente de quem pergunta. *Koans* são tarefas de meditação, curtas e paradoxais. Perguntas que o mestre zen faz a seus discípulos em forma de charadas, fórmulas mágicas e mantras, cuja solução só pode ser encontrada de maneira intuitiva. A mente é estimulada a pensar, mas também a reconhecer que os problemas da vida nem sempre podem ser resolvidos usando apenas processos intelectuais. As tarefas paradoxais levam o discípulo aos limites de seu pensamento. Por exemplo, o mestre Daoxin pergunta a um discípulo: "o que você sabe com certeza?". As respostas mais respeitadas não parecem lógicas. Um monge pergunta ao

---

8 Ptahhotep foi um vizir do Antigo Egito e autor de uma obra literária com máximas e conselhos sobre as relações humanas. [N.E.]

9 Esse poema épico da Mesopotâmia é considerado o texto mais antigo escrito pela humanidade. [N.E.]

10 Parte das escrituras hindus *Shruti*, os Upanixades discorrem sobre meditação e filosofia. [N.E.]

11 Uma das mais conhecidas e importantes obras da literatura chinesa, escrita entre 350 e 250 a.C. [N.E.]

12 Salomão, *Die Bibel — Die Bücher des Alten Testaments*, II, Livros 3, 4 e 5.

13 Bjorn Jonasson, *So sprachen die Wikinger: die authentische Hávamál*, Reykjavik: Gudrun, 1993.

velho Tozan: "o que é Buda?"; e a resposta que recebe é: "um quilo e meio de linho". A sabedoria aqui está na intuição de que, na cultura do budismo, a combinação do que faz sentido com o que não faz o menor sentido pode levar a descobertas significativas e a uma importante prática: a Iluminação.

O I Ching[14] é um livro de sabedoria prática contendo textos indefinidos. Quem busca respostas formula sua pergunta e joga varetas de mil-folhas para cima. Seguindo o arranjo que as varetas formam ao cair, a pessoa deve desenhar um esquema de seis partes, formado por traços inteiros e parciais, que leva a um desses textos indefinidos. Para chegar à resposta, é preciso saber combinar o texto indefinido com sua situação concreta. A sabedoria reside na tensão entre o texto indefinido e uma interpretação definida.

Em resposta a uma pergunta feita ao oráculo de Delfos, a sábia pitonisa murmura algo incompreensível. O murmúrio e os sons indistintos precisam ser traduzidos e interpretados para que se chegue a uma resposta e a uma ação correspondente. A crença no oráculo, cujo murmúrio viria de forças celestiais, traz extraordinária certeza e força, como mostra a vitória obtida pelos atenienses em desvantagem, que conseguiram derrotar os poderosos persas após terem consultado o oráculo três vezes. Entre as palavras incompreensíveis e uma interpretação que faz sentido, está a sabedoria.

Um Chindogu parece um objeto útil, mas tem funções inúteis — representa o espírito da anarquia. Chindogus

---

14 Um dos mais antigos textos chineses que chegaram até os nossos dias, o I Ching pode ser compreendido tanto como um oráculo quanto como um livro de sabedoria. Lido em todo o mundo, inspira áreas como a religião, a psicanálise, a literatura e a arte. [N.E.]

advertem sobre o que é falho ou inadequado na vida diária, destacando tais deficiências e criando tantas outras que se tornam supérfluos. Eles oferecem uma solução sem sentido para um problema que, até então, nem existia. Segundo Kenji Kawakami[15], estudioso da teoria, o Chindogu seria uma crítica à visão materialista da civilização e poderia mostrar que, com menos objetos diários, é possível ser mais livre. A ocupação com Chindogus pode levar a uma nova forma de se relacionar com coisas materiais. Assim, eles assumiriam uma função útil, que consistiria em lançar um olhar crítico, sábio e bem-humorado às coisas criadas pelo ser humano. Por outro lado, os Chindogus só trazem alegrias e ensinamentos àqueles que os levam a sério. Os aborígenes australianos usam canções, as chamadas *songlines*, para se orientarem no território. As canções se referem à paisagem: montanhas, rios, florestas e lagos são registrados como se fosse um mapa. O ouvir e o som do vento, o caminhar e o terreno sob os pés, a canção e a mensagem cósmica: tudo está unido, pois tudo é o mesmo. As sensações evocadas pelas canções que as crianças praticam desde muito jovens são tão precisas que a paisagem corresponde exatamente à canção, e a *songline* é capaz de guiar os caminhantes com segurança.

Sabedoria significa também presença dos sentidos. Uma criança joga um anel para o alto, as outras tentam jogar pedrinhas através dele. Ao final, cada criança sabe exatamente onde caiu sua pedra sem precisar procurar. As sensações evocadas pelas canções de sabedoria devem ser praticadas em jogos, para que os sentidos possam familiarizar-se com as coisas.

---

15 Kenji Kawakami, *Chindogu oder 99 (un)sinnige Erfindungen*, Köln: DuMont Reise, 1977.

Não é possível fixar os mitos de forma racional. Exatamente por esse motivo, os mitos são gerais e indefinidos, pois deve ser possível compreendê-los e interpretá-los mesmo quando as condições do mundo se transformam. Se fossem racionalizados, passariam a ser atribuídos a um tempo e um espaço concretos, ficariam atrelados a uma ideologia e perderiam sua utilidade. Mitos, rituais, *koans*, oráculos e *songlines* deixariam de ter validade universal e aplicação prática geral.

A filosofia

É possível adquirir o conhecimento necessário para poder agir de forma adequada. Um bom ponto de partida pode ser o estudo da filosofia.

Filosofia e sabedoria trazem em seu bojo uma discrepância: a distância entre discurso e prática. Por ser uma disciplina discursiva, é natural que se questione a aplicabilidade da filosofia na prática. Ainda mais: questiona-se sua relevância para a comunidade e até se existe uma relação lógica e plausível entre discurso e prática.

A filosofia é uma ciência discursiva na qual o filósofo busca entendimento e sabedoria. No entanto, se houvesse uma prática diretamente associada à sabedoria, a filosofia, como "amor à sabedoria", não seria a ciência mais adequada para investigá-la. Por outro lado, belas ideias, pensamentos inteligentes ou teorias plausíveis, como fenômenos puramente intelectuais, também não significam sabedoria — ela deve estar em algum ponto entre ambas: entre discurso e prática, entre corpo e alma, entre ignorância e conhecimento.

A sabedoria é uma ecologia do amor. Em grego, sabedoria é *sofia*, e o amor a ela é a filosofia. A filosofia se divide em dois ramos: de um lado, está a história dos filósofos e de suas ideias; de outro, a filosofia como pensar por si próprio, refletir, buscar, meditar. São duas áreas distintas, mas mutuamente condicionantes. Para poder apreciar a matéria e cumprir plenamente o que ela exige, é preciso gostar das duas linhas.

Como matéria de estudo, a filosofia é alvo constante de críticas, pois não produziria descobertas ou conhecimento. Sua inutilidade, sua distância da vida prática e suas incertezas representariam um verdadeiro escândalo, o qual, por sua vez, não é mais que uma ilusão, induzida pelo pensamento científico. Na verdade, a própria ciência tem sua origem na filosofia. Os pré-socráticos buscam a matéria primordial do mundo. Pitágoras deu seguimento à pesquisa, com a matemática e a mística, Sócrates, com a educação e a ética, e Arquimédes, com a física e a astronomia.

As disciplinas científicas de hoje foram disciplinas filosóficas no passado. Quando uma ciência se diferenciava e se desenvolvia a ponto de se tornar por demais especial e abrangente, era criada uma nova disciplina, que passava a formular suas próprias teorias, métodos e currículos. Podemos dizer, portanto, que todas as ciências têm sua origem nas descobertas da filosofia.

Prudência

Quando o assunto é filosofia, sabedoria ou ação adequada, a prudência constrói uma ponte entre o discurso e a prática. Trata-se de uma habilidade cognitiva e da capacidade de avaliar bem as situações.

Prudência significa observar e estar alerta — mas não significa esperteza, pois decisões prudentes também envolvem critérios éticos. Os gregos da Antiguidade combinam na prudência os elementos da razão e os órgãos dos sentidos, usando a palavra *phrein* para o centro do ser humano (*phrein* significa aguçar os sentidos e descobrir). Com isso, são requeridas habilidades superiores (do âmbito cognitivo) e inferiores (do âmbito sensitivo). *Phronesis* significa prudência e engloba tanto a inteligência intelectual como a corporal.

Para Platão[16], a prudência é uma das quatro virtudes cardeais, à qual ele atribui os elementos ponderação, autoconhecimento, serenidade e compreensão. Aristóteles[17], por outro lado, vê nela uma virtude da razão, como um discernimento moral-prático: prudência é buscar uma vida de bem dentro do contexto de um todo. É o melhor que se pode atingir por meio de ações práticas e, portanto, pela capacidade de se auto-orientar.

A prudência pode estar relacionada a um único acontecimento ou a situações gerais. Aquele que é prudente aconselha a si próprio em uma situação; ele pondera, percebe a especificidade da situação e, com base nela, decide como agir. Se fez tudo certo, agiu de forma prudente.

No entanto, não é preciso ser capaz de agir com prudência em todas as situações da vida. Isso porque a prudência se refere a situações isoladas, enquanto o todo da existência já pertence à esfera da sabedoria. Desse modo, a prudência poderia ser definida como uma orientação ou alusão à sabedoria, ou uma sabedoria prática combinada ao conhecimento de fundamentos gerais, algo revelado somente em uma situação concreta — que não cria por si

---

16 Platon, *Nomoi*, Reinbek: Rowohlt, 1959.
17 Aristoteles, *Nikomachische Ethik*, Hamburg: Felix Meiner, 1985.

só um metaplano como a sabedoria, a qual está relacionada a levar uma vida de bem.

Um ditado popular alemão que fica entre a prudência e sabedoria diz que "se você quer secar o riacho, não deve consultar os sapos". Uma ótima metáfora, muito pertinente, e que, na verdade, tem mais a ver com prudência, por ser uma percepção relacionada à vida prática, que serve como base para uma ação bem-sucedida.

Sabedoria

A postura básica da sabedoria é a responsabilidade sem moral. Aí reside seu grande potencial, pois ela não faz juízo de valor, não censura e se abstém de mandamentos ou proibições.

Ao dispensar ideologia, religião, partido ou visão de mundo, a sabedoria pode ser entendida por pessoas de todas as culturas, crenças e visões de mundo, desde que guarde uma afinidade com a sabedoria. Esta, por seu turno, implica profunda compreensão da vida pessoal do ser humano. Trata de seus sonhos e necessidades, de sua ligação com a cultura, bem como de seu medo da perda e da morte. Ao mesmo tempo, a sabedoria é uma profunda compreensão de acontecimentos impessoais e gerais. Nesse sentido, a sabedoria trata de origem, transformação, sentido e final da vida.

O sábio entende como ninguém sua própria natureza e a natureza do mundo. Como ambas as naturezas funcionam sem moral, o sábio não precisa seguir os costumes e ditames de qualquer cultura. Nas palavras de Lao Tsé[18], "o sábio não tem regras".

O olhar claro e esclarecedor sobre a essência de um fenômeno é o olhar de um sábio, o qual atravessa objetos, situações e comportamentos. Portanto, no cerne da sabedoria está a simplicidade. Tal olhar se fixa no conhecimento arcaico do ser humano, naquilo que jamais deixou de ser válido, apesar das vicissitudes do tempo e da crescente complexidade: aludimos aqui à perene necessidade de segurança, comunicação, espiritualidade e amor.

Sabedoria é ordem; contém uma estrutura como a da música, como um acorde que combina experiência e razão, socialidade e sensibilidade. Ela requer três elementos: o sábio, a sabedoria e aquele que recebe a sabedoria. Sem receptor não há sabedoria.

"É perigoso atravessar um precipício dando dois saltos", Confúcio falava ao descrever a ordem do impossível — já que um abismo e dois saltos não combinam. A frase recomenda que se aja em sintonia com a ordem na natureza, pois, somente assim, o agir será adequado e sábio.

Sabedoria é ainda maturidade. Ao aperfeiçoar as forças do corpo, da mente e das emoções, o ser humano pode chegar à responsabilidade e à sabedoria. Para tal, é preciso combinar conhecimento e empatia, disciplina e observação; estar sempre atento aos sentidos, aguçar a sensibilidade e exercitar a mente. Assim, falar de um "jovem sábio" é uma contradição. O jovem se perderia na diversidade dos acordes.

---

18 Lao-Tse, *Tao-Te-King*, München/Engelberg: Drei Eichen, 1984, p. 68.

O sábio chinês Menzius[19], no entanto, reduz essa diversidade ao dizer que "é possível agir como um grande ser humano". A frase acerta em cheio. Porém, seria banal se ele tivesse dito "como um bom ser humano". Não sabemos exatamente o que a palavra "grande" significa no contexto, mas entendemos perfeitamente seu sentido. É justamente por ser tão vaga que a frase de Menzius é sábia.

A sabedoria é assim: uma postura que contém possibilidades, faz propostas, sugere ações e parece apontar muito vagamente em uma direção, para, então, acertar o alvo de forma clara, precisa e segura. Ela também sempre visa a um bem — em especial, o bem-estar da pessoa e o bem da comunidade. Por isso, trata-se de um fenômeno do campo da ética, mas sem regras ou mandamentos.

A sabedoria nos toca. Quando o ser humano se emociona, sente-se tocado por uma melodia, um perfume ou um dito sábio; ele é impactado por outro ser, que toca seu próprio ser. Cria-se uma ressonância entre ser e ser. Quando o ser humano se sente tocado, ele está bem e em um plano superior ao da vida diária: é a perfeita união com o mundo naquele momento.

Sabedorias se revelam em pensamentos e imagens, posturas e ações. Podem encorajar, ajudar e motivar. Manifestam-se mais claramente em situações extremas, como no reconhecimento de nossa predisposição ao erro, à ilusão, ou na capacidade de questionar o que é habitual e óbvio, oferecendo alternativas, por meio de julgamentos muito precisos.

A sabedoria exige, portanto, o conhecimento, a atenção aos sentidos e as conclusões coerentes. Mesmo com a

---

19 Menzius, *Den Menschen gerecht: ein Menzius-Lesebuch*, Zürich: Amman, 2010.

autocrítica que a acompanha, seria sábio não descuidar de sua própria resistência: a sabedoria eleva o nível de bem-estar, que, por sua vez, serve de base para o comportamento responsável perante os outros.

Todos os seres humanos são sábios em potencial. Toda célula viva teve origem em outra célula viva, que descendeu de outra célula viva, que nasceu de outra célula viva, e assim por diante. Desse modo, cada célula viva do corpo humano pode ser rastreada até uma das primeiras células vivas originais. Os organismos unicelulares precisaram de 2,7 bilhões de anos para aprenderem a se ligar a outras células, formando organismos pluricelulares. Depois, tudo se acelerou.

No começo, eram poucas células ligadas entre si. Mais tarde, elas já conseguiam se conectar a milhões, bilhões e trilhões de outras células, ou seja, aprenderam a cooperar. Como cada uma dessas células tem sua própria estrutura genética e funciona de forma independente, é preciso que esses trilhões de células independentes consigam se comunicar, como em uma organização social para formar o sistema altamente complexo que é o ser humano.

Tal qual cada célula armazena sua experiência e a transmite, também o total das células armazena sua experiência e a transmite. Bruce Lipton[20] defende que o ser humano é uma "comunidade cooperativa de 50 trilhões de sócios unicelulares". Isso significa que o ser humano não pode jamais ser ignorante, desprovido de conhecimento.

A colocação de Sócrates[21] ("só sei que nada sei") e

---

20 Bruce Lipton, *Intelligente Zellen: wie Erfahrungen unsere Gene steuern*, Burgrain: Koha, 2007, p. 26.
21 Platon, *Apologie des Sokrates*, Reinbek: Rowohlt, 1984, p. 23.

a lapidar frase de Montaigne[22] ("que sei eu?") são fórmulas retóricas, já que ambos sabem muito — e eles próprios sabem disso. O ser humano pode não saber tudo, mas também não pode saber nada. Há, em todas as criaturas vivas, uma sabedoria profundamente ancorada, esperando para ser acordada, e somente o ser humano pode despertá-la e passar a ter consciência dela.

Doenças e emoções, como medo e temor do desconhecido, são limitações que nos motivam a agir com sabedoria. Limites são desafios, e o maior de todos é a morte, um limite absoluto — mas é apenas ilusão e ambivalência. Para entender a morte, é preciso trazê-la para a vida, viver a vida e a morte.

Quem age com sabedoria não teme limites ou despedidas, e não foge da morte. Ao contrário, paira acima dela e se preserva de várias formas. Pode perder sua unidade, mas continua vivo do ponto de vista biológico e cultural em seus descendentes, em obras de arte ou trabalhos científicos, em atos políticos ou invenções, na memória de outros ou nas marcas concretas que deixa, que são as pedras quebradas, o lixo gerado, as trilhas caminhadas.

Isso não significa que a morte seja menos importante, já que a unidade — o ser humano como um todo — é ponto de referência para outros. Daí que o verdadeiro desafio é lidar com a morte das pessoas que nos são próximas, vê-las morrendo, despedir-se delas. Seria sábio, portanto, aprender a lidar com a despedida, o que exige a capacidade de se desapegar.

---

22 Michel de Montaigne, *Die Essais*, Stuttgart: Reclam, 1999, p. 217.

Sabedoria e sentidos

A sabedoria está ancorada nos sentidos. É a memória de toda a cadeia dos vertebrados, que também já começa no plano microscópico, ou seja, nas células, que são tão cheias de energia e capacidades. Até mesmo organismos unicelulares, como amebas, têm algum sentido, ainda que em forma rudimentar, como reflexos.

As sensações começam com movimentos de busca, como a busca por comida e por rotas de fuga. Amebas caçam outras amebas e as devoram. Sua luta e fuga indicam a capacidade de perceber diferenças: elas reconhecem outro organismo unicelular, como se a ameba caçadora tivesse algum entendimento de si própria e da ameba em fuga. Ao microscópio, é possível seguir uma caçada de aproximadamente 10 minutos. A ameba fugitiva deixa um rastro seguido pela outra ameba. A percepção desse rastro é o primeiro sentido. O sucesso de uma e o fracasso da outra passam a ser parte da evolução e do desenvolvimento de futuras gerações de amebas.

No caso de animais mais desenvolvidos, chamamos esses sentidos mais evoluídos de faro, de farejar, ou olfato, ou dizemos que se sente o cheiro. Um controle fisiológico inicialmente restrito a uma célula específica (a célula nervosa) veio introduzir um pouco de inteligência nos seres vivos.

Nos seres humanos, sentidos e sensações nos remetem à sensibilidade, à intuição, à premonição, ao instinto e à espontaneidade. Esse "algo me diz", que não pode ser localizado ou medido, é resultado de um todo — de uma integral, que soma todos os pensamentos, as lembranças e as sensações obtidas por meio dos sentidos. A sensibilidade passa a ser um órgão metassensorial.

O ser humano sente quando é hora de a razão abrir mão do controle. Isso não é irracional, mas resultado de toda a experiência evolutiva armazenada: é confiável e seguro. Por ser depositário dessa memória de experiência acumulada, cada ser humano tem o potencial de ser um conhecedor. No ser humano, o sentir e o saber trabalham juntos, seja caçando para sobreviver, detectando perigos ou ainda buscando uma vida digna.

O sentir e os caminhos sábios

Prudência, filosofia e sabedoria requerem trilhas e caminhos. Requerem mais do que isso: elas exigem métodos.

Métodos surgem a partir de caminhos já percorridos: *meta* (pós) e *hodos* (caminhos) formam a palavra "métodos". O mundo marcado pela tecnologia soterra essas trilhas e caminhos ou os oculta. Por sua fixação em espaço, tempo e medições, bem como por seu descaso pela sensibilidade e afetividade humanas, as ciências são incapazes de produzir sabedoria, já que a preocupação com a existência humana não tem uma data que possa ser comprovada cientificamente.

A situação mundial hoje é uma crise aberta e, para enfrentá-la, decisões sábias devem ser tomadas. Em tempos de globalização, culturas diferentes se veem frente a frente, por conta de relações comerciais, dos esportes, da ciência, da migração e do turismo, sendo muitas vezes até obrigadas a dividir espaços em função de guerras e da extrema pobreza — e, nesses encontros, a tolerância mútua não surge naturalmente.

A tecnologia pervasiva e a redução de todas as áreas da vida à mera visão econômica restringem seriamente a capacidade sensorial do ser humano no momento de avaliar uma situação. Se reconhecemos um abalo na harmonia entre mente e sentidos, mais do que nunca é preciso que indivíduos, empresas, política, arte e ciência ajam com sabedoria.

O ser humano precisa aprender a aceitar o outro, um estranho que se aproxima de forma aparentemente ameaçadora. Quem guarda ressentimentos, odeia, inveja ou despreza não é capaz de agir com sabedoria. Isso significa que parte da sabedoria está em evitar ser radical, tolerar a ambiguidade e cultivar a resistência e a resiliência, entre outros pontos.

A resiliência corporativa — *compliance* — é o elemento correspondente no mundo dos negócios. *Compliance* serve para garantir a segurança e a reputação da organização, pois leva a agir com maturidade, ou seja, a dirigir a empresa de forma responsável e a tratar os funcionários de forma justa.

Um consultor de empresas, por exemplo, tenta promover relações comerciais justas e pacíficas. Seu foco está no que não aparece no balanço contábil. As empresas que aceitam essa ideia agem de forma sábia interna e externamente e transformam o trabalho econômico em trabalho ecológico.

Na política, a sabedoria sugere que é preciso integrar pacificamente o mundo. Como o indivíduo é a menor célula da comunidade, sua resiliência também é responsável pelo sucesso da cooperação. Tudo depende de gerenciar os limites de nossa possibilidade de ação.

A ação política é sempre um risco assumido entre liberdade e limites ou, se preferir, entre legislar e permitir, visando ao bem do indivíduo e do todo. Um grande exemplo pode ser dado pela prática encontrada em um povo nativo dos Andes. Quando um membro da tribo rouba ou mata alguém, todos se agacham ao seu redor e pedem que ele explique o que o levou a cometer tal ato, e como a tribo contribuiu para que isso acontecesse. Faz-se, assim, a prática de comunicação sem violência, na qual não se busca identificar de quem é a culpa (passado), mas numa perspectiva para a comunidade (futuro). Na comunicação sem violência, bem como na ação sábia, todos os participantes assumem a responsabilidade por seu comportamento.

Organizações de ajuda humanitária, como a Organização das Nações Unidas para a Educação, a Ciência e a Cultura (Unesco), já trabalham nessa direção. Tudo o que se relaciona com a sabedoria está em seu nome — "E" de educação, "S" de *science* (ciência em inglês) e "C" de cultura. O mesmo vale para organizações sem fins lucrativos, como a Fundación para la Aplicación y Enseñanza de las Ciencias (Fundaec) e o Clube de Budapeste; pessoas como o indiano Ashok Khosla e o brasileiro Rodrigo Baggio; redes como TED Talks e Utopia; que reúnem consumidores como Lohas Stores e Slow Food; organizações sociais como o hospital oftalmológico Aravind Eye Hospital e Riders for Health.

A arte também desempenha um papel importante na ação guiada pela sabedoria. Ela não trabalha com conceitos, mas com imagens, como nas artes plásticas, ou com metáforas e figuras de linguagem, como na literatura. Ossip Mandelstam diz que "a maior honra para um artista é fazer com que aqueles que pensam ou sentem de forma diferente dele passem à ação"[23]. Isso é possível com imagens e símbolos.

A arte não tem a obrigação (ou a possibilidade) de mostrar de forma direta o mundo mensurável e ordenado, o que não significa que ela não possa transmitir coisas interessantes e verdadeiras sobre ele. Ela pode usar como tema aquilo que escapa à linguagem, à materialidade e à lógica,

---

23 Ossip Mandelstam, *Die Reise nach Armenien*, Frankfurt: Suhrkamp, 1983, p. 7.

e revelar, apresentar ou inventar outros mundos ao invadir os bastidores do mundo concreto. A arte é a sábia representação dos mundos percebida pela sensibilidade.

Disciplinas que se dedicam à mente, como psicologia, história, pedagogia, medicina, filosofia e história da arte, entre outras, desenvolveram caminhos de sabedoria, além de ideias como tolerância à ambiguidade, capacidade negativa, comunicação sem violência, salutogênese, absorção da insegurança e *epoché*[24]. Em comum, todas elas tratam da preocupação do ser humano com seus semelhantes, sem deixar de considerar os aspectos negativos.

A pirâmide de necessidades de Maslow[25] mostra bem o que está por trás da preocupação consigo mesmo e com os outros, ou seja, atender as necessidades físicas, emocionais e intelectuais. Elas parecem muito simples e óbvias, e foram desde sempre a força motora para a sociedade e suas regras.

A ciência sábia nos leva a trilhar o caminho da simplicidade, como a absorção da insegurança de Niklas Luhmann[26], que diz que decisões devem ser tomadas de forma a permitirem que outras decisões possam ser levadas a cabo no futuro; como a tolerância à ambiguidade, que mostra que o pensamento radical não leva ao entendimento ou à comunicação conciliadora; ou como a *epoché* fenomenológica de Edmund Husserl[27], que sugere evitar julgamentos até que algo seja provado.

---

[24] O termo grego remete à não emissão de julgamentos, ou seja, o indivíduo permanece com suas opiniões em suspenso, sem aceitar ou rejeitar coisa alguma. [N.E.]

[25] Abraham H. Maslow, *Motivation und Persönlichkeit*, Reinbek: Rowohlt, 1981.

[26] Niklas Luhmann, *Die Gesellschaft der Gesellschaft*, v. 2, Frankfurt: Suhrkamp, 1998.

[27] Edmund Husserl, *Cartesianische Meditationen*, Hamburg: Felix Meiner, 1977.

Mito e sabedoria

O mundo moderno dificulta de várias maneiras que o ser humano aja sabiamente. De um lado muito concreto, a tecnologia e o estilo de vida puramente racional distanciam o indivíduo de seus instrumentos de orientação mais espontâneos, que são os sentidos. Do lado das ideias, o obstáculo é a primazia da racionalidade como único paradigma de conhecimento e verdade.

No entanto, o ser humano pressente que, sem seus sentidos e sensações — cuja importância a vida lhe mostra continuamente –, não é possível tomar decisões que levem a uma vida de prudência e sabedoria — pois tais decisões dependem também do funcionamento dos sentidos e de ações rápidas e espontâneas. Trabalhar a sabedoria pode significar ter de se debruçar sobre mitos, explorar sua sabedoria e reconhecer que não se trata de fantasias, mas de conhecimento arcaico e pré-moderno.

Conhecimento e sabedoria são derrotados pela história, inclusive o conhecimento e a sabedoria dos mitos. Alguns mitos podem se manter por longo tempo, mas podem não valer para sempre. Quando vemos o mito em seu contexto histórico, conseguimos entender as verdades que ele contém, mesmo que o mito em si tenha perdido muito de sua importância. No tempo em que o ser humano estava cercado quase que exclusivamente pela natureza, precisava de outras verdades diferentes das deste tempo atulhado de tecnologia e de coisas.

Assim como os mitos de outros tempos visavam ao todo, também o presente exige que o olhar se volte ao todo da existência. Immanuel Kant[28] já defendia isso há 250 anos, quando falava de cidadãos do mundo e de paz eterna. Um olhar desperto, aguçado e claro, dirigido ao mundo de hoje, solicita uma ética que não sirva apenas para sua própria cultura, mas para toda a humanidade. Essa ética deve atribuir ao indivíduo seu dever, formulado de forma sábia, e fazer com que ele abrace uma ética global, para que proteja as matérias da natureza — terra e ar, plantas e animais, os seres humanos e sua produção cultural —, pois seu próprio planeta é tudo o que o indivíduo pode ter.

A sabedoria é um paradoxo. Não é pensamento e nem ação; não é sentimento e nem razão; não é incerteza e nem certeza. É, sim, um princípio catalítico, que liga dois polos por sua mera presença, sem jamais se dissolver ou transformar. Como catalizador, não interfere, mas permite que as coisas aconteçam.

"Não exija que as coisas aconteçam como você quer, e sim que as coisas aconteçam como acontecem, e sua vida fluirá com leveza"[29]. Sabedoria é ter uma visão engajada e, ao mesmo tempo, serena, como a dos astronautas em órbita, que olham para a Terra e se emocionam com a imagem pacífica do planeta. Tomar essa aparência de serena paz como inspiração para buscar a convivência pacífica de toda a humanidade: isso seria sábio. Portanto, a sabedoria poderia ser definida como uma ideia para melhorar o mundo — sem acreditar tolamente que se pode salvar o mundo sozinho.

---

28 Immanuel Kant, *Zum ewigen Frieden*, Stuttgart: Reclam, 2003.
29 Epiktet, *Handbüchlein der Moral*, Stuttgart: Reclam, 2012, p. 15.

Som, silêncio e saberes da música

Tiago de Oliveira Pinto

As sonoridades produzidas pelo ser humano são múltiplas. Quando se fazem entender como música, ganham uma feição especial, são criadas com determinado intuito e geram sintonias, independentemente do contexto social, da região do mundo, ou se no passado ou no presente: a música está em toda parte em que sociedade e cultura existem.

A estética da música ocidental, em especial a partir do Iluminismo e até princípios do século xx, distinguia duas formas de entender a maneira como a música é o meio de comunicação social para veicular conteúdos estéticos e inteligíveis. Resumidamente, são elas: a clássica, baseada no pensamento da filosofia grega e difundida pela estética de Kant, e que considera as próprias estruturas sonoras como portadoras do belo musical; e a romântica, que se detém na expressividade da música ao exteriorizar seu teor, ou seja, sua verdadeira essência[1]. Saberes intrínsecos (*tacit knowledge*) fazem parte das duas maneiras de compreender a música e seus significados. Produzir música, a partir e dentro de um contexto específico, deve sustentar a sapiência, inata ao fenômeno musical.

Neste ensaio, são abordados alguns aspectos da música indígena e da música de origem africana no Brasil, para conhecer como saberes intrínsecos determinam sonoridades produzidas de forma intencional e são difundidos por meio de práticas musicais. Essa discussão ocorre, em grande parte, considerando a música ocidental, sua estética e teoria. Esta é responsável pela pesquisa musical ao longo do século XX, mesmo quando voltada à música de indígenas ou de africanos, pois emprega, para tal, a terminologia e, o que é essencial, uma escrita que é própria da cultura musical do Ocidente.

O colonialismo e o "som da gaita"

A audição foi o último dos cinco sentidos a trazer informações de mundos longínquos aos europeus. Com as conquistas de espanhóis e portugueses, a partir do final do século XV e durante toda a era do colonialismo, o mundo passou a ser explorado também pelos sentidos.

---

1 A discussão estética sobre a obra de arte musical gerou, a partir do texto de Eduard Hanslick (1854), uma verdadeira polêmica entre teóricos da música e filósofos da segunda metade do século XIX. A esse respeito, ver também Dahlhaus (1970) e Davies (2005): Eduard Hanslick, *Vom Musikalisch Schönen: ein Beitrag zur Revision der Ästhetik der Tonkunst*, Leipzig: Weigel, 1854; Carl Dahlhaus, "Zur Kritik des ästhetischen Urteils", em: *Die Musikforschung*, v. 23, Kassel: Bärenreiter, 1970, pp. 411-9; e Stephen Davies, "Music", em: Jerrold Lewinson (org.), *The Oxford Handbook of Aesthetics*, London: Oxford University Press, 2005.

A nova percepção sensória de universos exóticos contava com o olfato (perfumes e cheiros), o paladar (temperos e quitutes), o tato (tecidos e materiais) e a visão (objetos e imagens feitas por viajantes). No entanto, informações sonoras do mundo ultramarino ainda levaram séculos até alcançarem a percepção europeia.

Instrumentos musicais que apareciam em um ou outro gabinete de curiosidades ficavam mudos, pois estavam desconexos daqueles que eram capazes de lhes extrair os sons. O som era apenas descrito em relatos de viajantes ou, então, representado — silenciosamente — por gravuras e pinturas. Enquanto fenômeno acústico, paisagens sonoras (*soundscapes*) de outros mundos não tinham como chegar à Europa.

É significativo que o "achamento" do Brasil tenha ocorrido com muita sonoridade e dança de indígenas e portugueses, conforme relatou Pero Vaz e Caminha na sua Carta a El rei D. Manoel, em abril de 1500:

> E depois de acabada a missa, quando nós sentados atendíamos a pregação, levantaram-se muitos deles e tangeram corno ou buzina e começaram a saltar e dançar um pedaço [...]. E além do rio andavam muitos deles dançando e folgando, uns diante dos outros, sem se tomarem pelas mãos. E faziam-no bem. Passou-se então para a outra banda do rio Diogo Dias [...]. E levou consigo um gaiteiro nosso com sua gaita. E meteu-se a dançar com eles, tomando-os pelas mãos; e eles folgavam e riam e andavam com ele muito bem ao som da gaita[2].

---

2 Pero Vaz de Caminha, *Carta a El rei D. Manuel*, São Paulo: Dominus, 1963.

A descrição é minuciosa. Quanto à sonoridade e à configuração dos sons emitidos pelas buzinas descritas, ou ao movimento dos habitantes da terra, nenhum dos portugueses poderia ter uma ideia precisa do que seriam esses sons. Tinham que se limitar à descrição do fato musical, sem perceber sua essência mais imediata — que é sonora. De conhecido ficava o som da gaita portuguesa, que pertencia ao próprio mundo sonoro-cultural, exportado às terras "achadas".

Uma primeira conclusão que se tira desse fato é a de que a percepção de som é, primeiramente, uma experiência que remete ao momento presente. É deste, essencialmente, que o cronista falava, dando conta dos primeiros momentos da chegada dos portugueses ao Brasil. Sua descrição dos sons contextualiza precisamente o descrito naquele espaço temporal.

Já para o imaginário, é a sensação de distância que melhor se espelha no som. Gilberto Freyre, em 1926, ao vislumbrar o Brasil do porvir, coloca-o partindo do distante (sonoro), passando pelo visual para chegar ao tato, ao "aqui":

> Eu ouço as vozes
> Eu vejo as cores
> Eu sinto os passos
> De outro Brasil que vem aí[3].

Especialmente sensível à história da miscigenação do povo brasileiro, Freyre evoca, nesse poema, diversas formas de sensações sensórias. Desprende-se daí uma dualidade,

---

3 Gilberto Freyre, "O outro Brasil que vem aí", em: *Poesia reunida*, Recife: Pirata, 1980.

quando se fala e se pensa o som, estabelecendo-se uma divisão entre o tempo presente e o espaço distante. Ao se evocar o som do *tempo passado*, a sonoridade se faz *presente* agora e em período limitado de *tempo*, dando dimensão espacial ao *tempo do agora (presente)*.

Enquanto arte no tempo, as sonoridades representam uma forma de expressão sem corpo físico para ocupar um espaço real. O som evanesce, daí a sensação constante do agora e da exiguidade do tempo. Em última instância, é esta sua irrelevância física que faz intuir a natureza intangível da música.

No entanto, quando som passa a ser música, ou seja, quando deixa de ser ruído para se tornar uma sonoridade organizada? Como é possível entender o procedimento complexo por meio do qual sonoridades são construídas e acrescidas de significados? De que forma e quando passam a conter e a difundir sabedorias e saberes específicos? O princípio da história da música no Brasil apresenta um exemplo bem ilustrativo, que já demonstra a variabilidade da natureza dos saberes musicais diante de embates culturais, tão significativos ao longo dessa mesma história. Trata-se do relato do missionário calvinista francês Jean de Léry[4], que visitou o Brasil de 1556 a 1558.

Léry foi o primeiro europeu a fazer referência à musicalidade dos tupinambás. Ele mencionou a musicalidade presenciada em palavras e exaltou sua configuração melódica, fixando três cânticos nativos em grafia musical. Traduziu, dessa maneira, os cânticos indígenas para um outro suporte de significados — a escrita musical. Isso porque não era possível fazê-lo apenas com palavras.

---

4 Jean de Léry, *Viagem à terra do Brasil*, São Paulo: Martins, 1972.

Chanson Canadoise.

Trois Chansons des Ameriquains.

I   II   III

Canidé iouue   He he he he.   Heu heura heura ouechi.

Transcrição musical de Jean de Léry.

O que fez Léry? Ao traduzir o meio de comunicação sonora das cantigas indígenas para uma mídia visual, utilizou um código que lhe era familiar, acreditando que transporia o fenômeno sonoro observado mais facilmente para além da distância física. A grafia escolhida foi a da música da sua cultura e do seu tempo. Será que essa forma de transcrever uma canção, ou seja, de captar um fenômeno sonoro para seu deslocamento posterior, seria o suficiente para, em seguida, entendê-lo?

De fato, a grafia musical de Léry possibilitou a pessoas de fora uma primeira entrada em uma configuração sonora, cujo saber intrínseco, porém, escapava-lhes. Por sua vez, de nada serviria aos indígenas a sua grafia, pois só reproduz a impressão do missionário, por um código de origem e teor completamente estranho ao universo indígena daquele tempo. Analisada hoje em dia, a escrita de Léry evidencia mais sobre a música do século XVI, pois o código utilizado corresponde à escrita musical do período e reflete a escuta do homem europeu do século XVI.

Como documento de pesquisa, a sua grafia musical representa ainda um testemunho interessante. O missionário reconhecera que os cânticos tupinambás obedeciam ao que se compreendia por música no universo semântico de seu tempo e país. É notável, assim, ele ter considerado o que ouviu dos indígenas sonoridades estruturadas, e não meros ruídos, emitidos por gente ignorante de música, conforme a opinião presunçosa de colonizadores e viajantes nos séculos que seguiram Léry. As suas transcrições comprovaram que a escrita musical somente funcionava quando a sonoridade produzida apresentava configurações discerníveis. Portanto, o exemplo transcrito de Léry segue um esquema, a saber:

som estranho → código visual → tradução → fato perceptível

Paralelamente à escrita musical, pouco utilizada para a música além do conceito europeu, existiram outras formas de representação de sonoridades até o início do século XX. A iconografia é uma delas.

As imagens sempre acompanhavam os relatos de viagens a territórios distantes. O som era simulado por uma representação gráfica de uma *performance*, pois o som musical só pode ocorrer pela ação humana, que, em geral, é compartilhada por várias pessoas. Músicos em ação, uma dança coletiva, entre outros, tudo presta-se bem ao registro em imagem, que, mais tarde, passaria a ser fotográfico também. Resta ao imaginário daquele que contempla o registro iconográfico discernir que tipo de som teria sido emitido pela cena captada visualmente.

Die Baducca in S. Paulo, de Johann Moritz Rugendas, 1832.

Quando se deparam com um sistema musical estranho, os ouvintes de fora dificilmente entenderão os saberes ali contidos. É o caso de Léry e os cânticos indígenas, mas fica evidente também na reprodução da gravura de Rugendas. O observador no plano do fundo é, sem dúvida, um representante da classe mantenedora da ordem e do poder. A própria linguagem corporal é de desconfiança, mas deixa os negros exercerem a sua prática tradicional.

A cena musical e de dança funciona de acordo com o saber dos seus executantes, indo além da audição, para chegar à corporeidade e ao contexto social. Definido como "protomemória" pelo sociólogo Joel Candau, esse saber se dá por meio da protomemória e também de forma memorial. A primeira, a protomemória, contém o saber fundamental, permanecendo na vida social assim como no processo contínuo de aculturação. Ela se dá pela predisposição e as disposições do corpo. A transmissão protomemorial acontece sem premeditação, age sobre os indivíduos sem lhe pedir autorização prévia, ou sem que uma colaboração direta fosse necessária[5].

A ideia de protomemória funciona também no âmbito do chamado patrimônio cultural intangível. As práticas sociais e saberes tradicionais só podem existir quando há um discernimento prévio a seu respeito. Esses saberes implícitos mantêm conhecimentos de práticas herdadas de outras gerações, recolocando-as, por meio da ação coletiva, no aqui e agora.

A história das práticas rituais, das festas populares, dos costumes e das tradições nacionais está fundada nesses saberes. A música é um desses fenômenos, que, no entanto, mais do que o artesanato, folguedos religiosos etc., possui uma abrangência total do ponto de vista social, tanto em sua dimensão antropológica como histórica. Trata-se do "som da gaita" portuguesa em seu embate com as cantorias indígenas, mas também pode ser a configuração de um elemento musical africano, perfeitamente inserido no espetáculo para milhões de fãs do Carnaval carioca, como realizado pelas escolas de samba.

Tudo isso é a dinâmica da música e está sempre de acordo com os seus respectivos saberes — vivos e atuais.

---

5 Joel Candau, *Memória e identidade: protomemórias, memórias e metamemórias na construção de identidades*, São Paulo: Contexto, 2012, p. 119.

África e Brasil entre o patrimônio intangível do *Ka Cha Cha* e a síncopa

Os africanos transportados à força de um lado do Atlântico Sul para outro não podiam carregar nada consigo além de seu corpo físico. Quando sobreviviam à passagem desumana, restavam-lhes apenas ideias, crenças, falas, conceitos e sua musicalidade. É provável que todo bem cultural introduzido por africanos nas Américas tenha sido de natureza imaterial — fato absolutamente singular, se comparado a outras diásporas nas quais as pessoas sempre carregaram algum pertence consigo, por menor que fosse. O patrimônio cultural africano no além-mar foi, então, de natureza essencialmente intangível desde seus primórdios.

Tomemos como exemplo a transferência de padrões musicais, rítmicos e de especial apelo físico, pois produzidos de corpo inteiro, o corpo entendido tanto como agente quanto como "reagente". O assunto são os chamados *timeline pattern*, ou padrões guia, de configuração assimétrica, que servem de orientação acústico-mocional a músicos e dançarinos, assim como aos participantes de eventos musicais como uma roda de samba ou um toque de candomblé de forma geral[6].

Essas fórmulas específicas podem ser idênticas na maneira como são pensadas, mas sempre diferem na especificidade de sua configuração, ou seja, o padrão rítmico do samba é distinto daqueles do candomblé ou do maracatu,

---

6 Para maior discernimento de terminologia e aspectos musicológicos, ver Tiago de Oliveira Pinto, "As cores do som: estrutura sonora e concepções estéticas na música afro-brasileira", *Revista África*, São Paulo: 1999, pp. 21-2, 85-109 e 199-200; e Nina Graeff, *Os ritmos da roda: tradição e transformação no samba de roda*, Salvador: Edufba, 2015.

por exemplo. Representam parte do sistema musical e funcionam de acordo com uma concepção estética, própria de cada cultura (ou sistema musical). Isso significa que também o fazer musical, como a execução de um instrumento, deve ser entendido como atividade que inclui um saber intrínseco. Assim, o saber silencioso é "sonorizado" por meio da prática musical. A produção sonora musical resulta sempre de uma atividade do corpo, altamente especializada, que se pauta na "protomemória"[7] mencionada anteriormente.

A pesquisa musical brasileira depara-se, frequentemente, com a pergunta sobre a definição do que seriam os elementos africanos que determinam os gêneros afro-brasileiros, como o samba. Mário de Andrade, que produziu um dos primeiros estudos a respeito, mais especificamente sobre o samba rural paulista, em 1946, não sabia determinar com certeza o que seria africano e quais as características já afro-americanas do samba:

> No ritmo [do samba rural paulista] nada persiste de garantidamente afronegro. Mas a *síncopa*, empregada sistematicamente, é, no caso, de sistematização negra. Os autores discutem às vezes se ela é de origem negroafricana ou negroamericana. É problema de grande complexidade, que o autor, por deficiência de documentação, se sente incapaz de esclarecer[8].

Mesmo dando o pontapé inicial a essa questão, a pergunta feita por Mário de Andrade ficou sem resposta durante

---

7 Joel Candau, *op. cit.*
8 Mário de Andrade, "O samba rural paulista", *Boletín Latino-Americano de Música*, v. 6, Rio de Janeiro: 1946, p. 229.

varias décadas. Ela volta à tona com a visita do antropólogo e músico Gerhard Kubik[9] ao Brasil em 1974. Esse autor reflete, pela primeira vez na história da pesquisa sobre o samba, sobre sua origem conceitual, claramente ligada ao *timeline pattern* de Angola. Distinto conhecedor e pesquisador da música de diversos países africanos, Kubik logo notou que existia uma semelhança estrutural e mesmo sonora/corpórea funcional da linha rítmica do samba com um padrão recorrente em Angola, Zâmbia e regiões limítrofes, que se denomina *Ka Cha Cha*.

Ka Cha Cha, em poucas palavras, pode ser caracterizado como um padrão rítmico composto por 16 pulsações mínimas, das quais nove impactos são sonoros e de movimento — trata-se do fenômeno acústico-mocional já comentado aqui — e intercalados com sete pulsos mudos, porém igualmente em movimento. O ciclo completo deve então ser compreendido como de formato assimétrico, a saber de 9 + 7 pulsações. Graficamente, seria[10]:

(16) x . x . x . x . x x . x . x . x
        9   +   7

Onde:
    x corresponde a pulsos percutidos e audíveis (9).
    . corresponde a pulsos mudos (7).

O *Ka Cha Cha* se manteve inalterado ao longo da música. A organização das sonoridades e dos pulsos mudos, inclusive a sequência certa dos movimentos, repete-se e não é

---

9 Gerhard Kubik, *Angolan Traits in Black Music, Dances, and Games from Brazil*. Lisboa: Junta de Investigações do Ultramar, 1979.
10 *Ibidem*.

corrompido por improviso ou por qualquer outra forma de mudança musical. No entanto, não podemos falar de mera repetição. O samba, sua linha-guia, tocada pelos tamborins de uma escola de samba ou sonorizada pelos instrumentos de corda[11], como cavaquinho ou violão — até mesmo pelo agogô, ou gã, em algumas práticas de samba de roda na Bahia — obedece a uma concepção formal pensada de forma cíclica. Esse movimento circular, mas ao mesmo tempo direcionado para frente, em desenvolvimento contínuo, à maneira de uma espiral, é uma das características musicais do gênero. De acordo com a grafia musical que salienta os impactos e as pulsações mudas, a linha-guia do samba pode ser visualizada da seguinte maneira:

(16) x . x . x x . x . x . x . x x .

Apesar de apresentar os pontos de impacto e os pulsos mudos do ciclo em posições diferentes às do *Ka Cha Cha*, a linha rítmica do samba se baseia no mesmo princípio das 9 + 7 unidades mínimas de tempo e nas demais características do *Ka Cha Cha*. A surpresa é grande quando ambos os padrões são visualizados de forma circular, pois desaparecem as supostas diferenças entre *Ka Cha Cha* e samba.

---

11 Sugestão musical: a introdução de "Construção", de Chico Buarque, na versão original de 1972. Cf. Chico Buarque, "Construção", *Vanguarda*, 1972.

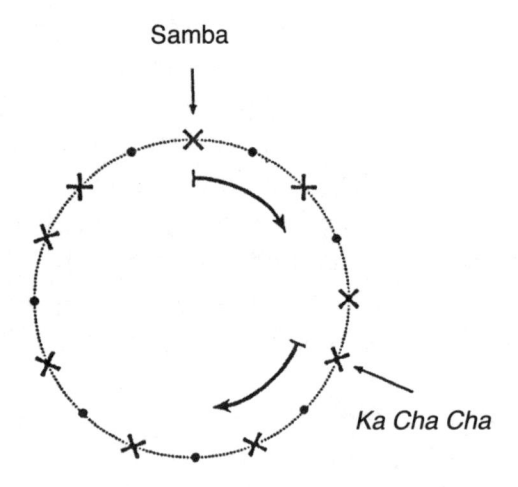

Disposição circular do padrão do samba e *Ka Cha Cha*.

Considerando sua origem da região da África Central, mais precisamente dos povos bantu, a linha-guia do samba sofreu uma ressignificação no Brasil. Trata-se de uma adaptação do *timeline* angolano ao seu novo meio musical. As mudanças ocorreram basicamente apenas na recolocação dentro do novo contexto sociocultural brasileiro, sem, no entanto, alterar a configuração fundamental do padrão angolano, sua estrutura e a função de linha-guia no conjunto de instrumentistas e dançarinos.

Os saberes intrínsecos dos *timeline* permanecem na reação do corpo e na maneira como os músicos interagem e compreendem o seu e o fazer musical dos outros membros do conjunto, bem como na maneira como som, movimento e dança se intercalam. A estabilidade com que elementos de cultura intangível podem se manter ao longo dos séculos e por grandes distâncias geográficas é considerável. Os *timeline pattern* africanos, enquanto autênticos exemplos de patrimônio intangível, resistiram até mesmo à histórica e traumática travessia transatlântica do período escravagista.

Retomando a ideia do elemento aparentemente de essência africana, a "síncopa", indicada por Mário de Andrade[12] em seu estudo sobre o samba rural paulista, são notados elementos rítmicos que não podem ser descritos de outra forma e, mais ainda, que dizem respeito à maneira como a música lida com supostos tempos fortes e fracos. Mário ouve à maneira da música ocidental, mas percebe que há, no fazer musical do samba rural, um princípio intrínseco, que difere do que concebia enquanto acentuação da linha temporal.

Em outro contexto musical não africano, isso até, pode ser uma síncopa. Daí a insegurança de Mário, diante do "problema de grande complexidade"[13]. Ele tem esse pressentimento, mas ainda não vislumbra a solução para o problema. Então usa o termo "síncopa", mesmo que a contragosto — e tinha razão por não se sentir à vontade: síncopa, de qualquer modo, sempre será um termo musical inadequado para descrever — supostas — discrepâncias entre melodias cantadas, a marcação e o *timeline*, pois ela não pertence ao universo musical original do samba, do candomblé ou da música afro-brasileira de uma forma geral.

Apesar de mencionada com frequência nesses contextos, a síncopa surge no momento em que se tenta pensar a música (samba, candomblé etc.) a partir dos referenciais da música ocidental. O termo remete ao padrão do compasso binário (e, com menos frequência, também ao ternário), ou seja, é uma prescrição, que posiciona os acentos

---

12 Mário de Andrade, *op. cit.*
13 *Ibidem.*

de acordo com esse padrão métrico. Estamos então distantes de uma concepção musical africana, conforme exposta anteriormente.

A composição assimétrica dos padrões, ou seja, dos *timeline* africanos, não é compatível com a ideia da síncopa, pois não há acentuação previamente estabelecida dentro do ciclo de 16 pulsações elementares, inclusive sua assimetria. Certamente um procedimento que usa a síncopa fora do esquema rígido que lhe deu origem leva, fatalmente, a um beco epistemológico sem saída. Assim, os saberes de uma não se transferem aos saberes de outra linguagem musical, e tampouco substituem uns aos outros.

Será essa uma diferença essencial entre o idioma falado e a música? Pois o raciocínio em voga de que música é um idioma universal, que não carece de tradução, só pode cumprir essa função — pelo menos parcialmente — quando, de fato, não traduz seus saberes. Estes são únicos e específicos para as respectivas tradições de música — e, portanto, não traduzíveis.

No entanto, ainda pode surgir uma suposta afinidade. A síncopa é um desses elementos. Ela simula entendimento de outro universo musical, o africano, a partir de um referencial que a este não pertence. Entraria em cena, então, um tipo de "sincretismo" no plano acústico, à maneira, por exemplo, da imagem de São Jorge no candomblé, que busca representar Oxóssi?

Semelhantemente às imagens católicas, no contexto das religiões afro-brasileiras, o conceito da síncopa cria cumplicidade e se encontra difundida entre musicólogos e estudiosos da música popular. A diferença, com relação à imagem de São Jorge, está no fato de a síncopa ser antes uma representação que apenas ressoa, sem poder servir de rótulo. Já a imagem de São Jorge funciona, de fato, como um invólucro simbólico para um conteúdo religioso, que nada tem de católico, mas que cria consenso entre os adeptos, ao trazer elementos visuais (não conceituais) católicos para dentro de seu universo de crença, no qual são recodificados. Ao contrário da imagem, o elemento sonoro da síncopa não pode criar consenso, mas produz a simultaneidade de diferenças conceituais, o que significa que, na mesma apresentação musical, músicos podem conceber a linha-guia de um modo diferente do percebido pelo público, ou seja, de maneira "sincopada". A discrepância permanece e, com ela, a falta de discernimento mútuo, de um e do outro lado: do africano e do ocidental.

O silêncio da escrita

No primeiro volume de suas *Ideias sobre a história da humanidade,* o filósofo Johann Gottfried Herder[14] (1744-1803) discorre sobre idioma e escrita. Nesse livro de 1785, considerado o primeiro tratado moderno de antropologia, a "tradição das tradições" é a escrita.

Herder dá à escrita um papel fundamental para a manutenção de saberes e para o desenvolvimento da razão. "Se a fala é o meio para a formação do nosso povo, a escrita é o meio para sua formação educada/sábia", afirma ele[15].

O filósofo confere à escrita importância central na história da civilização ocidental e lhe reserva o lugar devido em sua antropologia. Para ele, todas as nações, mesmo

---

14 Johann Gottfried Herder, *Ideen zur Philosophie der Geschichte der Menschheit*, Riga/Leipzig: Bei Johann Friedrich Hartknoch, 1785.

15 *Ibidem*, p. 423.

que parcialmente letradas, já participam da eternização da razão seguido certas leis da escrita[16]. Em determinada altura, faz menção a certas limitações que a escrita, pouco antes exaltada como "tradição das tradições", oferece ao saber culto. A arguição de Herder soa como os primeiros fundamentos para uma disciplina que surgiria apenas no século xx, a teoria da *performance*. Seu argumento é o de que o gesto se mantém ausente em toda a forma de escrita: "atada às letras, a razão ao final se arrasta com dificuldade; nossos melhores pensamentos silenciam nos traços mortos da escrita"[17].

Dentre as artes, nenhuma se distancia da escrita como a música. Mesmo as belas artes, enquanto mídias visuais, aproximam-se mais da escrita, como suporte semântico, do que acontece com a música, que não pode ser visualizada. Excepcionalmente, a *performance*, em especial a dança, pode ser considerada uma forma de visualização do som. No entanto, essa forma de visualizar a música é determinada pelo movimento, e não por um elemento estático (e visível), como a escrita. É isso certamente também que fez a música ocidental adotar uma grafia própria, que se desenvolve em sintonia com as etapas de sua evolução desde o século ix.

A escrita como suporte essencial de saberes constitui assunto que inquieta intelectuais em várias partes do globo, principalmente em países em que a introdução da escrita ocorreu tardiamente e por meio da colonização. Discorrendo sobre a leitura e a promoção do livro, o escritor

---

16 *Ibidem*, p. 424.
17 *Ibidem*, p. 463.

moçambicano Mia Couto[18] fala das "armadilhas" quando pensamos na nossa língua, sem considerar o conceito mais íntimo dessa mesma língua. Segundo ele, "uma armadilha é pensar que a sabedoria tem residência exclusiva no universo da escrita. É olhar a oralidade como um sinal de menoridade. Com alguma condescendência, é usual pensar a oralidade como patrimônio tradicional que deve ser preservado"[19].

Falando do livro e da importância de seus conteúdos, Mia Couto assevera que o livro até pode ser nosso, porque o adquirimos. No entanto, isso não significa nada em relação aos saberes nele contidos:

> O livro deve ser objeto e mercadoria para chegar às nossas mãos. Mas só somos donos deste objeto quando ele deixa de ser objeto e deixa de ser mercadoria. O livro só cumpre o seu destino quando transitamos de leitores para produtores do texto, quando tomamos posse dele como seus coautores[20].

O que Mia Couto demanda para os leitores de livros é essencial na música. Sem a participação dos intérpretes, instrumentistas e cantores, a grafia musical continua o que é, muda, e a música não se faz ouvir. O texto musical permanece uma abstração, como uma ideia da música — e não ela própria. É somente uma espécie de "coautoria", para usar o termo empregado por Mia, que determina a relação de intérprete e compositor.

---

18 Mia Couto, *E se Obama fosse africano?*, São Paulo: Companhia das Letras, 2011.
19 *Ibidem*, p. 101.
20 *Ibidem*, p. 102.

Para a musicologia histórica, a escrita — notações musicais e partituras — representa fonte e recurso principal para a análise, além de meio para um discernimento maior sobre a obra musical.

Enquanto ciência humana moderna, a musicologia surge em meados do século XIX, com a preocupação central de reproduzir a concepção estética de seu tempo, a da obra mestra musical e da busca pelo belo nessa obra[21]. Se a transmissão da música ocorrer por meio da oralidade, a musicologia é obrigada a enveredar por caminhos diferentes para obter seus dados. Na Europa, folcloristas colecionam geralmente as letras de cantigas populares; por outro lado, para as tradições musicais do Oriente e mesmo para as sonoridades de povos indígenas da Amazônia, é a procura pelo equivalente a uma obra musical que está em pauta. Essa tentativa de entender procedimentos musicais ligados à oralidade requer a transcrição do fenômeno sonoro para o papel, a fim de apreciá-la analiticamente. É como se, para decifrá-la, fosse necessário silenciar a música; somente por meio da sua forma transcrita, colocada em partitura, poderia acontecer seu discernimento. E isso se faz silenciosamente.

A análise com base no texto, ou seja, na escrita musical, é específica e é exigida também dos primeiros musicólogos voltados à pesquisa de música de outros continentes.

Regressemos ao recurso do missionário Jean de Léry[22] no século XVI, a transcrição, mas, desta vez, estamos em 1900. Essa transcrição é muito mais minuciosa, tornando-se método central de um novo ramo da pesquisa musical: a musicologia comparativa, a qual se ocuparia do mundo

---

21 Eduard Hanslick, *op. cit.*
22 Jean de Léry, *op. cit.*

musical além do continente europeu e, mais especificamente, da diversidade musical fundamentalmente de tradição oral.

Isso só aconteceu graças a uma invenção tecnológica de captação do som: o fonógrafo de Edison em 1877[23]. A conservação de sons e a possibilidade de transportá-los indistintamente, fazendo com que ressoassem fora de seus contextos originais, finalmente deram ao homem europeu a oportunidade de incluir a audição em sua exploração sensória do mundo, renovando substancialmente seu conhecimento do outro, que, por sua vez, pauta-se também na escrita musical. O fonógrafo passa a ser tão importante que não se pensa mais música sem a grafia correspondente, mesmo quando essa música fosse expressão de sociedades distantes da Europa.

A grafia musical, pois, justifica dois momentos da pesquisa do início do século xx: de um lado, provava que o labor dos pesquisadores ocupados com sonoridades "exóticas" pertencia mesmo à musicologia e, do outro lado, que esse mesmo labor e os resultados das pesquisas fixadas em partituras davam prova de que as sonoridades de outros povos podiam mesmo ser consideradas música, independentemente do grau de aceitação ou não a que estavam expostas na sociedade ocidental.

Na tentativa de representar a música de outras culturas, essa escrita musical carecia de uma série de adaptações. Um dos pioneiros da nova musicologia comparativa,

---

[23] A captação sonora por meio do fonógrafo foi tão fundamental que levou, no século xx, à revisão profunda dos cânones de uma expressão da civilização ocidental que tinha se tornado das mais caras e incontestes: a da sua cultura musical. O aparelho fonográfico desencadeou uma nova forma de pesquisa musical e, ao mesmo tempo, foi responsável pela indústria fonográfica, que, igualmente, teve um impacto fundamental sobre o desenvolvimento da história social da música no século xx.

Erich Moritz von Hornbostel (1877-1935), a complementaria em 1909 com "sinais diacríticos" para melhor traduzir sons estranhos para uma mídia discernível e compreensível. Hornbostel e seu colega Otto Abraham[24] justificaram o uso da escrita musical ocidental, aperfeiçoada com sinais diacríticos, para assim poder abarcar a música de uma maneira global, da seguinte maneira:

- Há necessidade de se utilizar a escrita de música ocidental para a transcrição de sonoridades exóticas, porque, além da falta de outra forma de grafia musical, esta se pauta em um saber específico, que é compartilhado pela musicologia, enquanto disciplina como um todo.
- Enquanto código, porém, essa escrita não basta para fixar detalhes das músicas de todo o mundo. Por esse motivo, a transcrição emprega uma série de símbolos adicionais (sinais diacríticos), a fim de expandir as possibilidades de representação gráfica da escrita musical europeia.
- Da mesma forma como a escrita musical, que conta com os devidos recursos das tipografias em atividade no período, os símbolos adicionais desenvolvidos para a transcrição também só podem se valer de recursos tipográficos existentes[25].

Confeccionando partituras — a transcrição nada mais era do que isso –, conseguia-se o efeito, ao menos aparente, de

---

24 Otto Abraham e Erich Moritz von Hornbostel, "Vorschläge für die Transkription exotischer Melodien", *Sammelbände der Internationalen Musikgesellschaft*, Leipzig: Breitkopf & Härtel, 1909, v. 11, n. 1, pp. 1-25.
25 *Ibidem*.

que as músicas de outros povos já podiam ser compreendidas. Poucos se davam conta de que essa transcrição, mesmo acrescida de sinais diacríticos, jamais alcançaria a tradução dos saberes musicais imbuídos nas sonoridades originais. Os dois fatores técnicos apontados por Abraham e Hornbostel[26] já limitavam a transcrição, bem como a tentativa de entender os fenômenos musicais de todo o mundo. O problema era, pois, a utilização de (1) concepções teóricas e escrita da música ocidental e (2) recursos técnicos de representação impressa das tipografias por volta de 1900.

Na verdade, aceitavam-se essas limitações conceituais e técnicas (Hornbostel tinha plena consciência delas) porque o intuito não era compreender saberes alheios, mas avaliá-los a partir da ótica ocidental. Nem a musicologia comparativa e tampouco a etnomusicologia, que a seguiu a partir de meados do século XX, abriram mão do ponto de vista da música ocidental ao estudarem as músicas de outros povos.

Enquanto método de pesquisa central da musicologia comparativa e da etnomusicologia, a transcrição de sonoridades de todo o mundo para o papel pautado teve prosseguimento ao longo do século XX. A crença na escrita, enquanto suporte máximo de saberes, mantém-se e impõe-se à pesquisa musical, mesmo àquela voltada a culturas musicais de tradição oral. Trata-se da antiga disputa entre os saberes silenciosos da escrita e os saberes audíveis da música — parece inclusive paradoxal que, em se falando de saberes musicais, os elementos audíveis são silenciados na transformação para partituras, para, somente assim, encontrarem um discernimento maior. A crença era, de fato, a de que a oralidade não podia servir

---

26 *Ibidem*.

enquanto suporte de saberes. Era olhar a oralidade "como um sinal de menoridade", conforme alertou Mia Couto[27].

A convicção de superioridade na história intelectual da humanidade não se restringe apenas ao Ocidente, mas se estende a partir deste a todo o mundo. É questionável reconhecer verdadeiramente saberes apenas quando fixados pela escrita, para, ao mesmo tempo, enxergar na natureza intangível da oralidade um evanescer constante, que também colocaria saberes em risco. No contexto desse dilema conceitual, não há produção intelectual humana melhor do que a música. Ela faz lembrar que, por ser intangível, a escrita musical em si não basta para sua existência, mas depende da ação humana. Somente o ser humano em ação lhe dá vida, assegurando sentido aos seus saberes, ao revitalizá-los constantemente na sonorização, fazendo ressoar o passado no presente e transformando ideias em fatos.

O gesto como saber na música

Herder[28] apontara a necessidade do gesto, sem o qual a escrita não tem como captar saberes e garantir sua divulgação mais ampla. Toda comunicação depende de gestos, e a escrita não os substitui: essa é a conclusão de Herder. Surge, então, de outro ponto de vista, a discussão dos saberes musicais, que completam sua sonoridade com uma grande porção de movimentos e de gestos. Exemplificam tal fato:

---

27 Mia Couto, *op. cit.*, p. 101.
28 Johann Gottfried Herder, *op. cit.*

- Em um projeto de repatriação de material sonoro dos índios apalai, do Tumucumaque (PA), testemunhei a decepção do cacique, que, ao escutar os relatos, as cantigas e os mitos que tinha minuciosamente copiado para uma coleção de aproximadamente 50 fitas de áudio, de registros dos anos 1960, deu falta dos gestos que necessariamente acompanham relatos da tradição oral do povo apalai. A repatriação de material em áudio que me custou um ano de trabalho se mostrou, assim, incompleta em termos da restituição cultural.
- Em seu magnífico conto "O Machete", de 1882, Machado de Assis nos remete à importância dos gestos, quando descreve a execução de machete pelo músico Barbosa, um dos protagonistas do conto[29]. Machado de Assis reconhece, neste testemunho importante sobre os primórdios da música popular urbana no Rio de Janeiro, que avaliar música apenas a partir de sua dimensão sonora, não pode ser o suficiente, afirmando que ouvir o músico apenas é pouco. Importante é "vê-lo": Barbosa, no centro da sala, afinou o machete e pôs em execução toda a sua perícia. A perícia era, na verdade, grande; o instrumento é que era pequeno. O que ele tocou não era Weber nem Mozart; era uma cantiga do tempo e da rua, obra de ocasião. Barbosa tocou-a, não com alma, mas com nervos. Todo ele acompanhava a gradação e variações das notas; inclinava-se sobre o instrumento, retesava o corpo, pendia a cabeça ora a um lado, ora a outro, alçava a perna, sorria, derretia os olhos ou fechava-os nos lugares que lhe pareciam patéticos.

---

29 Machado de Assis, "O machete", em: *Obra completa*, v. 2, Rio de Janeiro: Nova Aguilar, 1999.

> Ouvi-lo tocar era o menos; vê-lo era o mais. Quem somente o ouvisse não poderia compreendê-lo[30].

O alto grau de perfeição da escrita musical ainda ganhou, na época de Beethoven, um apoio técnico com a invenção do metrônomo pelo físico Johann Maelzel em 1820. Esse aparelho possibilitava aos compositores a determinação exata do tempo de execução das suas peças. Apesar da complexidade dos recursos técnicos e de escrita, o aspecto gestual nunca foi contemplado pela escrita musical. No entanto, os saberes musicais dependem também do elemento gestual. Assim, edições explicativas para os intérpretes se faziam necessárias.

Sem a gravação sonora, ou o vídeo, músicos instrumentistas dependiam de explicações sobre a maneira de executar as sonatas dos grandes mestres clássicos e românticos. A partir do final do século XIX, músicos, musicólogos e educadores investiram muito trabalho em edições críticas, que davam suporte à execução de obras clássicas. Em um compêndio das sonatas para piano de Beethoven, o pianista e regente Hans von Bülow publica, em 1892, uma edição comentada cujas explicações fundamentam gestualidades, como o uso do pedal, a articulação dos dedos ou detalhes de movimento na execução da obra. O gesto, em silêncio, só pode existir no momento da execução musical, por isso talvez a dificuldade que surge com a falta de compatibilidade da escrita com o gestual.

---

30 *Ibidem*, p. 226.

Página da edição comentada das sonatas de Beethoven, de Hans von Bülow (Berlim: Klett & Cotta, 1892).

Coda

A escrita só não é capaz de alcançar o saber que se insere na música. Essa é a conclusão que tira qualquer pesquisa musicológica em sintonia com os nossos dias[31]. Não apenas o raciocínio mental, mas também uma grande porção de ação corpórea determina *performances* e é responsável, em seu conjunto, pelo acontecimento musical.

Som, saberes e gestos: é daqui que decorre a música — e dela o silêncio também faz parte. Música é esse todo que, avaliado esteticamente, pode dar preferência à contemplação pura, do belo inerente às suas configurações sonoras e harmônicas, ou, do lado oposto, à sua dimensão expressiva que move o emocional — uma discussão sem fim e que nos acompanha desde o século XIX.

Certo é que a música ressoa e se movimenta por meio da *performance*. Esta, por sua vez, reflete saberes que dão verdadeira destinação a qualquer atividade musical. O saber silencioso que sustenta a música não define apenas os intervalos entre tons e entre os pulsos de sua rítmica, ou sua disposição formal e a dinâmica da interpretação. Mais do que isso, este saber silencioso dá ao evento musical uma

---

31 Uma musicologia ampla, que se diferencia internamente por meio de abordagens metodológicas e de um leque de teorias igualmente amplo, sempre de acordo com as áreas pesquisadas: essa é a tendência da disciplina no nosso século. Colegas em universidades africanas ou asiáticas não veem mais sentido em denominar a pesquisa no próprio país de etnomusicologia. Também no Brasil se nota a proliferação de cursos de música, cultura e sociedade para substituir a polarização entre musicologia histórica e etnomusicologia. Cf. Tiago de Oliveira Pinto, "Musicologia e transculturação", em: Dinah Guimarães (org.), *Estética transcultural na universidade latino-americana: novas práticas contemporâneas*, Niterói: Eduff, 2015, pp. 129-44.

significação profunda que, quando esgotado o seu tempo, garante à música ter propagado tudo aquilo que só com palavras já não se tem como dizer.

Os fogaréus da alma: a sabedoria do coração
Malena Contrera

Há aproximadamente 20 anos, um pequeno artigo de Jocelyne Vaysse me lançou à alma uma inquietação que me acompanha até hoje. O artigo em questão tratava dos desdobramentos simbólicos dos transplantes de coração[1].

Inspirado pelo trabalho de Françoise Dolto[2] sobre as expressões simbólicas do afeto associadas ao coração, Vaysse trazia à minha mente informações desconcertantes de como as pessoas que receberam um coração em transplante se debatiam com uma profunda fantasia de que, de alguma forma, perderam a si mesmas e abrigavam em si um centro de direção desconhecido[3]. Em alguns casos relatados,

---

[1] Jocelyne Vaysse, "Coração estrangeiro em corpo de acolhimento", em: Denise Bernuzzi de Sant'anna, *Políticas do corpo*, São Paulo: Estação Liberdade, 1995, p. 39.

[2] Françoise Dolto, "Le Cœur expression symbolique de la vie affective", em: *Le Cœur, études carmélitaines*, Paris: Gallimard, 1973.

[3] Uma abordagem clássica do simbolismo do centro na história das religiões pode ser encontrada em Mircea Eliade, *O sagrado e o profano*, São Paulo: Martins Fontes, 1992.

as pessoas chegavam a fantasiar que se viram invadidas por parte da alma dos doadores, tendo, a partir de então, desenvolvido novos gostos e hábitos a estes atribuídos.

Diante desse transbordamento imaginativo, não foi difícil perceber a centralidade do coração para o imaginário, a fim de pôr em movimento a imaginação mais radical e longínqua sobre si mesmo. Dolto afirma que:

> [...] parece que é ao coração que está reservada a projeção do lugar focal onde o ser humano situa simbolicamente seus sentimentos de identificação, de confiança, de segurança passiva ou ativa e de trocas afetivas com seu semelhante humano. A palavra coração parece substituir a palavra ventre ou aparelho digestivo para tudo o que há de afetivo e de sutil nas comoções de incorporação mágica, de plenitude e de vazio mágico que trazem a saciedade ou a fome de força emocional emanada das trocas com nossos semelhantes[4].

O que há no coração que nos faz imaginá-lo como o centro do sentido corporal do *self*? Por que o imaginário sobre o coração é tão rico e tão presente em diversas mitologias e rituais? A partir de que momento e por qual motivo lançamos ao coração um olhar mecânico, preocupados só com seus fluxos e bombeamentos, sempre pensando nele como um problema a ser resolvido ou evitado, tratando o próprio coração com tanta desconfiança? Enfim, como foi que perdemos a confiança em nosso próprio coração?

Submetido a um longo e histórico trabalho de dessimbolização, o coração, a exemplo do que ocorreu com o

---

4 Françoise Dolto, *op. cit.* p. 75.

corpo em geral, sucumbiu ao olhar mecanicista da ciência patrocinada pelo capitalismo monetário, que se incumbiu de implantar a crença de que nosso corpo poderia ser compreendido mecanicamente, como um sistema artificial. Nesse sentido, a total ignorância da maioria das pessoas a respeito da complexidade dos sistemas vivos e da limitação do paradigma mecânico para compreender o corpo fez com que se popularizasse a imagem de um corpo-máquina, passível de ser dividido em sistemas autônomos e posto aos pedaços — cada pedaço funcionando a seu modo.

Se não funciona, nós o consertamos com cirurgias ou o lubrificamos com remédios e está tudo certo. A indústria fica feliz com os lucros e é indiferente aos sintomas de todo tipo que apontam para a dissociação entre corpo e alma. No entanto, não alimentemos a ilusão de que a visão mecânica do corpo não se impôs ao mundo por acaso. Já Dietmar Kamper[5] falou claramente do processo de mortificação do corpo iniciado pelo desmonte histórico do paganismo e do golpe final sofrido pela absolutização do trabalho em nossas vidas[6].

---

5 Dietmar Kamper, *O trabalho como vida*, São Paulo: Annablume, 1998.

6 Kamper chama a atenção para a absolutização do trabalho em nossas vidas e de como esse foi o que poderíamos chamar de um golpe final no longo processo de mortificação do corpo imposto pelos monoteísmos. Vemos ecos de Max Weber acerca da ética protestante e do elogio ao trabalho produtivista, tão bem patrocinada e estimulada pelo capitalismo. Vale lembrar ainda que paganismo originariamente significa "as práticas e crenças dos camponeses", que vivem da e na terra, já que *pagus* significa "pedaço de terra arada", que deu origem também à palavra "página". Originariamente, os textos eram "lavrados". Outro excelente trabalho sobre como se deu esse processo de desencantamento do mundo na ciência é o de Morris Berman, *El reencantamiento del mundo*, Santiago: Cuatro Vientos, 2007.

O processo de implantação de uma racionalidade que se acreditava dissociada das emoções deixou de lado também o órgão simbolicamente associado a elas — o coração. Desconfiamos de nossas emoções, de nossos sentimentos, consideramos que os afetos nos fragilizam e deles nos protegemos com todas as couraças emocionais e químicas que podemos criar. O coração foi encouraçado, neutralizado. Não é de se estranhar que as cardiopatias sejam um dos maiores problemas mundiais de saúde e também uma das grandes veias pelas quais muito dinheiro escoa para o bolso das indústrias de medicamentos.

Os alertas da psicologia e da moderna neurologia acerca dos absurdos dessa visão mecânica do corpo e da vida — e, por conseguinte, do coração —, de nada adiantaram. Passados aproximadamente 20 anos, eis que me deparo com várias notícias de que o coração deve ser, de fato, não apenas o segundo cérebro, como afirmou Dr. J. Andrew Armour, em 1991, mas que ele possui uma relação ainda não totalmente conhecida com a região do cérebro associada à consciência, segundo estudo realizado por Marcus Gray e seus colegas do University College de Londres[7], já que ele afirma que as "conversas" entre o coração e o cérebro apresentaram uma atividade cerebral aumentada nas regiões do córtex cerebral.

Pesquisas realizadas há mais de 20 anos pelo Institute of HeartMath da Califórnia, nos Estados Unidos, demonstram como os diferentes padrões de atividade do coração, coligados química e eletricamente (o que significa dizer, energeticamente) a diferentes emoções, modulam

---

7 Cf. Salvador Nogueira, "Coração 'conversa' com o cérebro, diz estudo", *G1*, 16 abr. 2007, disponível em: <https://goo.gl/5PPnnr>, acesso em: nov. 2017.

as *performances* cognitivas cerebrais[8]. António Damásio[9] inclusive mencionara amplamente a impossibilidade de dissociarmos as emoções dos processos racionais. Assim, a abordagem mais cartesiana do corpo precisa admitir a centralidade do coração e sua relação com a consciência.

Somos inescapavelmente aquilo que, a partir de um centro, pulsa desde os primeiros dias no útero materno. Esse centro, a partir do qual tudo flui, é habitado pelo coração. Não à toa a ideia de saúde está etimologicamente relacionada à de salvação, como nos apresenta Edmond Blattchen[10].

As narrativas míticas, bem como as religiões, sempre souberam disso. Se olharmos para o próprio cristianismo, teremos as seguintes imagens, de acordo com a análise de Lucílio Neves Galvão[11], relacionadas textualmente ao coração a partir de determinadas passagens bíblicas:

> O coração, símbolo das forças vitais (Lc 1, 34; Act 14, 17), não significa apenas a vida afetiva do homem (Jo 16, 16; Act 2, 26), mas visa a todas as suas vivências. É também o espaço oculto e inconsciente, por oposição ao rosto e à face humanas (Mt 15, 8), a matriz e o símbolo dos pensamentos superiores e autênticos (Mc 2, 6; Lc 3, 15), a

---

8 Para uma abordagem mais especializada sobre o coração e sua relação com o cérebro, cf. Tania Muratori, "O efeito da atividade cardíaca no cérebro", disponível em: <https://goo.gl/T3jdB8>, acesso em: nov. 2017. Cf., também, <https://bit.ly/2×I2E4c>, acesso em: set. 2018.

9 António Damásio, *O erro de Descartes*, São Paulo: Companhia das Letras, 1996.

10 Edmond Blattchen, *Nomes de deuses: Jean-Yves Leloup*, São Paulo: Unesp/Uepa, 2002.

11 Lucílio Neves Galvão, *As curas miraculosas dos evangelhos, na clave conceptual da teoria da imagem inconsciente do corpo, segundo Françoise Dolto*, 462 f., tese (doutorado em psicologia clínica), Instituto Universitário de Ciências Psicológicas, Sociais e da Vida, Lisboa, 2011.

origem da fé (Rm 10, 8), da compreensão (Lc 24, 25) e da resistência interior (Mc 6, 52)[12].

O coração, "espaço oculto e inconsciente", só nos é possível como imaginado e promotor de imaginação. Podemos nos perguntar: por meio de quais símbolos a cultura humana tem preferido imaginar o coração?

O pensamento do coração é uma espécie de fogaréu

Qual não foi meu espanto quando, ao fazer uma busca bibliográfica sobre o que foi dito mais recentemente sobre o coração nas ciências humanas, deparei-me com um texto meu. Havia me esquecido totalmente de que falara do coração há dez anos.

Como se meu coração me fizesse olhar para mim mesma, retomei, então, a leitura de um outro eu, na versão de dez anos atrás, que partilho aqui com vocês, por seu fio condutor e, de certa forma, uma genealogia desta minha ousadia de falar hoje sobre o coração.

Minha inspiração é o filme *A cidade dos anjos*[13], especialmente a cena na qual a personagem central, a médica, em meio a uma cirurgia cardíaca, tenta reaver os batimentos cardíacos do paciente segurando seu coração com as mãos e massageando-o para tentar restabelecer o bombeamento sanguíneo. Ela não o salva; ele morre, e ela fica com o coração em suas mãos, como se segurasse uma casa vazia.

---

12 *Ibidem*, p. 241.
13 Brad Silberling, *A cidade dos anjos*, Estados Unidos: Warner Bros, 1998.

Esse vazio não demora a migrar do coração que ela segurava para o seu próprio. A cena imediatamente me remeteu à afirmação de Jean Cocteau[14]. Em entrevista, quando perguntado sobre o que ele salvaria se sua casa pegasse fogo, Cocteau respondeu: "O fogo!"[15]. Quando o fogo se vai do coração, instala-se o vazio. Ainda que a casa esteja lá — que o coração esteja lá, intacto e mecanicamente funcional —, será apenas um espectro, um mero sinal do vazio deixado pelo fogo que se retirou.

"Uma vez que a psicologia antiga em geral situava a alma em volta do ou com o coração, o seu coração encerra a imagem do seu destino e convoca você para esse destino"[16]. Ouvir o que quer nosso coração, cômodo central de nosso corpo-casa, deveria ser a tarefa principal de nossa vida. No entanto, raramente conseguimos fazê-lo sozinhos.

É da natureza das coisas do coração que o fogo se espalhe e que fagulhas afetem os que estão suficientemente próximos de nós, próximos o bastante para se queimarem com nosso fogo ou para nos aquecerem quando o fogo adormece. O coração é o lugar do vínculo.

> Voltamos a um princípio geral: a imagem do coração exige esforços de *ligação* a todo tipo de circunstâncias que funcionem como âncoras, sejam essas âncoras a lealdade dos amigos, a estabilidade de contratos, a confiabilidade da saúde, as imposições do relógio, os fatos da geografia[17].

---

14 Edmond Blattchen, *op. cit.*
15 *Ibidem*, p. 34.
16 James Hillman, *O código do ser*, Rio de Janeiro: Objetiva, 1997, p. 57.
17 *Ibidem*, p. 65.

O coração cambaleante se ancora como pode. O coração valente, intrépido, porém, sabe, como diria Muniz Sodré[18], que os vínculos afetivos e as experiências emocionais (as vivências completas que contemplam o corpo) são o melhor oxigênio para o fogo do coração.

     Um coração fracamente vinculado é atordoado, não sabe para onde ir e nem como seguir. "Atordoamento" é o termo usado pelos cardiologistas para o quadro clínico do coração logo após um infarto. Há uma interessante discussão etimológica sobre a origem de "atordoar". Sugere-se que o verbo tenha vido de *torpire*, fazer adormecer, perder os sentidos, ou ainda do latim *tonitrus*, trovão. É como se Zeus, do alto do Olimpo, lançasse um de seus trovões sobre o coração, fazendo-o perder os sentidos — Zeus, o deus dos deuses do Olimpo, na mitologia grega, é reconhecido por sua disposição tanto para fazer amor e festas como para os excessos e a cólera.

Alimentar o fogaréu: sobre amigos, alegrias e histórias

Ainda inspirada pelas histórias dos pacientes transplantados relatadas por Vaysse[19], deparo-me com a seguinte afirmação: "um bom número de pacientes, por intermédio do implante, sentem-se 'penetrados' por uma história real, mas deles desconhecida — a história do doador". São sempre elas, as histórias...

---

18 Muniz Sodré relaciona um certo senso de comunidade ao sentido dado por Parmênides ao termo "coração intrépido", ressaltando o papel dos vínculos na criação do sentido de comunidade. Cf. Muniz Sodré, *A ciência do comum*, Rio de Janeiro: Vozes, 2015.

19 Jocelyne Vaysse, *op. cit.*, p. 44.

Meu exercício diário para tentar ver e atravessar o próprio Apocalipse, como dizia Kamper[20], sempre se deu por meio de narrativas. O coração aparentemente gosta de narrativas: narrativas para lembrar, para olhar para o outro lado, para olhar para o outro, e também para olhar para trás — para a genealogia e a origem das coisas.

De certo modo, já conhecíamos as narrativas por meio do mito, mas Boris Cyrulnik[21] lança um outro olhar para elas. A partir de uma abrangente pesquisa sobre etologia humana e resiliência, ele demonstra que a narrativa é o instrumento fundamental da resiliência, e essencial para a reconstrução e criação de caminhos novos para seguir com a vida após duras quedas. As histórias, com seu potencial de desdobramento imaginário e simbólico, levam a lugares dentro de nós e no mundo aos quais talvez não tivéssemos acesso de outra maneira.

Lembro-me de minha avó, presa a uma poltrona por conta de um acidente vascular cerebral, bebendo as histórias de viagens que repórteres contavam na televisão no começo da década de 1970. Ela estava longe de viajar de verdade, mas era o melhor que ela podia ter em sua condição, e ela se agarrava àquilo com um coração de viajante que se segura ao fio de um caminho possível. Nela, a nômade que atravessou os oceanos em um navio para um destino desconhecido, da Europa até o Brasil, no começo do século XX, resistia por meio de uma *narrativa possível*.

Seu coração intrépido, que tivera a coragem de atravessar os mares em busca de um sonho, escolhendo a vida,

---

20 Dietmar Kamper, *op. cit.*
21 Boris Cyrulnik, *Falar de amor à beira do abismo*, São Paulo: Martins Fontes, 2006.

me deu a primeira lição sobre os fogaréus: é preciso ter coragem e agarrar-se às histórias como se elas fossem um barco em meio ao oceano.

No entanto, não construímos narrativas sozinhos, mas com os vínculos que temos. O vínculo é absolutamente fundamental e, sem ele, não há resiliência — não se cria resiliência isolado.

Vinicius de Moraes tinha absoluta razão ao dizer que seria capaz de viver sem todos seus amores, referindo-se às muitas mulheres que teve, mas não sobreviveria sem seus amigos. Os amigos são os amores do "coração que ama as histórias", que ama "com-versar"; são testemunhas de nossa vida, como nossos cúmplices, e carregam nosso coração em suas mãos em alguns momentos, nas noites mais escuras da alma.

As histórias que criamos com os amigos constituem uma forma de o coração atribuir sentido à nossa vida — ao nosso presente e ao nosso passado — e, com isso, tornar suportável o vazio do futuro.

Como reconhecemos os amigos? Nosso coração fica alegre. A alegria, diferentemente da felicidade (que é sempre tão idealizada e vítima de tantas projeções e enganos), é espontânea e incontrolável. Ela levanta-se em fogaréu quando quer; e o corpo ri, gargalha, estremece na presença de algo grande. A alegria é despretensiosa e, nisso está sua grandeza. Ela é Graça, e não merecimento. Quando o coração se alegra, enche-se de sentido: sente que vive.

A grande dor do coração é a falta de sentido que vem da absoluta falta de alegria, do isolamento, da mudez dos afetos, do desenredo de caminhar absolutamente sozinho. A vida busca o sentido:

> E onde estão os grandes sábios da vida e do mundo,
> que não apenas falam do sentido, mas também o

possuem? Não se pode imaginar nenhum sistema e nenhuma verdade que forneçam aquilo de que o enfermo precisa para a vida, ou seja, fé, esperança, amor e autorreconhecimento. Essas quatro maiores conquistas do esforço humano são também *bênçãos*, que não se pode ensinar nem aprender, dar nem tomar, reter nem obter, pois elas estão conectadas a uma condição irracional, avessa à vontade humana, ou seja, à *vivência*. As vivências nunca podem ser "fabricadas"[22].

O coração também não pode ser fabricado, mesmo que em seu lugar haja uma prótese funcional de alta tecnologia. Ainda assim, não será um coração até ter amado, sofrido e imaginado por meio dele. Um coração tem de nos carregar na vida enquanto acreditamos que o estamos carregando no peito.

Viver uma vida em meio aos fogaréus do coração, plena de amigos, é viver uma vida que faz sentido. É isso que desejo a todos nós: não importa quando nosso coração vai parar de bater, pois ele continuará pulsando em algum não lugar, dentro do fogo.

---

[22] Carl Gustav Jung, *Sobre o amor*, São Paulo: Ideias & Letras, 2005, p. 20.

CONCLUSÃO
Educar para a sabedoria
Bernd Fichtner

Exploração desmedida; extermínio de espécies; mudanças climáticas; um rápido aumento da população humana; tensões mundiais nos campos social, político e religioso; desenvolvimento e expansão de armas de destruição em massa; e, finalmente, uma economia mundial que se baseia em uma permanente rolagem de dívidas impagáveis: esse é o mundo em que vivemos hoje.

A vida apresenta-se com uma ausência total de sentido, expressa no paradoxo de ter índices assustadores de desigualdade, pobreza, violência e exploração ao lado de avanços inimagináveis da ciência e da tecnologia. A pergunta que fica, nesse contexto, é como o conhecimento pode ser usado na preservação da existência da humanidade e, consequentemente, do mundo?

"Com sabedoria", no sentido de uma maneira especial de compreender e de lidar com a realidade, poderia ser uma resposta — uma postura relaxada, no nível social, cultural e pessoal, diante da complexidade da vida.

Nesta obra, foram abordadas seis facetas da sabedoria: educar para sabedoria; a vida como valor; o emergir na profundeza da alma; a relação entre saber e não saber; o estar no presente e no futuro sem esquecer as origens; e a sabedoria do coração. A partir dessas discussões, vejamos três possíveis dimensões para uma postura de sabedoria desprendidas dos ensaios aqui presentes.

I. Sabedoria e conhecimento científico

Cada disciplina científica tem seu regime de conhecimento científico, sua política geral de "verdade", isto é, os tipos de discurso que ela acolhe e faz funcionar como conhecimento de verdade. Mecanismos e instâncias dessas disciplinas permitem distinguir conhecimentos científicos e não científicos. Há nelas técnicas e procedimentos valorizados para a obtenção do conhecimento científico verdadeiro, e há também aqueles que têm o encargo de dizer o que funciona como tal. Uma política das ciências disciplinares está pronta para retornar ao já firmado, ainda que fosse algo que estivesse lá por ser dito, e tudo isso deve ser feito com rigor.

Atualmente, sofremos uma crise dramática relativa à legitimação das ciências humanas, que se articula como politização, comercialização e mediatização. A distância da ciência, em sua relação com a política, a economia e as mídias, desaparece passo a passo. Esse processo atual é acompanhado por uma valorização enorme do conhecimento empírico científico como conhecimento tecnológico — sobretudo se economicamente utilizável.

Simultaneamente, outras formas de conhecimento são desapreciadas, como a filosofia, a arte e o conhecimento baseado nas experiências pessoais. A dominância absoluta dos métodos nas ciências humanas, articulada fundamentalmente pela acumulação linear do conhecimento científico, é sintomática desse processo. Nele, um fenômeno de nossa realidade, sobre o qual se pesquisa, já é no fundo compreendido em sua estrutura básica — e, assim, é também dominado.

Um exemplo dessa dinâmica é a pesquisa nacional e internacional sobre crianças e infância desenvolvida tempestuosamente nas últimas décadas. O tema "criança" é um campo de pesquisa que já conta com mais de 100 anos nos campos da psicologia e da educação. "Infância" tem sido tema especial das ciências sociais (história da infância, sociologia da infância e política da infância) ao longo dos últimos 50 anos. Assim são construídos os "tesouros" do conhecimento.

No entanto, sabemos realmente o que é uma criança ou o que é a infância? A infância, por exemplo, pode ser definida pelo que ela não é. Ela não é o paraíso perdido da espontaneidade e da autenticidade, não é uma fase psicossomática nem a matéria-prima para utopias políticas e pedagógicas ou para projeções da sociedade dos adultos.

Implicitamente, tomamos que um conceito científico é mais ou menos idêntico à realidade à qual se refere. Ele seria como uma redução do desconhecido para o já conhecido, de modo que todos os problemas pareceriam, então, resolvíveis.

O sistema dos métodos deve garantir a objetividade, a confiabilidade e a validade do conhecimento científico sobre uma realidade pesquisada. Métodos como técnicas ganham um valor absoluto, por exemplo, no sistema de *big data*.

Com essa tendência de métodos como técnicas, as disciplinas científicas se desvinculam da filosofia e da arte. Conceitos básicos raramente guardam a qualidade de uma reflexão filosófica ou artística. Vejamos alguns exemplos.

"Jardim de infância" é um conceito para todas as instalações de creche infantil. Friedrich Wilhelm August

Fröbel fundou o primeiro jardim de infância em 1840 na Alemanha. Ele escolheu esse nome porque, do seu ponto de vista, a criança deve ser cuidada como uma planta, para crescer. Em 1851-1860, o jardim de infância foi proibido na Prússia. No entanto, sabemos realmente o que é um jardim de infância considerando o *state of art*? A arte responde a essa pergunta de forma diferente. A artista brasileira Lia Menna Barreto, de Porto Alegre, apresenta a seguinte resposta na forma de uma instalação:

Jardim de infância, de Lia Menna Barreto.

O escritor e poeta alemão Friedrich Schiller é outro exemplo. Seu drama *Don Carlos* (1783-1787) expõe as consequências de um mundo totalmente controlado e estruturado segundo uma perspectiva técnica: o universo da corte espanhola do rei Felipe II. Todas as relações humanas se transformaram em funções úteis e técnicas. O rei buscava desesperadamente um amigo que ele não encontrava e, ao final, ele enlouquece: a verdade estava nas relações sociais que um mundo absolutamente técnico não mais pode oferecer.

II. A sabedoria e a prática das atividades humanas: um exemplo da complexidade da vida cotidiana

Em uma escola, um aluno com um comportamento muito agressivo e violento entrou na primeira série no início do ano escolar. Dentro do cotidiano da escola, ele tentou resolver todos os problemas recorrendo à violência. Sobre seu contexto familiar, sabia-se que esse aluno, que vivia em um bairro bastante agressivo, não convivia com o pai, e que sua mãe trabalhava muito. A mãe ensinou ao filho que ele deveria aprender a defender-se, mas, na escola, ele aprendeu que a violência era uma falta grave. Econômica e psicologicamente, a situação dessa família era muito difícil.

A escola assumiu com rigor seu papel pedagógico, chamando a mãe e advertindo a criança com frequência. A criança, nesse caso, considerou que a escola não era confiável, uma vez que, se ela não se defendesse, correria sérios riscos. Por outro lado, a valorização social da escola fez com que sua mãe aceitasse o princípio da não violência, deixando seu filho à mercê da violência do bairro e, ao mesmo tempo, transformando o orgulho de ter um filho forte em vergonha por ter um filho violento.

Nesse vínculo duplo, a criança tinha como alternativas: 1) a hipocrisia (não ser violenta na escola, mas continuar agressiva na rua, sem dizer nada à mãe nem a seus professores); 2) aceitar a ideologia da não violência e passar a ser um mártir do bairro; e 3) ficar esquizofrênica diante de duas mensagens tão contraditórias.

A solução da professora para tal situação complexa foi, depois de qualquer atitude agressiva do aluno, abraçá-lo com ternura e afeto, dizendo: "aqui você não precisa disso". Dentro de três semanas, o aluno deixou de lado o comportamento agressivo.

III. A sabedoria e a relação entre arte moderna e novas formas de aprendizagem

Atualmente observamos no mundo inteiro a chamada crise da educação formal, permeada de correlações que apontam para as velocidades das mudanças sociais. Os conhecimentos se reproduzem em uma progressão geométrica, e o indivíduo percebe sua impotência para dominar um saber geral, vendo-se obrigado a uma especialização a fim de focar em determinadas questões em detrimento de uma visão científica mais global.

A busca por caminhos que possam incluir as problemáticas às quais aludem as novas perguntas nas teorias da aprendizagem e de ensino torna-se urgente. Deve-se chegar a uma maior compreensão de quem é hoje o sujeito que aprende e que ensina; de qual contexto eles surgem; qual é a realidade em que se inserem e atuam; qual é o conhecimento de que precisam; e como transferir tal conhecimento em uma relação viva e sem estereótipos. Trata-se, pois, de saber por que a sociedade e os sujeitos de hoje precisam urgentemente de uma nova qualidade de aprendizagem e ensino.

A arte moderna pode nos dar a explicação que procuramos. Síntese peculiar e única do conhecimento de mundo em que vivemos, a arte moderna é também o meio para uma relação conosco e com nossa subjetividade. É nessa simultaneidade que reside um potencial para um novo tipo de aprendizagem.

A dupla vinculação do sujeito

Antes de aprofundarmos nossa hipótese de pensar a educação com parâmetros provenientes da arte, tomemos a concepção do duplo vínculo, ou da dupla mensagem, do antropólogo inglês Gregory Bateson. Ela representa uma proposta extremamente interessante para nos aproximarmos de forma diferenciada da crise da educação formal, ao mesmo tempo que nos obriga a retomar nossa compreensão do mundo atual.

Em uma sociedade como a nossa, em que todas as relações se transformam em mercadorias, são inúmeros os exemplos desses duplos vínculos. Trata-se da forma de relação que a sociedade capitalista mantém com os indivíduos: guarde dinheiro/compre; economize/consuma; produza/usufrua — e todos os desdobramentos que derivam dessas duplas mensagens, como seja jovem/seja responsável; esteja na moda/seja diferente etc.

Em uma situação de duplo vínculo, o sujeito está diante de desafios absolutamente contraditórios entre si, como se um elemento do par invariavelmente excluísse o outro. Isso torna-se extremamente problemático quando a pessoa está em uma relação de pendência e não consegue fugir dela, de modo que a dupla mensagem representa a estrutura de sua vida.

Retomemos aqui o exemplo da lógica do bastão. Nela, o professor, mostrando o bastão ao aluno, diz: "se você disser que este bastão não é real, eu lhe bato com ele. Se você disser que este bastão é real, eu lhe bato com ele. E se você não disser nada, também lhe bato com o bastão". O aluno, permanecendo no quadro das soluções propostas, sempre sai perdendo. A única solução do aluno seria arrancar o bastão da mão do professor e quebrá-lo. Chamamos essa capacidade de quebrar o bastão — e de quebrar a lógica do já instituído — de aprendizagem expansiva.

A sabedoria tem como valor justamente a objetivação do expansivo. É um campo no qual a qualidade do expansivo tem uma inesgotável riqueza: é o campo da arte e das obras de arte. A arte materializa e torna visível a capacidade humana de ultrapassar limites, abandonar contextos estereotipados e criar novos contextos. As obras de arte podem ser entendidas e analisadas como modelo dessa capacidade.

Cada obra de arte é, pois, uma metáfora, ou seja, um modelo concreto no qual a competência metafórica é materializada. A história da arte apresenta, nesse sentido, a história da capacidade humana — fundamental e básica, em um sentido antropológico — de ver algo novo.

A obra de arte representa algo (o material) e é, ao mesmo tempo, a forma dessa representação (forma artística). A forma não é uma ilustração ou visualização de um material primário prefixado nem deriva desse material: ela tem seu próprio valor.

Com a forma, algo novo é construído. Ela confere distinção e claridade a esse algo, e isso acontece quando relacionamos a forma à realidade, construindo um conteúdo, que é sempre o nosso conteúdo.

A forma nos orienta, orienta nossos afetos e nossas emoções em direção a uma realidade que corresponde a tudo isso. Por outro lado, nós construímos o conteúdo como significado. Não reagimos em face de uma obra de arte, mas nos expressamos como indivíduos emocionais e afetivos diante dela. A arte é, assim, um trabalho peculiar do pensar: um pensamento emocional e afetivo.

A competência metafórica e a obra de arte como metáfora

O núcleo da competência metafórica encontra-se na capacidade de representar algo em um nível simbólico. Tal núcleo é desenvolvido nas crianças já na idade de dois anos.

Consideremos, assim, a seguinte situação: Lúcia, com dois anos e cinco meses, prepara um banho para outra criança, Jaqueline, sua irmã:

> um talo de erva faz às vezes de termômetro de água, a banheira é uma caixa e a água conserva-se em estado de afirmação verbal. Em seguida Lúcia mergulha o termômetro no banho, acha que a água está quente demais, aguarda uns instantes e volta a meter o talo de erva na caixa. "Agora está bem, mas que sorte!". Aproxima-se então de Jaqueline (na realidade) e faz de conta que lhe tira o avental, o vestido, a camisa, fazendo os gestos, mas sem tocar na roupa da irmã[1].

O próximo exemplo é extraído da arte moderna.

---

[1] Jean Piaget, *A formação do símbolo na criança: imitação, jogo e sonho, imagem e representação*, Rio de Janeiro: LTC, 1990, p. 166.

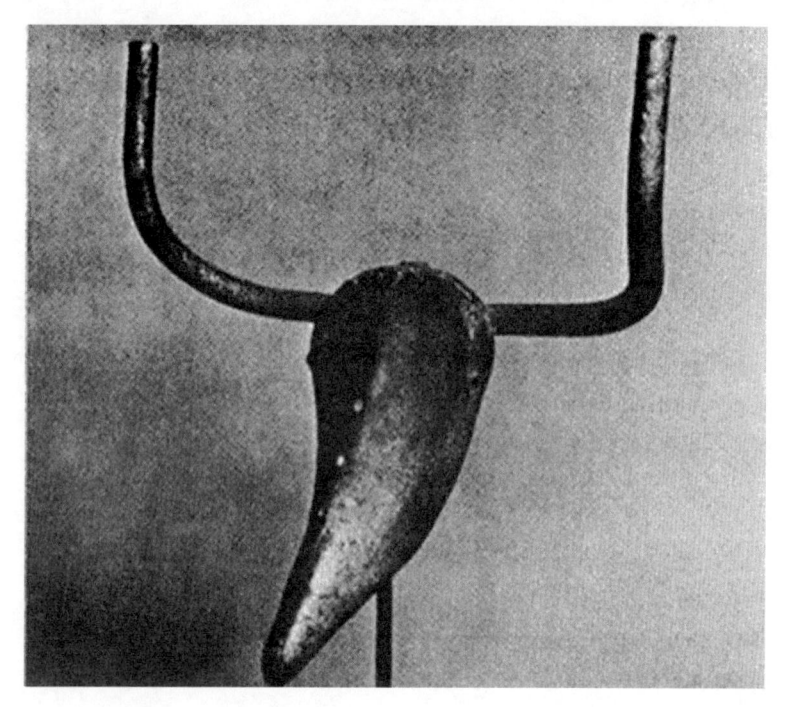

Cabeça de touro, de Pablo Picasso.

Nessa obra, Picasso apresenta uma montagem de dois pedaços de uma bicicleta encontrados no lixo: um guidão e um selim. Com sua montagem, presenteia-nos com a cabeça de um touro. Aqui, vê-se bem claro a estrutura de uma metáfora, que diz: isso é isto e, ao mesmo, isto não é isso. Como observadores, devemos elaborar a metáfora como resposta à pergunta sobre o motivo pelo qual o artista colocou duas peças de uma bicicleta dessa maneira, e não de outra. Qual é o resultado desse conjunto de dois pedaços que formam a cabeça de um touro?

    Cada um de nós pode ver aqui algo diferente: o símbolo da grandeza de Espanha e do caráter de uma mentalidade peculiar de um povo inteiro; a representação de um mito; a construção possível de representações com formas de elementos do cotidiano, desde que lidos com pensamento aberto; a informação de que as formas do mundo da cultura extraem seus modelos da natureza; a qualidade animal dos seres humanos, com todas as conotações favoráveis desse conceito clássico, efetivamente rico, inesgotável e cheio de possibilidades e, ao mesmo tempo, cheio de contradições etc.

Esse exemplo artístico de representação diferencia-se qualitativamente das representações no jogo simbólico de Lúcia e Jaqueline. A qualidade peculiar da representação metafórica em uma obra de arte reside na utilização da forma, ou melhor, do sistema de formas, de modo bem diverso de outras maneiras de representação.

Uma obra de arte apresenta seu objeto e acentua a maneira dessa representação. A representação em si mesma é apresentada. Essa é uma das mais incríveis façanhas da forma da obra de arte: não alternar-se com uma superficial equiparação e correspondência de forma e conteúdo, mas, antes, articular, nessa façanha, uma sutil relação consigo mesma. As obras de arte são representações de algo e, simultaneamente, representações de si mesmas.

Em suas dimensões mais substanciais, o processo metafórico é um ato imaginativo. Ele realiza, em um nível imaginário, uma semelhança que leva e preserva a diferença no nível dos significados. O momento icônico não perde de forma alguma sua qualidade estética e sensual, nem sua autonomia material e formal. O exemplo de Picasso, com sua técnica genial de esculturas-colagens, mostra que essa dupla direção da metáfora enriquece o olhar de cada uma dessas direções. Picasso entendia suas esculturas como metáforas plásticas. Em vez de acabar suas obras com materiais mais tradicionais, ele usava, na maioria das vezes, sucata, como cestas velhas, vasos, peças de bicicletas etc.

Uma nova aprendizagem, a metáfora e a obra de arte

A metáfora se apresenta como um sistema de formas que exige duplo trânsito: deve-se seguir pelos seus próprios temas e pela representação que ela própria é em seu sistema de formas. Na obra de arte, esse processo apresenta uma síntese do conhecimento sobre nossa realidade e, ao mesmo tempo, um espelho, com o qual vemos a nós mesmos.

As obras de arte apresentam uma materialização do processo complementar de uma aprendizagem expansiva. Esse processo é tanto interno quanto externo; objetivo e subjetivo; individual e social.

Karl Marx, com base em sua concepção do fetichismo da mercadoria, analisa as possibilidades universais de nossa sociedade de transformar as relações humanas em mercadorias, inclusive nosso tempo de vida e a nossa própria vida. Ao dinheiro cabe a função de totem secularizado da época moderna.

Bateson, por sua vez, com sua concepção de duplo vínculo, antevê as contradições dessa sociedade e seus efeitos para os indivíduos. As mensagens da educação e da reprodução dessa sociedade apontam sempre para o valor capitalista — ser sujeito nessa sociedade é ser produtor e consumidor de mercadorias — e, ao mesmo tempo, para valores transcendentais — ser sujeito nessa sociedade é ser altruísta, cidadão generoso e participativo.

Pensar as contradições do nosso cotidiano na perspectiva da arte poderia ser uma chave para conscientemente rever nossas relações. Essa perspectiva poderia ser sintetizada no seguinte princípio: liberar o pensamento que foi dominado durante séculos por fórmulas, clichês e estereótipos.

A arte moderna não é didática, pedagógica nem técnica. Ela é um pensar sobre isso tudo, inclusive sobre o que ainda não foi explicitado. Em sua busca pelo que está por trás do até agora dito, para reencontrar o dizer, a arte moderna mostra algo que, à primeira vista, não era compreensível.

Ela se torna totalmente incompreensível se nós, para entendê-la, usarmos somente os outros, e não a nós mesmos. No entanto, ela não implica um individualismo sem fronteiras ou um subjetivismo objetivado sem relações com a alteridade. O olhar e o pensar mobilizados pela arte moderna exigem de cada um o retorno a si mesmo depois da contemplação estética.

Uma obra de arte não é somente um apelo visual aos sentidos, que nos força a reviver emoções e sentimentos de um autor. Ela não nos diz nada se não for trabalhado o conhecimento nela cristalizado, como um meio para saber algo mais sobre nós mesmos.

Assumindo essa concepção de arte, investindo no tipo de raciocínio a que ela obriga, pela criação de um território externo aos quadros fornecidos para solucionar problemas — e por isso não repetindo as soluções já dadas –, estaremos sempre na construção do novo. A esse modo de compreender o aprender denominamos aprendizagem expansiva.

As artes trazem dentro de si um potencial enorme para a construção de um sujeito capaz de reconhecer, na criação artística, uma síntese de sua realidade e uma transgressão ao estabelecido, como forma de recriá-lo e recriar-se.

Relação de imagens

p. 161: *Johannes auf Patmos* [*São João Batista em Patmos*], de Hieronymus Bosch, *c.* 1500, óleo sobre painel de carvalho, 63 cm × 43,3 cm. Acervo da Gemäldegalerie der Staatlichen Museen zu Berlin, Berlin, Alemanha.

p. 170: *Botschaft des Engels an Johannes* [*Anunciação do anjo para João*], autor desconhecido, *c.* 800-850, iluminação em pergaminho do manuscrito carolíngio conhecido como *Die Trierer Apokalypse* [*O apocalipse de Trier*], 26,2 cm × 21,6 cm. Códice 31 do acervo da Stadtbibliothek Trier, Trier, Alemanha.

p. 173: *Die hure von Babylon und die Schnitterengel* [*A prostituta da Babilônia e os anjos da morte*], figura 27, p. 75 da obra *Die Kölner Bibel* [*A Bíblia de Colônia*] (com uma introdução de Wilhelm Worringer e 27 ilustrações de 1479), München: R. Piper, 1923. Acervo da biblioteca do Institute of Technology da University of Toronto, Toronto, Canadá.

p. 175: *Die vier apokalyptischen Reiter* [*Os quatro cavaleiros do Apocalipse*], de Albrecht Dürer, 1498, xilogravura, 38,8 cm × 29,1 cm, doação de Junius Spencer Morgan. Acervo do Metropolitan Museum of Art, New York, Estados Unidos.

p. 180: *Stalag VIII-A 49 geprüft* [*Stalag VIII-A 49 aprovado*], cartaz do concerto *Quatuor pour la fin du temps* [*Quarteto para o fim dos tempos*], obra camerística do compositor Olivier Messiaen, capturado pelo regime nazista em 1940 e levado ao campo de concentração Stalag VIII-A, na Polônia. A composição, com duração de cerca de 50 minutos, foi tocada em 15 de janeiro de 1941 diante de todos os prisioneiros do local.

p. 183: *The End*, de Timm Ulrichs, 1970, impressão a jato de tinta pigmentada sobre tela, 150 cm × 150 cm. Acervo do ZKM – Center for Art and Media Karlsruhe, Karlsruhe, Alemanha.

p. 184: *Triumph*, de Ed Ruscha, 1994, acrílica sobre tela, 81,3 cm × 304,8 cm.

p. 232: Transcrição musical de Jean de Léry (Victoria Lindsay Levine, "Early French Transcriptions", em: *Writing American Indian Music: Historic Transcriptions, Notations, and Arrangements*, v. II, Middleton: A-R Editions, 2002, p. 6).

p. 234: "Die baducca, in S. Paulo", de Johann Moritz Rugendas, 1832. Acervo da Hochschule für Musik Franz Liszt, Weimar, Alemanha.

p. 253: Hans von Bülow, *Sonaten und andere Werke für das Pianoforte*, Berlin: Klett & Cotta, 1892, p. 35.

p. 272: *Jardim de infância*, de Lia Menna Barreto. Fotografia de Leopoldo Plentz. Acervo da Fundação Vera Chaves Barcellos.

p. 278: *Cabeza de toro* [*Cabeça de touro*], de Pablo Picasso, 1942, assento de bicicleta em couro e guidão de bicicleta em metal, 33,5 cm × 43,5 cm × 19 cm. © Succession Pablo Picasso/AUTVIS, Brasil, 2018. Acervo do Musée Picasso, Paris, França.

Referências

ABRAHAM, Otto; HORNBOSTEL, Erich Moritz von. "Vorschläge für die Transkription exotischer Melodien". *Sammelbände der Internationalen Musikgesellschaft*. Leipzig: Breitkopf & Härtel, 1909, v. II, n. 1, pp. 1-25.

AGAMBEN, Giorgio. *O que é o contemporâneo? E outros ensaios*. Chapecó: Argos, 2009.

ALEXANDER, Friedrich. *Der Gebrauch des Selbst*. Basel/Freiburg: Karger, 2001.

ALIGHIERI, Dante. *Die göttliche Komödie*. Frankfurt: Insel, 1974.

ALMEIDA, Maria da Conceição. "Da ciência como território à ciência como nomadismo". *Esferas — Revista Interprogramas de Pós-Graduação em Comunicação do Centro Oeste*, 2015, v. 4, pp. 89-98.

ANDRADE, Mário de. "O samba rural paulista". *Boletín Latino--Americano de Música*. v. 6. Rio de Janeiro: 1946.

ANDRADE, Oswald de. "Do Pau-Brasil à antropofagia e às utopias: manifestos, teses de concursos e ensaios". Em: *Obras completas*, v. 6. Rio de Janeiro: Civilização Brasileira, 1970.

ARISTOTELES. *Nikomachische Ethik*. Hamburgo: Felix Meiner, 1985.

ARISTÓTELES. *Metafísica*. São Paulo: Edipro, 2012.

_____. *Ética a Nicômaco*. São Paulo: Edipro, 2014.
ASAD, Talal. *Genealogies of Religion: Discipline and Reasons of Power in Christianity and Islam*. Baltimore: Johns Hopkins University Press, 1993.
ASSIS, Machado de. "O machete". Em: *Obra completa*. v. 2. Rio de Janeiro: Nova Aguilar, 1999.
AUSTIN, John Langshaw. *Zur Theorie der Sprechakte*. Stuttgart: Reclam, 1975.
BAITELLO JUNIOR, Norval. *O pensamento sentado: sobre glúteos, cadeiras e imagens*. São Leopoldo: Unisinos, 2012.
_____; WULF, Christoph. *Emoção e imaginação: os sentidos e as imagens em movimento*. São Paulo: Estação das Letras e Cores, 2014.
BARROS, José F. Pessoa de; TEIXEIRA, Maria L. Leão. "O código do corpo: inscrições e marcos dos orixás". Em: MOURA, Carlos Eugênio Marcondes de. *Candomblé: religião do corpo e da alma. Tipos psicológicos nas religiões afro--brasileiras*. Rio de Janeiro: Pallas, 2004, pp. 103-38.
BATESON, Gregory. *Ökologie des Geistes*. Frankfurt: Suhrkamp, 1983.
BAUDRILLARD, Jean. *Simulacres et Simulation*. Paris: Galilée, 1981.
BEAUVOIR, Simone de. *Memoiren einer Tochter aus gutem Hause*. Frankfurt: Fischer Taschenbuch, 1984.
BECKMANN, Max. *Apokalypse: die Offenbarung Sankt Johannis in der Übertragung von Martin Luther*. Frankfurt: Büchergilde Gutenberg, 1989.
BERG, Nicolas. *Luftmenschen: zur Geschichte einer Metapher*. Göttingen: Vandenhoeck & Ruprecht, 2008.
BERGER, Klaus; NORD, Christiane. *Das Neue Testament und frühchristliche Schriften*. Berlin: Insel, 1999.
BERKENBROCK, José Volney. *A experiência dos orixás: um estudo sobre a experiência religiosa no Candomblé*. Petrópolis: Vozes, 1998.

BERMAN, Morris. *El reencantamiento del mundo*. Santiago: Cuatro Vientos, 2007.
BÍBLIA sagrada: nova tradução na linguagem de hoje. São Paulo: Sociedade Bíblica do Brasil, 1988.
BINSWANGER, Christoph Hans. *Dinheiro e magia: uma crítica da economia moderna à luz do Fausto de Goethe*. Rio de Janeiro: Zahar, 2011.
BLATTCHEN, Edmond. *Nomes de deuses: Jean-Yves Leloup*. São Paulo: Unesp/Uepa, 2002.
BÖHME, Gernot. *Der Typ Sokrates*. Frankfurt: Suhrkamp, 1992.
_____. "Meditation als Erkundung von Bewusstseinsformen". *Paragrana*. Berlin: 2013, v. 22, n. 2., pp. 88-99.
BROOKS, Charles. *Erleben durch die Sinne*. München: DTV, 1991.
BROWN, Diana. *Umbanda: Religion and Politics in Urban Brazil*. Ann Arbor: UMI Research Press, 1986.
BUTLER, Judith. *Das Unbehagen der Geschlechter*. Frankfurt: Suhrkamp, 1991.
_____. *Subjects of Desire: Hegelian Reflections in Twentieth Century France*. Nova York: Columbia University Press, 1999.
CAMINHA, Pero Vaz de. *Carta a El rei D. Manuel*. São Paulo: Dominus, 1963.
CANDAU, Joel. *Memória e identidade: protomemórias, memórias e metamemórias na construção de identidades*. São Paulo: Contexto, 2012.
CICERO. *De finibus bonorum et malorumm*. Stuttgart: Reclam, 1989.
CLAIRVAUX, Bernhard von. *Sämtliche Werke*. Innsbruck: Tyrolia, 1990.
COHEN, Emma. *The Mind Possessed: the Cognition of Spirit Possession in an Afro-Brazilian Religious Tradition*. Oxford: Oxford University Press, 2007.
COPPOLA, Francis Ford. *Apocalypse Now*. Estados Unidos: Omni Zoetrope, 1979. 153 min.

CORÃO. Sura 32:11

COUTO, Mia. *E se Obama fosse africano?* São Paulo: Companhia das Letras, 2011.

CYRULNIK, Boris. *Falar de amor à beira do abismo*. São Paulo: Martins Fontes, 2006.

DAHLHAUS, Carl. "Zur Kritik des ästhetischen Urteils". Em: *Die Musikforschung*. v. 23, Kassel: Bärenreiter, 1970, pp. 411-9.

DAMÁSIO, António. *O erro de Descartes*. São Paulo: Companhia das Letras, 1996.

DÄRMANN, Iris. *Fremde Monde der Vernunft. Die ethnologische Provokation der Philosophie*. München: Fink, 2005.

DAVIES, Stephen. "Music". Em: LEWINSON, Jerrold (org.). *The Oxford Handbook of Aesthetics*. London: Oxford University Press, 2005.

DERRIDA, Jacques. *Grammatologie*. Frankfurt: Suhrkamp, 1983.

DESCARTES, René. *Meditationen*. Hamburgo: Felix Meiner, 1959.

DOLTO, Françoise. "Le Cœur expression symbolique de la vie affective". Em: *Le Cœur, études carmélitaines*. Paris: Gallimard, 1973.

DVORAK, Max. *Kunstgeschichte als Geistesgeschichte: Studien zur abendländischen Kunstentwicklung*. München: Piper, 1924.

ECKHARD, Meister. *Selected Writings*. London: Penguin Classics, 1994.

ELIADE, Mircea. *O sagrado e o profano*. São Paulo: Martins Fontes, 1992.

EPICURO. *Briefe, Sprüche, Werkfragmente*. Stuttgart: Reclam, 1986.

EPIKTET. *Handbüchlein der Moral*. Stuttgart: Reclam, 2012.

EVANS-PRITCHARD, Edward Evan. *The Nuer*. Oxford: Oxford University Press, 1940.

FELDENKRAIS, Moshé. *Bewußtheit durch Bewegung*. Frankfurt: Suhrkamp, 1982.

FISCHER-LICHTE, Erika. *Ästhetik des Performativen*. Frankfurt: Suhrkamp, 2004.

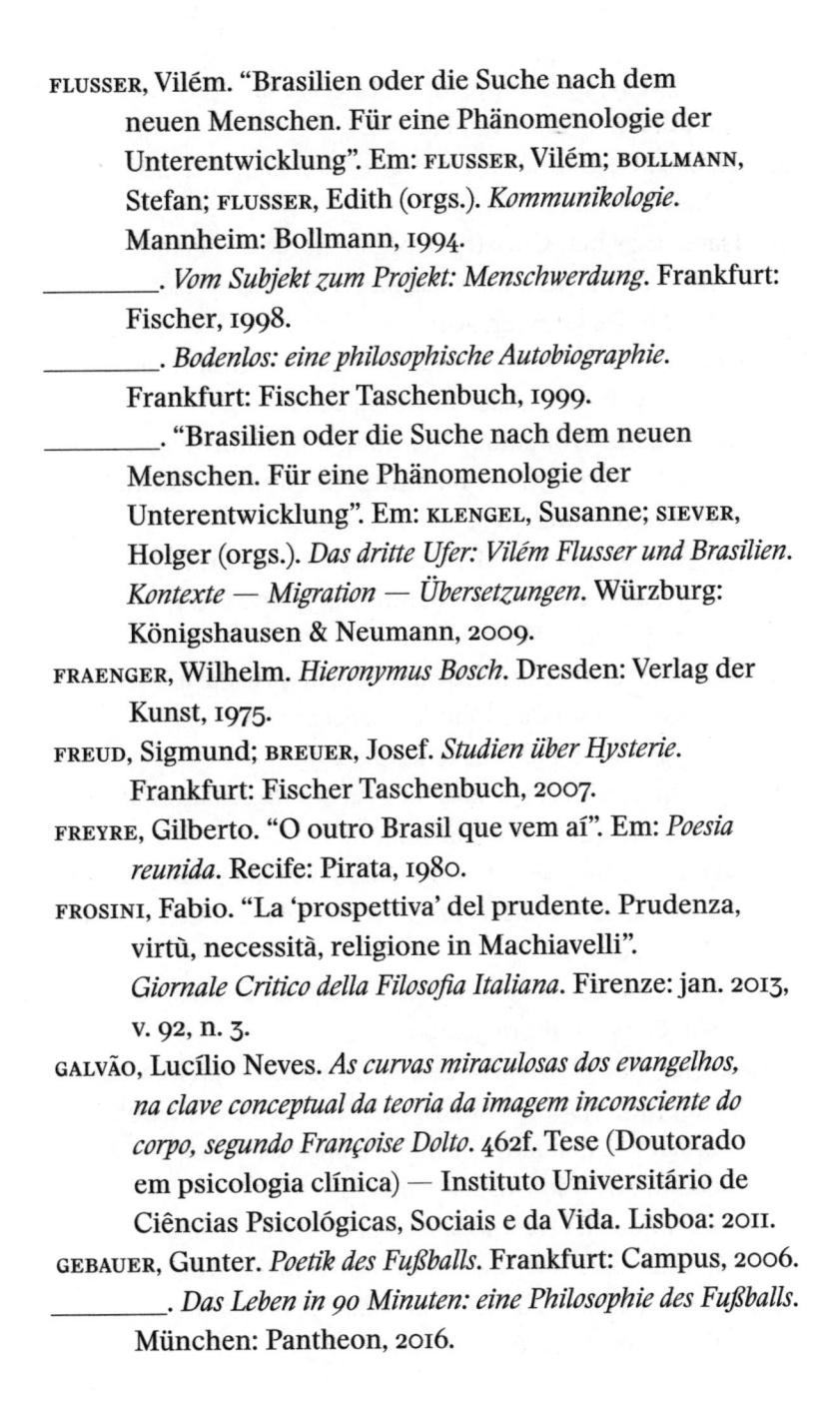

FLUSSER, Vilém. "Brasilien oder die Suche nach dem neuen Menschen. Für eine Phänomenologie der Unterentwicklung". Em: FLUSSER, Vilém; BOLLMANN, Stefan; FLUSSER, Edith (orgs.). *Kommunikologie*. Mannheim: Bollmann, 1994.

_____. *Vom Subjekt zum Projekt: Menschwerdung*. Frankfurt: Fischer, 1998.

_____. *Bodenlos: eine philosophische Autobiographie*. Frankfurt: Fischer Taschenbuch, 1999.

_____. "Brasilien oder die Suche nach dem neuen Menschen. Für eine Phänomenologie der Unterentwicklung". Em: KLENGEL, Susanne; SIEVER, Holger (orgs.). *Das dritte Ufer: Vilém Flusser und Brasilien. Kontexte — Migration — Übersetzungen*. Würzburg: Königshausen & Neumann, 2009.

FRAENGER, Wilhelm. *Hieronymus Bosch*. Dresden: Verlag der Kunst, 1975.

FREUD, Sigmund; BREUER, Josef. *Studien über Hysterie*. Frankfurt: Fischer Taschenbuch, 2007.

FREYRE, Gilberto. "O outro Brasil que vem aí". Em: *Poesia reunida*. Recife: Pirata, 1980.

FROSINI, Fabio. "La 'prospettiva' del prudente. Prudenza, virtù, necessità, religione in Machiavelli". *Giornale Critico della Filosofia Italiana*. Firenze: jan. 2013, v. 92, n. 3.

GALVÃO, Lucílio Neves. *As curvas miraculosas dos evangelhos, na clave conceptual da teoria da imagem inconsciente do corpo, segundo Françoise Dolto*. 462f. Tese (Doutorado em psicologia clínica) — Instituto Universitário de Ciências Psicológicas, Sociais e da Vida. Lisboa: 2011.

GEBAUER, Gunter. *Poetik des Fußballs*. Frankfurt: Campus, 2006.

_____. *Das Leben in 90 Minuten: eine Philosophie des Fußballs*. München: Pantheon, 2016.

_____; WULF, Christoph. *Mimese na cultura.*
São Paulo: Annablume, 2004.
GIGERENZER, Gerd. *Risk Savvy: How to Make Good Decisions.*
New York: Penguin, 2013.
GIL, Isabel C.; WULF, Christoph (orgs.). *Hazardous Future: Disaster, Representation and the Assessment of Risk.*
Berlin: De Gruyter, 2015.
GINDLER, Elsa. *Von ihrem Leben und Wirken.* Berlin: Heinrich--Jacoby/Elsa-Gindler-Stiftung, 2002.
GOETHE, Johann Wolfgang. "Dichtung und Wahrheit".
Goethes Werke, v. 9. Em: Stuttgart/Tübingen: Cotta'she Buchhandlung, 1833.
_____. *Faust I.* Frankfurt: Deutscher Klassiker, 1994.
_____. *Fausto.* 2 v. São Paulo: Editora 34, 2004 (v. 1) e 2007 (v. 2).
GOLDMAN, Marcio. "A construção ritual da pessoa: a possessão no Candomblé". *Religião e Sociedade.*
São Paulo: 1985, v. 12, n. 1, pp. 22-55.
GRAEFF, Nina. *Os ritmos da roda: tradição e transformação no samba de roda.* Salvador: Edufba, 2015.
GREENFIELD, Sidney M. *Spirits with Scalpels: the Cultural Biology of Religious Healing in Brazil.* Walnut Creek: Left Coast Press, 2008.
GUATTARI, Félix. *Caosmose: um novo paradigma estético.*
São Paulo: Editora 34, 1992.
GUMBRECHT, Hans Ulrich; BOLLE, Willi; AGUIAR, Flávio; MEDINA, Antonio; WISNIK, José Miguel. "Estética do futebol: Brasil vs. Alemanha". *Pandaemonium Germanicum.* São Paulo: nov. 1998, n. 2, pp. 67-104.
HANSLICK, Eduard. *Vom Musikalisch Schönen: ein Beitrag zur Revision der Ästhetik der Tonkunst.* Leipzig: Weigel, 1854.
HEGEL, Georg Friedrich Wilhelm. *Phänomenologie des Geistes.*
Frankfurt: Suhrkamp, 1996.

HERDER, Johann Gottfried. *Ideen zur Philosophie der Geschichte der Menschheit*. Riga/Leipzig: Bei Johann Friedrich Hartknoch, 1785.

_____. *Ideen zur Philosophie der Geschichte der Menschheit*. München: Carl Hanser, 2002.

HILLMAN, James. *O código do ser*. Rio de Janeiro: Objetiva, 1997.

HOLECZEK, Bernhard. "Prefácio". Em: GASSEN, Richard W.; HOLECZEK, Bernhard. *Apokalypse: ein Prinzip Hoffnung? Ernst Bloch zum 100. Geburtstag*. Heidelberg: Braus, 1985.

HUSSERL, Edmund. *Cartesianische Meditationen*. Hamburg: Felix Meiner, 1977.

JACOBY, Heinrich. *Jenseits von "Begabt" und "Unbegabt"*. Berlin: Heinrich-Jacoby/Elsa-Gindler-Stiftung, 2011.

JAMES, William. *The Varieties of Religious Experience: a Study of Human Nature*. Rockville: Arc Manor, 2008.

JAROŠ, Karl. *Das Neue Testament und seine Autoren: eine Einführung*. Köln/Weimar/Wien: Böhlau, 2008.

_____; VICTOR, Ulrich. *Das Neue Testament: Wann? Wer? Wo? Was? Eine Einführung*. Augsburg: St. Ulrich, 2011.

JOHNSON, Paul Christopher. "An Atlantic Genealogy of 'Spirit Possession'". *Comparative Studies in Society and History*. Cambridge: 2011, v. 53, n. 2, pp. 393-425.

JONASSON, Bjorn. *So sprachen die Wikinger: die authentische Hávamál*. Reykjavik: Gudrun, 1993.

JUNG, Carl Gustav. *Sobre o amor*. São Paulo: Ideias & Letras, 2005.

KAMPER, Dietmar. *O trabalho como vida*. São Paulo: Annablume, 1998.

_____. *Körper-Abstraktionen: das anthropologische Viereck von Raum, Fläche, Linie und Punkt*. Köln: König, 2008.

KANT, Immanuel. *Kritik der praktischen Vernunft*. Hamburg: Meiner, 2003.

_____. *Zum ewigen Frieden*. Stuttgart: Reclam, 2003.

KAWAKAMI, Kenji. *Chindogu oder 99 (un)sinnige Erfindungen*. Köln: DuMont Reise, 1977.

KOJÈVE, Alexandre. *Hegel: eine Vergegenwärtigung seines Denkens. Kommentar zur Phänomenologie des Geistes.* Frankfurt: Suhrkamp, 1996.

KÖRTE, Werner. *Albrecht Dürer: die Apokalypse.* Berlin: Gebr. Mann, 1947.

KOSELLECK, Reinhart. *Futuro passado: contribuição à semântica dos tempos históricos.* São Paulo: Contraponto, 2010.

KUBIK, Gerhard. *Angolan Traits in Black Music, Dances, and Games from Brazil.* Lisboa: Junta de Investigações do Ultramar, 1979.

LACAN, Jacques. "Funktion und Feld des Sprechens und der Sprache in der Psychoanalyse". Em: HAAS, Norbert (org.). *Schriften.* v. 1. Weinheim: Quadriga, 1991.

LAMBEK, Michaek. "Provincializing God? Provocations from an Anthropology of Religion". Em: VRIES, Hent de (org.). *Religion: Beyond a Concept.* New York: Fordham University Press, 2008, pp. 120-38.

LANDES, Ruth. *The City of Women.* New York: Macmillan, 1947.

LAO-TSE. *Tao-Te-King.* München/Engelberg: Drei Eichen, 1984.

LATOUR, Bruno. *Jamais fomos modernos.* São Paulo: Editora 34, 1994.

LEFORT, Claude. *Le Travail de l'oeuvre: Machiavel.* Paris: Gallimard, 1986.

LÉRY, Jean de. *Viagem à terra do Brasil.* São Paulo: Martins, 1972.

LÉVI-STRAUSS, Claude. *Traurige Tropen.* Frankfurt: Suhrkamp, 2015.

LILJE, Hanns. *Das letzte Buch der Bibel: eine Einführung in die Offenbarung des Johannes.* Hamburg: Furche, 1958.

_____. *Das letzte Buch der Bibel: Eine Einführung in die Offenbarung des Johannes.* Bielefeld: Luther, 1988.

LIPTON, Bruce. *Intelligente Zellen: wie Erfahrungen unsere Gene steuern.* Burgrain: Koha, 2007.

LOBATO, Monteiro. *As aventuras de Hans Staden.* 32. ed. São Paulo: Brasiliense, 1997.

LUHMANN, Niklas. *Die Gesellschaft der Gesellschaft*. v. 2. Frankfurt: Suhrkamp, 1998.

MALIK, Aditya. "Is Possession Really Possible? Towards a Hermeneutics of Transformative Embodiment in South Asia", em: FERRARI, Fabrizio M. (org.), *Health and Religious Rituals in South Asia: Disease, Possession and Healing*, London: Routledge, 2011, pp. 17-32.

MANDELSTAM, Ossip. *Die Reise nach Armenien*. Frankfurt: Suhrkamp, 1983.

MAQUIAVEL, Nicolau. *O príncipe*. São Paulo: Companhia das Letras, 2010.

MARQUARDT, Hans. "*Apokalypse Now: Notate zu einem alten Thema*". Em: BECKMANN, Max. *Apokalypse: die Offenbarung Sankt Johannis in der Übertragung von Martin Luther*. Frankfurt: Büchergilde Gutenberg, 1989.

MARX, Karl. "Thesen über Feuerbach". Em: MARX, Karl; ENGELS, Friedrich. *Marx-Engels Werke*. Berlin: Dietz, 1969.

_____. *O capital*. 4 v. Rio de Janeiro: Civilização Brasileira, 2008.

_____. *Grundrisse*. São Paulo: Boitempo, 2011, p. 193.

MASLOW, Abraham H. *Motivation und Persönlichkeit*. Reinbek: Rowohlt, 1981.

MAYER, Karl Ulrich; BALTES, Paul B. (orgs.). *Die Berliner Altersstudie*. Berlin: Akademie, 1999.

MENZIUS. *Den Menschen gerecht: ein Menzius-Lesebuch*. Zürich: Amman, 2010.

MESSIAEN, Olivier. *Quatuor pour la fin du temps*. Paris: Durand, 1942.

MICHAEL, Joachim. "Brasilianische Erfahrungen? Flussers Vision eines nicht-alphabetischen Zeitalters", Em: KLENGEL, Susanne; SIEVER, Holger (orgs.). *Das dritte Ufer: Vilém Flusser und Brasilien. Kontexte — Migration — Übersetzungen*. Würzburg: Königshausen & Neumann, 2009, pp. 131-44.

MONTAIGNE, Michel de. *Die Essais*. Stuttgart: Reclam, 1999.

MOREIRA-ALMEIRA, Alexander; LOTUFO NETO, Francisco; KOENIG, Harold. "Religiousness and Mental Health: a Review". *Revista Brasileira de Psiquiatria*. São Paulo: 2006, v. 28, n. 3, pp. 242-50.

MORIN, Edgar; WULF, Christoph. *Planeta: a aventura desconhecida*. São Paulo: Unesp, 2003.

MURATORI, Tania. "O efeito da atividade cardíaca no cérebro". Disponível em: <https://goo.gl/T3jdB8>. Acesso em: nov. 2017.

NOGUEIRA, Salvador. "Coração 'conversa' com o cérebro, diz estudo". *G1*, 16 abr. 2007. Disponível em: <https://goo.gl/5PPnnr>. Acesso em: nov. 2017.

NOLA, Alfonso di. *Der Teufel: Wesen, Wirkung, Geschichte*. Munique: Dt. Taschenbuch-Verlag, 1997.

OSLENDER, Frowin (org.). *Die Offenbarung des Johannes: farbige Bilder aus der Bamberger Apokalypse um 1020*. Berlin: Friedrich Wittig, 1955.

OTTO, Rudolf. *Das Heilige: über das Irrationale in der Idee des Göttlichen und sein Verhältnis zum Rationalen*. München: Beck, 1986.

PIAGET, Jean. *A formação do símbolo na criança: imitação, jogo e sonho, imagem e representação*. Rio de Janeiro: LTC, 1990.

PIMENTEL, Fernanda da Silva. *Quando o psiquê liberta o demônio: um estudo sobre a reação entre exorcismo e cura psíquica em mulheres na Igreja Universal do Reino de Deus*. 262f. Dissertação (Mestrado em ciências da religião) — Pontifícia Universidade Católica de São Paulo. São Paulo: 2005.

PINTHUS, Kurt (org.). *Menschheitsdämmerung: ein Dokument des Expressionismus*. Berlin: Rowohlt, 1959.

PINTO, Tiago de Oliveira. "As cores do som: estrutura sonora e concepções estéticas na música afro-brasileira". *Revista África*. São Paulo: 1999, pp. 21-2, 85-109 e 199-200.

_____. "Musicologia e transculturação". Em: GUIMARÃES, Dinah (org.). *Estética transcultural na universidade latino--americana: novas práticas contemporâneas*. Niterói: Eduff, 2015, pp. 129-44.

PLATÃO. *Apologia de Sócrates/Críton*. Trad. Carlos Alberto Nunes. Belém: Edufpa, 2015.

PLATON. *Nomoi*. Reinbek: Rowohlt, 1959.

_____. *Apologie des Sokrates*. Reinbek: Rowohlt, 1984.

_____. *Mênon*. Trad. Margarita Kranz. Stuttgart: Reclam, 1999.

_____. *Theätet*. Stuttgart: Reclam, 2003.

POLANYI, Karl. *A grande transformação*. Rio de Janeiro: Campus/Elsevier, 2012.

PROUDFOOT, Wayne. *Religious Experience*. Berkeley: University of California Press, 1985.

REINHARDT, Thomas. *Claude Lévi-Strauss zur Einführung*. Hamburg: Junius, 2008.

RENGER, Almut Barbara; WULF, Christoph. *Meditation in Religion, Therapie, Ästhetik, Bildung*. Berlin: Akademie, 2013.

ROLOFF, Jürgen. *Die Offenbarung des Johannes*. 3. ed. Zürich: Theologischer, 2001.

ROSA, Hartmut. *Resonanz: eine Soziologie der Weltbeziehung*, Frankfurt: Suhrkamp, 2016.

ROTHE, Hans. "Das gewonnene Paradies". Em: BIEDRZYNSKI, Richard. *Hieronymus Bosch: Garten der Lüste*. Feldafing: Buchheim, 1966, pp. 5-14.

SALOMÃO. *Die Bibel — Die Bücher des Alten Testaments*. v. II, Livros 3, 4 e 5.

SALVÀ, Peppe. *Entrevista de Giorgio Agamben*. Trad. Selvino J. Assmann. São Leopoldo: Instituto Humanitas Unisinos, 30 ago. 2012. Disponível em: <https://goo.gl/fKDuQ>. Acesso em: nov. 2017.

SANSI, Roger. *Fetishes and Monuments: Afro-Brazilian Art and Culture in the 20th Century*. London: Berghahn Books, 2007.

SCHMIDT, Bettina E. "Spirit Possession in Brazil: the Perception of the (Possessed) Body". *Anthropos*. Sankt Augustin: 2014, v. 109, n. 1.

_____. *Spirit and Trance in Brazil: Anthropology of Religious Experiences*. London: Bloomsbury, 2016.

SCHOBER, Ingeborg. *Jim Morrison*. München: DTV, 2001.

SCOBEL, Gert. *Weisheit: über das, was uns fehlt*. Köln: DuMont, 2008.

SELIGMANN-SILVA, Márcio. "Brücken bauen aus der Heimat heraus. Vilém Flusser und die Spuren sienes Exils". Em: KLENGEL, Susanne; SIEVER, Holger (orgs.). *Das dritte Ufer: Vilém Flusser und Brasilien. Kontext — Migration — Übersetzungen*. Würzburg: Königshausen & Neumann, 2009.

SHARF, Robert. "Experience". Em: TAYLOR, Mark. *Critical Terms for Religious Studies*. Chicago: Chicago University Press, 1998, pp. 94-116.

SILBERLING, Brad. *A cidade dos anjos*. Estados Unidos: Warner Bros, 1998.

SIMMEL, Georg. *Philosophie des Geldes*. Frankfurt: Suhrkamp, 2014.

SODRÉ, Muniz. *A ciência do comum*. Rio de Janeiro: Vozes, 2015.

STADEN, Hans. A *verdadeira história dos selvagens, nus e ferozes devoradores de homens*. 4. ed. Rio de Janeiro: Dantes, 1999.

STEINER, George. *Der Meister und seine Schüler*. München: Hanser, 2004.

SUHRBIER, Mona. "Candomblé and the Brazilians: the Impact of Art on a Religion's Success Story". Em: CUSACK, Carole M.; NORMAN, Alex (orgs.). *Handbook of New Religions and Cultural Production*. Leiden: Brill, 2012, pp. 463-94.

TAVES, Ann. *Fits, Trances & Visions: Experiencing Religion and Explaining Experience from Wesley to James*. Princeton: Princeton University Press, 1999.

TAYLOR, Charles. *Hegel*. Frankfurt: Suhrkamp, 1983.
TUYL, Gijs van. "Ed Ruscha im Kunstmuseum Wolfsburg". Em: BENEZRA, Neal; BROUGHER, Kerry (orgs.). *Ed Ruscha*. Zürich/Berlin/New York: Scalo, 2002, pp. 10-2.
UNITED NATIONS. "Open Working Group Proposal for Sustainable Development Goals". Nova York: United Nations, 2014. Disponível em: <https://sustainabledevelopment.un.org/focussdgs.html>. Acesso em: nov. 2017.
VÁSQUEZ, Manuel. *More than Belief: a Materialist Theory of Religion*. Oxford: Oxford University Press, 2011.
VAYSSE, Jocelyne. "Coração estrangeiro em corpo de acolhimento". Em: SANT'ANNA, Denise Bernuzzi de. *Políticas do corpo*. São Paulo: Estação Liberdade, 1995.
VERISSIMO, Luis Fernando. "A narrativa do dinheiro". *O Globo*, Rio de Janeiro, 23 ago. 2012. Disponível em: <https://goo.gl/C1W7xA>. Acesso em: nov. 2017.
VIRILIO, Paul. *Vitesse et Politique: essai de dromologie*. Paris: Gallimard, 1977.
WEBER, Max. *Ciência e política: duas vocações*. São Paulo: Cultrix, 2011.
WEIDINGER, Erich. *Die Apokryphen: verborgene Bücher der Bibel*. Augsburg: Pattloch, 1988.
WERNER, Florian. *Rapocalypse: der Anfang des Rap und das Ende der Welt*. Bielefeld: Transcript, 2007.
WHITEHOUSE, Harvey. "The Cognitive Foundations of Religiosity". Em: WHITEHOUSE, Harvey; MCCAULEY, Robert N. (orgs.). *Mind and Religion*. Walnut Creek: Alta Mira, 2005, pp. 207-32.
_____. "Cognitive Evolution and Religion: Cognition and Religious Evolution". Em: BULBULIA, Joseph *et al.* (orgs.). *The Evolution of Religion*. Santa Margarita: Collins Foundation Press, 2008, pp. 19-29.

WISNIK, José Miguel. "Fußball in Brasilien. Lebenskunst und Lebensfreude im synkopischen Rhythmus des Spiels". *Lettre International 105*. Berlin: 2014, p. 7.

WORRINGER, Wilhelm. *Hauptwerke des Holzschnittes: die Kölner Bibel*. München: Piper & Co, 1923.

WULF, Christoph. *Anthropologie kultureller Vielfalt*. Bielefeld: Transcript, 2006.

_____. *Homo Pictor: imaginação, ritual e aprendizado mimético no mundo globalizado*. São Paulo: Hedra, 2013.

_____. *Antropologia: história, cultura, filosofia*. São Paulo: Annablume, 2014.

_____. *Antropologia do homem global*. São Paulo: Annablume 2017.

_____; GÖHLICH, Michael; ZIRFAS, Jörg (orgs.). *Grundlagen des Performativen: eine Einführung in die Zusammenhänge von Sprache, Macht und Handeln*. Weinheim: Juventa, 2001.

ZEYRINGER, Klaus. *Fußball: eine Kulturgeschichte*. Frankfurt: Fischer Taschenbuch, 2014.

ZINK, Jörg. *Die Wahrheit läßt sich finden: dokumente aus der Bibel und Erfahrungen von heute*. Stuttgart: Kreuz, 1971.

Sobre os autores

Christoph Wulf é professor nas áreas de Antropologia e Educação dos programas de graduação e pós-graduação da Universidade Livre de Berlim, na Alemanha.

Norval Baitello Junior é professor titular do Programa de Pós-graduação em Comunicação e Semiótica da Pontifícia Universidade Católica de São Paulo.

Bernd Fichtner é professor emérito na área de Educação da Universidade de Siegen, na Alemanha.

Bettina E. Schmidt é professora dos programas de graduação e pós-graduação nas áreas de Estudos da Religião e Antropologia das Religiões da Universidade de Gales Trinity Saint David, no Reino Unido.

Birgit Althans é professora na área de Educação para Crianças na Universidade Leuphana de Lüneburg, na Alemanha.

Eckhard Fürlus é doutor em Filosofia e pesquisador da Universidade das Artes de Berlim, na Alemanha.

Hajo Eickhoff é doutor em Filosofia, historiador cultural, curador e membro do Centro de Antropologia Histórica de Berlim, na Alemanha.

Malena Contrera é professora titular dos programas de pós-graduação em Comunicação da Universidade Paulista e professora colaboradora do Instituto Junguiano de Ensino e Pesquisa.

Maria da Conceição de Almeida é professora titular na área de Educação da Universidade Federal do Rio Grande do Norte.

Muniz Sodré é professor emérito na área de Comunicação da Universidade Federal do Rio de Janeiro e pesquisador da Universidade de Tampere, na Finlândia.

Renato Janine Ribeiro é professor titular na área de Filosofia da Universidade de São Paulo, cientista político e colunista do jornal *Valor Econômico*.

Tiago de Oliveira Pinto é professor titular da Cátedra de Estudos Transculturais de Música da Universidade da Música Franz Liszt Weimar, na Alemanha.

Waldemar Magaldi Filho é professor e coordenador dos cursos de pós-graduação na área de Psicossomática da Faculdade de Ciências da Saúde de São Paulo.

Fontes	Px Grotesk e Stanley
Papel	Supremo Duo Design 300 g/m² (capa)
	e Pólen Soft 80 g/m² (miolo)
Impressão	Mundial Editora Gráfica
Data	Novembro de 2018

MISTO
Papel produzido a partir
de fontes responsáveis
FSC® C133551
FSC
www.fsc.org